INDUSTRIAL ORGANISATION
OF
HIGH–TECHNOLOGY MARKETS
THE INTERNET
AND INFORMATION TECHNOLOGIES

高技术市场的
产业组织分析

［意］ 斯特凡诺·柯米诺　　法维奥·马里亚·马内蒂
Stefano Comino　　Fabio Maria Manenti
著

周　孝　刘雅甜 ◎ 译
吴汉洪 ◎ 校

人民出版社

译者序

2008 年 8 月 1 日起施行的《中华人民共和国反垄断法》是中国社会主义市场经济体制建设的重要里程碑，体现了国家让市场发挥资源配置的决定性作用从而更好发挥政府作用的基本理念。

至今《中华人民共和国反垄断法》生效实施近十年。中国反垄断配套立法、行政和司法执法以及执法机构国际交流及合作等各项工作相继展开。一些重要反垄断案件的查处和公布在国内和国际均产生了较大的积极影响。

应当看到，中国的反垄断事业在取得积极进展的同时，也面临着一些困难和挑战。在我看来，知识产权领域中的竞争（垄断）问题以及数字经济领域中的竞争（垄断）问题比较突出。

在现实经济中，竞争过程可以引致产业结构的集中——在一段时间内，由一个或几个公司统治市场，直到它们被新的竞争者取代。现在反垄断领域的基本共识是：垄断状态和垄断地位本身并不违法。如果一个公司正当、合法地获得垄断地位，该公司可以享受市场地位给其带来的利益。值得指出的是，在知识产权领域和数字经济领域，即使某公司合法地拥有垄断地位，但该公司仍有可能被指控通过反竞争策略（行为）来保护和维持垄断。显然，准确识别上述领域商业行为的竞争性质（合法或违法）对竞争执法机构和相关当事方是至关重要的。毫无疑问，这是"技术含量"颇高的"技术活"，也正是经济学理论（更确切地说，是产业组织理论）在反垄断领域中的价值体现。

产业组织理论是以产业作为研究对象，分析产业经济问题的经济学分支学科，它所涉及的是企业及其所处产业的理论和经验性研究。随着数字经济的发展和近年来数字经济领域反垄断问题所受到的高度关注，客观地需要从经济学理论和实践的角度认识、了解数字经济。

正是出于以上考虑，在人民出版社的帮助下，我们组织翻译了《高技术市场的产业组织分析》一书。本书具有如下特点：

其一，内容广泛。该书论述了数字市场、网络外部性、双边市场、电信接入与互联互通、动态产业的累积创新和高技术部门中的反垄断等内容。

其二，读者对象广泛。该书不仅可以作为经济学专业本科生和研究生学习产业组织课程的重要参考，还可供竞争主管机构、法律顾问和公司决策者了解数字经济领域反垄断问题作相关参考。

本书的翻译分工如下：由我主持全书的翻译工作，刘雅甜翻译本书的第二、第三和第四章，周孝翻译本书其余部分。最后由我定稿。

由于时间仓促和水平有限，翻译中的偏颇和错误再所难免，敬请读者批评指正。

吴汉洪
2018 年 3 月 23 日于中国人民大学明德楼

目　录

第一章　高技术市场的产业组织理论

　　本书的写作目标，是分析有关信息与通信技术（以下简称为"ICT"）的主要经济问题。广义上来说，ICT是指被用于管理任何可数字化信息的所有技术的集合。特别地，ICT包含用于处理、存储和传输信息的电子或数字技术。因此，ICT不仅包括信息技术（即硬件和软件方面的计算机技术），而且还涵盖电信、电子和数字媒体产品。相应实例很多，例如个人计算机元件、因特网以及其他允许我们上网冲浪的任意设备都属于ICT。同样地，即使是固定和移动通信、电子支付系统或者视频游戏控制台等都属于ICT的范畴。

　　ICT无处不在。毫无疑问，这些技术彻底地改变了我们的日常生活，从我们的日常交互方式到经营方式都是如此。如今，超过三分之二的欧洲人上网冲浪，而二分之一的欧洲人是脸书（著名的社交网络）的活跃用户。在意大利，超过50%的人拥有台式计算机，而大约三分之一的人使用因特网密钥接入移动互联网。超过四分之三的意大利家庭相信，互联网能够提升他们的生活品质。在员工数超过十人的欧洲企业中，将近20%的企业通过互联网采购原材料和服务，13%的企业在线出售它们的产品。在过去的20年中，移动通信渗透率急剧上升。现在，欧洲的移动用户渗透率已经达到100%。在意大利，87.4%的公民声称他们的手机从不离身。

　　而且，信息与通信技术极大促进了经济增长，这不仅是因为它们是极其重要的产业部门，而且因为用于数据处理和传输的高科技产品与技术是制造业和服务业企业的关键生产投入。在过去的20年中，计算能力的惊人增长、信息技术价格的相应降低以及互联网的飞速发展刺激了企业投资

ICT 设备，并愈加依赖信息技术来组织和重新设计它们的生产经营活动。它们的投资促成了劳动生产率的大幅提高，或者更一般地，这些投资引致了更高的全要素生产率。

（单位：%）

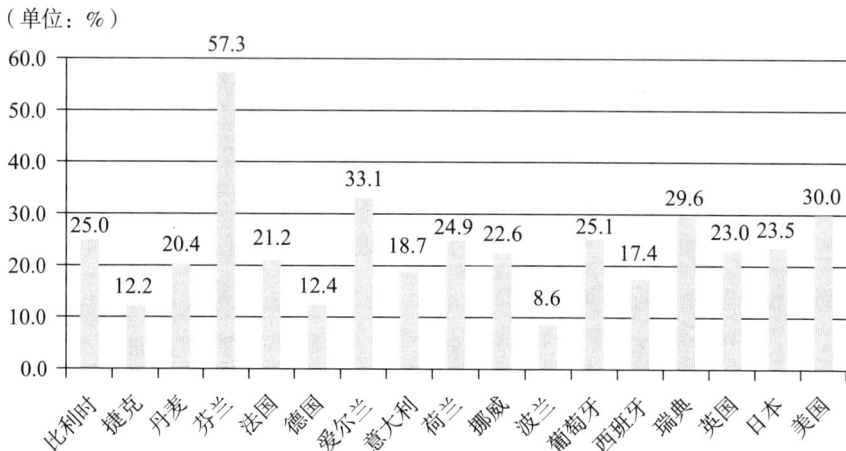

图 1.1　R&D 中 ICT 投资所占比重（2008 年）①

　　但是，ICT 部门并未完全逃离经济危机。例如，作为硬件技术商业周期很好的测度指标，全球半导体产业销售额在 2008 年末至 2009 年初期间减少了大约 40%。但是，其复苏也极为惊人，到 2009 年末全球销售额已经接近衰退前的水平（EC，2012）。尽管存在经济下滑，但事实已经证明高技术产业具有高度动态性。近年来，市场上推出了各种各样的创新产品与服务，例如智能手机、APP 商城、电子阅读器、云计算等。图 1.1 展示了 2008 年部分国家 ICT 产业的 R&D 投资占 R&D 总支出的比重，从中可知：除波兰外，其他国家的相应比重均高于 10%，且大部分处于 20% ~ 30% 之间。其中，芬兰是一个特例，其相应数值高于 50%。在欧洲，ICT 部门的增加值占总增加值的比例平均低于 8%。考虑到这一点，图 1.1 明显可以证明信息与通信技术部门是高度技术密集型的。

---

　　① 图 1.1、图 1.2 和图 1.4 中的数据来自于 OECD 关键 ICT 指标（www.oecd.org/sti/ICTindicators）。

拓展 1.1　小企业线上成长[1]

2011 年，波士顿咨询集团以 1000 家位于意大利的中小型企业（简称为"SMEs"）为样本，研究当企业使用互联网促进其经营活动或者重新组织其生产时可能获得的收益。根据使用互联网的强度，波士顿咨询集团将中小型企业分为三种独立类型：1）活跃线上企业，即进行在线营销活动和从事电子商务的企业；2）线上企业，即仅拥有网站的企业；3）线下企业，即并不具有独立官方网站的企业。研究结果非常有趣，其强调的事实是：互联网是一种强有力的工具，它不仅能够促进销售，而且可以提高生产率。特别地，该研究证明：

a）尽管存在经济下滑，但是在前三年中活跃线上企业的收入平均增长 1.2%。与此相反，线上企业与线下企业的收入显著减少，降幅分别为2.4% 和 4.5%。

b）活跃线上企业的出口导向型特征最为明显。这些企业的产品有 15%用于出口，是线上企业相应比例的 2 倍多和线下企业相应比例的 3 倍多。

c）在前五年中，34% 的活跃线上企业雇用了新员工，而线下企业的相应比例仅为 11%。

d）65% 的活跃线上企业认为，使用互联网可以通过简化交易程序和减少产品进入市场的时间来提高它们的生产率。这一比例是样本中其他中小型企业相应比例的 2 倍多。

注：1. 参见 BCG（2011）。

如前所述，ICT 不仅是重要的独立部门，而且还代表着所谓的通用技术，这些技术被用于运行几乎所有可能重塑经济和促进所有部门和产业生产率的商业活动。以互联网为例，2008 年将近 80% 的欧洲企业（至少有10 名雇员）通过宽带接入网络，其中超过 60% 的企业拥有自己的公司网站（如图 1.2 所示）。图 1.2 中的数据说明了互联网使用在当今经济活动中的普遍性：现在，企业使用环球网来推进促销活动、购买或销售产品与服务。线上企业在一个几乎无界的市场中运营，地理屏障变得非常模糊，基于网络的企业可以很容易地接触远方客户。图 1.3 表明，电子商务是欧洲增长最快的市场之一。平均而言，线上收入占总零售收入的份额在 2010—2012 年中几乎翻了一番。生产经营方面的改变如此之大，以至于 20 世纪 90 年代人们创造了"新经济"这一术语，用以描述依赖互联网或者 ICT 来供应和分销产品的产业。

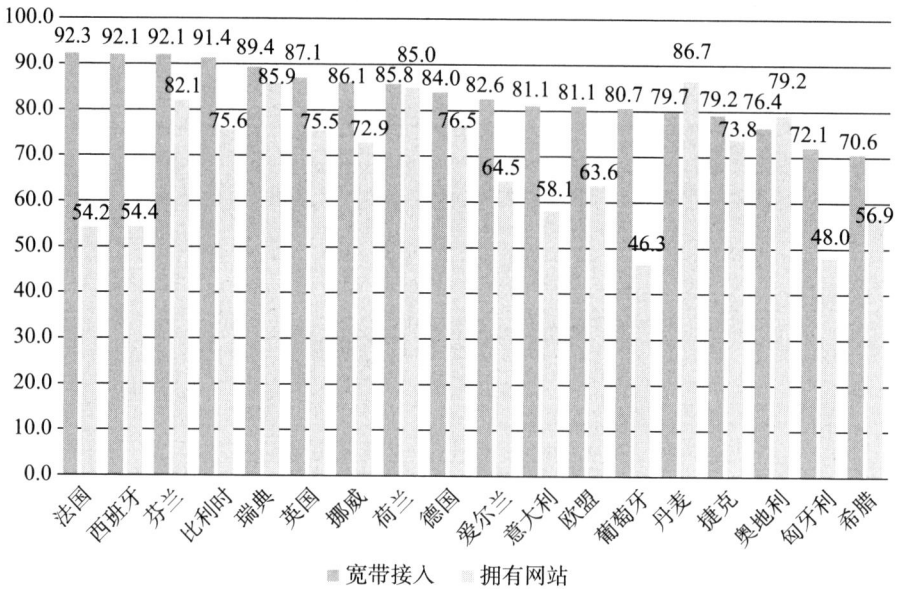

图 1.2　欧洲国家企业宽带接入与拥有网站的情况（单位:%）

新经济的另一个特征是，其所产生价值的很大一部分来自于所谓信息产品的生产与分销。音乐 CD、电影、视频游戏和软件都是典型的信息产品，它们的价值取决于所包含的信息。信息产品的一个典型特征是，它可以以几乎为零的成本被数字化、复制和在线传输，这就是 ICT 和互联网的增长与扩张极大刺激了信息产品供应的原因。图 1.4 展示了音乐、电影、报纸、视频游戏和广告产业中在线分销渠道的相对权重。如图所示，2010 年在经济合作与发展组织国家中，视频游戏产业 30% 的收入来自于数字内容（包括下载、订阅等），其增长率为 25%。音乐产业的整体收入在下降，

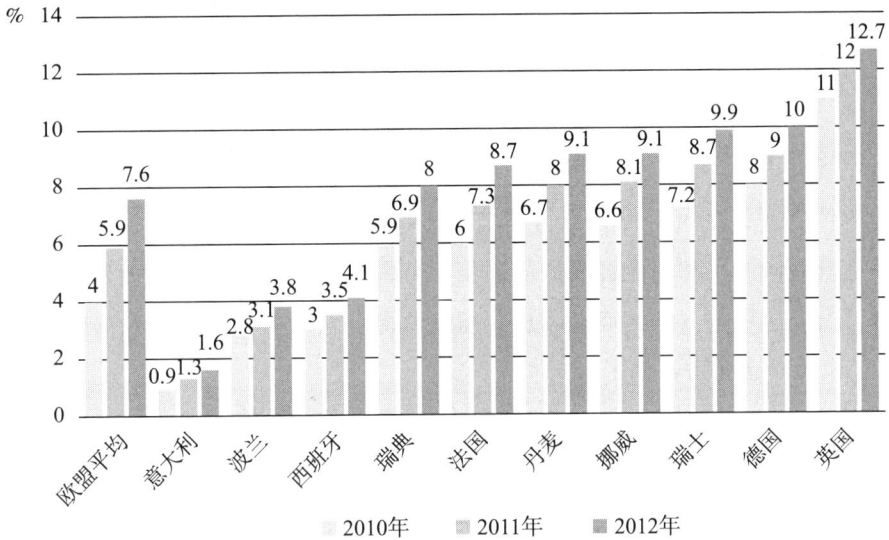

图 1.3　欧洲国家线上收入所占份额（2010—2012 年）①

其 1/4 的收入来自于下载、流式和捆绑式移动服务。同一年份，电影产业的在线收入以高于 33% 的速度增长。

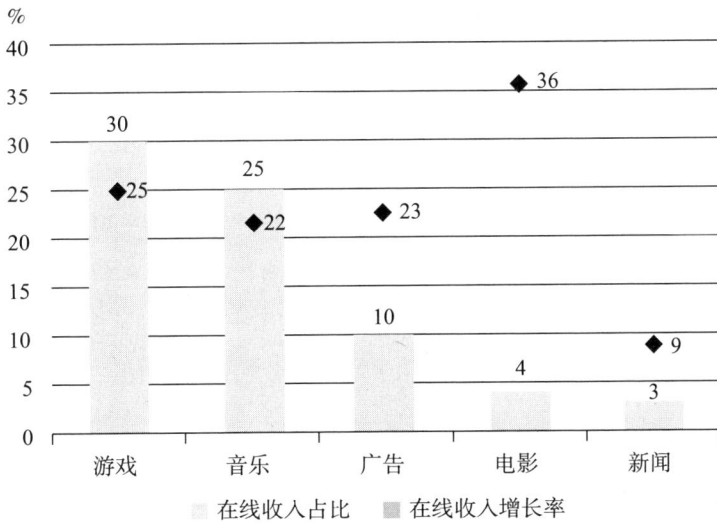

图 1.4　OECD 国家数字产品的在线分销

---

① 数据来自于零售研究中心（the Centre for Retail Research，CRR）。

ICT 包含各种各样的产品与技术，它们影响着经济活动的所有方面。前文讨论已经揭示了信息技术在现代经济中可能扮演的角色。一方面，ICT 是企业用以提高生产过程效率、促进经营活动、消除地理屏障和进入新市场的手段。比如，电子商务是 ICT 被用作手段的典型例子。另一方面，企业生产并直接向消费者销售高技术产品/服务或者信息产品。例如，电信运营商向居民和商业客户提供通信服务和互联网接入服务，而软件公司则开发新应用并分销给终端用户。通信服务、互联网接入与软件应用都是 ICT 作为产品的重要例子。

拓展 1.2　脸书：运行中的网络效应

脸书（Facebook）是互联网上最受欢迎的社交网络，2012 年 3 月其活跃用户数量已超过 8 亿。马克·扎克伯格（Mark Zuckerberg）与其同学于 2004 年在哈佛创立脸书，该公司无疑是可用于印证网络效应重要性的最醒目例子之一。

脸书是一个虚拟社交网络，它将人们连接起来并强化社会交互。在脸书墙上，用户与朋友联络并彼此分享内容。

和任意连接人群的社区一样，每个个体加入网络的意愿取决于网络成员的数量：网络上个体越多，进行交互的机会也就越多。这就是网络效应产生的基础机制。表 1.1 提供了在社交网络极其流行的 10 个国家中脸书扩张的相关数据。其中，最后两列分别是 2008—2010 年与 2010—2012 年脸书用户的两年增长率。在考察的时期内，所有国家都具有的特征是有较高的持续使用率。最初两年所有国家的用户增长都非常惊人，印度尼西亚、墨西哥和印度甚至有高达四位数的增长率。很明显，2010—2012 年的增长有所下滑，因为脸书的渗透已经达到了饱和点。我们应该怎样解释如此惊人的增长趋势呢？注册脸书是完全免费的，但这并不足以解释这些数据。最可信的解释是较强网络效应的存在：正如我们在第 3 章将提到的，当网络效应很强时，所谓的正向反馈就会产生。随着成员数量的增加，社交网络变得越来越有吸引力。其他个体将会注册会员，而这会进一步提升网络的吸引力。

脸书的扩张正是如此：新成员吸引其他人加入网络，因此引发了指数式增长。

表 1.1　脸书的繁荣[1]

国家	用户		两年增长率	
	2010 年 12 月 1 日	2010 年 12 月 31 日	2008—2010	2010—2012
美国	145749580	166029240	246.4%	13.9%
印度尼西亚	32129460	51096860	3481.7%	59.0%
英国	28661600	32950400	91.9%	15.0%
土耳其	24163600	32131260	204.5%	33.0%
法国	20469420	25624760	210.7%	25.2%
菲律宾	18901900	28890900	4738.0%	58.1%
墨西哥	18488700	38463890	1183.4%	108.0%
意大利	17812800	23202640	218.9%	30.3%
印度	17288900	62713680	1513.9%	262.7%
加拿大	17288620	18090640	59.2%	4.6%

注：1. 数据来源于：http://www.nnickburcher.com。

尽管它们无处不在并且可能扮演着不同的角色（即 ICT 作为手段或者作为产品），但是高技术部门具有一组共同的重要经济特征。特别地，信息与通信技术具有如下特征：

较强的规模经济。在 ICT 部门中，生产活动的典型特征是：一方面，存在高额固定成本；另一方面，可变/边际成本很小，甚至可以忽略。因此，在大部分情形中，ICT 公司具有递减的平均成本函数。高额固定成本可能会因为不同的原因产生。例如，电信公司投入资源用以部署提供通信服务所需的物理基础设施。类似地，与实现信息产品"第一次拷贝"相关的成本是产生规模经济所需固定成本的另一个例子。以电影或者音乐产业为例，生产者在制作电影/音乐 CD 的原版拷贝时将承受巨额成本，而复制和分销的成本在量级上却相对较小。而且如前所述，ICT 部门是研究与开发

(research and development，以下简称为 R&D) 密集型的，这一特征意味着固定成本比可变成本更加重要。伊万（Evans）和萨门斯（Schmalensee）（2002）提供了关于这一事实的明确证据：在新经济中，产业的规模报酬递增。根据两位作者提供的数据，1998 年制造业原材料费用（可变成本）占总收入的比重超过 50%，而 ICT 产业的对应数值不到 30%。

存在网络效应。在许多 ICT 部门中，个体购买某种产品/采用某种技术可以获得的收益随相同产品/技术用户数量的增长而增加。网络效应（或者网络外部性）这一术语就是用以指代这一特征：消费者从购买某种产品/技术中享有的效用随用户网络规模的扩大而增加。以软件为例，使用一种应用的价值同与使用相同或者相互兼容应用进行工作的其他个体交换文件的可能性正相关。在电信或者社交网络情形中，网络效应更加充分：这里，加入网络的价值本质上与联络其他人的可能性相关①。

高创新率。正如前文讨论所强调的，ICT 产业是 R&D 密集型领域，因而极具创新性。在若干 ICT 部门中，各企业参与赢者通吃竞赛，因而均为争夺市场而非进入市场竞争。在这些部门中，市场动态最适合用经典的熊彼特式创造性破坏模型来加以描述。其中，市场领导者注定要被下一代领先技术的开发者迅速取代。例如，盒式磁带取代了八轨道磁带，而后反过来被光盘所替代；光盘的销售量因为 MP3 播放器而大幅削减，后者最终也将被更新的技术所替代。大规模 R&D 投资通常与企业专利活动的快速增加紧密相关。

大量的转换成本。许多 ICT 产品与技术具有存在转换成本这一特征，即更换供应商或者改换产品/技术需要承担一定成本。转换成本并不必然只具有货币属性，我们以个人计算机为例加以说明。当从使用苹果计算机转为使用运行 Windows 操作系统的个人计算机时，用户不仅要为获得新计算机和新软件应用付费，而且还需要承受与学习如何使用新机器和新软件

---

① 在文献中，网络效应被称为需求侧的规模经济，以此区别于传统的供给侧规模经济。其中，供给侧规模经济是指平均成本函数关于生产规模递减这一事实，而需求侧规模经济则指代需求刺激需求这一事实，也即平均收入（或者价格）关于销售量递增。

所需时间和努力有关的大量非货币性成本。当转换成本足够大时，顾客将被锁定于当前的供应商。

上述我们简单总结的这些 ICT 部门典型特征，将对市场结果产生非常重要的影响。例如，较强规模经济的存在意味着价格不能收敛于生产的边际成本，否则，企业将无法收回它们承担的固定成本。为此，企业通常将实施价格歧视策略，即设定价格使其尽可能接近消费者的支付意愿。

我们在第 2 章中分析价格歧视，以及在线市场中的相关价格离散。正如拓展 1.4 所提到的，数字市场似乎特别适合实施歧视性策略：在线运营的企业能够更有效地收集关于消费者偏好和习惯的信息，因而能够设定尽可能接近消费者支付意愿的价格。

在第 3 章中，我们讨论与存在网络效应的市场有关的一些最有趣的问题。特别地，我们分析网络效应如何影响对高技术产品的需求以及市场均衡。该章节致力于讨论技术采用的动态性，并考察一项技术如何推动自身成为市场标准。为此，我们研究网络市场中的寡头交互，并特别关注竞争对手之间的兼容性策略。

第 4 章的主题是双边市场/网络。当满足如下条件时，一个市场就是双边的：一是企业（或者平台）协调两组独立的代理人（即市场的两边）；二是代理人获得的效用随着另一组代理人数量的增加而提高（即交叉网络效应）。视频游戏控制台是双边市场的一个典型例子，其中，控制台生产商是中介（即平台），而两组代理人分别是消费者和视频游戏开发商。如果可得游戏非常少，那么消费者将缺少购买相应控制台的兴趣。类似地，如果只有少数消费者购买控制台，那么开发商将不愿意开发新游戏。因此，控制台生产商需要吸引市场两边均加入平台，典型做法是为两组代理人设定合适的价格。

拓展 1.3　这里有相应的 App

自从苹果的 iTunes App 商城于 2008 年上线以来，适用于智能手机/平板电脑的应用（即所谓的 App）市场已经成为最具动态性的高技术市场之一。根据网站 148app. biz，2013 年 5 月 iTunes App 商城上有超过 88 万种应用可供下载，这些应用是由将近 23.6 万家发行商所开发的。其中，最受欢迎的应用类型是游戏、教育和娱乐（占 App 总数的比重分别为 16.6%、10.8% 和 8.8%）。一些公司，例如谷歌、RIM、诺基亚、三星和亚马逊等最重要的几家，都试图复制 iTunes 的商业模式。如今，世界第二大的在线 App 商城是谷歌的 Android 市场，其应用接近 70 万种（参见 www.appbrain. com/stats）。

App 商城是双边平台的一个典型例子，它们协调软件开发商/发行商（创造新的应用并在 App 商城里发行）与智能手机/平板电脑用户（连接相应商城以下载喜好的 App）双方之间的交互。商城给发行商提供软件开发工具包以及其他可以方便新 App 开发的工具，反过来发行商有权根据自身意愿为其 App 设定价格。

App 定价是一个极其有趣的问题。根据 2013 年 3 月 3 日发表在《华尔街日报》上的一篇文章，对于 App 来说 "免费仍然是王道"。例如，iTunes 上大约 58% 的 App 是消费者可以免费下载的。著名移动应用分析机构 Distimo 的一项近期研究指出，iTunes 商城里付费 App 的平均价格是：iPhone App 为 3.18 美元，iPad App 为 4.4 美元。同时，其他商城上付费 App 的价格要低大约 30%，例如 Android 商城和亚马逊 App 商城的平均价格分别为 3.06 美元和 2.84 美元。

开发商通过做广告或者采用复杂的定价策略来获利。例如，免费增值就是一种可行策略：发行商发布 App 的一个免费的基本版本，并为更高级版本设定合理的价格。这一策略似乎特别适合某些类型的 App，尤其是游戏类 App。

第 5 章的主题是电信，这可能是 ICT 领域最重要的部门。电信包括语音电话、互联网接入以及无线电与电视广播，该部门具有高度动态性，企业不断推出新服务与产品。除此之外，该产业在过去 20 年中始终处于激进自由化进程的核心。结果，其产业结构从传统的单向接入模式转变为双向接入模式：在前者中，新的电信运营商需要接入到在位企业所控制的物理铜网；相反，后者的特征是存在竞争性的基础设施运营商。这些改变给监管者施加了新的挑战，进行干预的目标不再是准许接入必要的基础设施（即被在位者控制的网络），而是促进竞争对手各自网络之间的互联互通。

拓展 1.4　谷歌：新的老大哥？

上网冲浪时，你是否经常访问运动网站？如果你回答"是"，那么你可能会注意到你屏幕顶端出现的大部分广告都是与运动产品有关的。

出现这一情况的原因是，现代技术允许线上企业定向投放广告。事实上，互联网运营商能够匿名追踪用户在网站之间的运动，并收集一系列可反映其偏好信息的相关数据（例如用户的 IP 地址、访问过的网站、访问日期和时间以及其他关于习惯和特征的信息）。这些信息被保存在用户个人计算机上的小型文本文件 cookies 中，企业可以将其用于商业目的。

线上卖方可能使用存储在 cookies 中的行为数据来对用户实施歧视性定价，即设定尽可能接近用户支付意愿的价格。除此之外，这些技术使得定向广告越来越普遍。例如，脸书可以从用户的个人简介中收集信息，并选择出现在用户屏幕上的广告。类似地，互联网检索项决定了用户在检索结果页面上可以看到的下一条广告。

目前，这些线上企业收集和存储个人信息的便利性造成了人们对个人隐私的深切担忧。例如，根据 *The TRUSTe 2012 Consumer Data Privacy Study*，英国消费者对线上隐私的担忧正在加重：94% 的消费者担心他们的线上隐私，该比例几乎是 2011 年的两倍。该研究认为，这对商业的影响将非常之大，因为消费者将减少与不信任公司的接触。

由于这些原因，越来越多的网站采取措施以保护用户的个人信息。例如，脸书引入了针对所有注册用户的隐私设置。这些设置包括阻止特定个体查阅个人资料的可能性、选择某人朋友的机会以及限制其他人可访问内容的可能性。在谷歌 Plus 和推特等其他网站上，也有相应的隐私设置。尽管如此，仍然有海量的数据被偷偷收集，这可以引发针对某家公司负面宣传的大风暴。微软和英特尔这两家重量级公司都被迫消除产品中允许其追踪互联网上客户的功能。

但是，所有这些努力并不足以恢复互联网的可信赖性，谷歌的经历就是典型代表。尽管采取了所有措施以保护个人隐私，但谷歌仍然在 2013 年 4 月被处以 14.5 万欧元的罚款，原因是：监管者认为谷歌"违反了已知的最大数据保护规则中的一条"。调查结果证明：2008 年至 2010 年，谷歌的街景车通过开放 Wi-Fi 网络非法收集了大量数据。

2006 年，美国中央情报局的前服务主任大卫·斯蒂尔（David Steele）声称谷歌与美国中央情报局"同床共枕"，并指控该公司与情报部门共享信息。我们并不知道斯蒂尔的说法是否正确，但可以确定的是：个人信息保护是万维网上最关键的问题之一。

高技术企业通常积累有大型专利组合，而根据欧洲专利局（简称为"EPO"）的数据，2011 年在其处登记的专利应用有 22% 以上与 ICT 部门有关。在一些国家，这一数值甚至更大。具体地，在法国提交到 EPO 的应用中，超过 25% 属于 ICT 部门，而这一数值在瑞典和芬兰更是超过 40%。在高技术产业中，创新过程是高度累积的，即跟进创新建立在早期创新的基础上。因此，整个过程的特征是存在一系列渐进步骤，其中后续创新代表着对先前发明的改进。当存在累积创新时，专利可能会对 R&D 激励有相左影响。我们在第 6 章中对这一主题进行详尽分析。特别地，我们关注累积创新情形中的最优专利政策设计，这一问题吸引了政策制定者和监管者越来越多的注意力。在第 6 章中，我们同样强调在高技术产业中，企业经常策略性地将专利作为"合法武器"来对付竞争对手。一些学者认为，基于这一证据我们应当对当前的专利和版权制度进行彻底的修订。

第 7 章致力于分析传统方法与知识产权保护之间可能存在的背离。尽管企业申请专利的意愿并不强，但一些高技术部门仍然经历了非常高的创新率，这说明可能存在促进和保护创新的替代方式。无须利用专利和版权就可以激励创新的一个显著例子是开源软件，我们将在第 7 章的第二部分对其进行详细讨论。

在本书最后一章中，我们讨论一些 ICT 领域中最有趣的反垄断问题。较强规模经济的存在、网络外部性、高创新率以及申请多项专利应用等常见做法都是 ICT 领域的特征，它们可能引致主导企业的产生。因此，反垄断机构必须特别关注这些市场的运行状况。

读者

这是关于 ICT 部门的一本产业组织教科书，它将理论与现实世界中的应用连为一体。本书以清晰和易理解的方式展示理论模型，同时在所有章节中提供了一系列拓展，以补充对附加轶事/经验证据的呈现。

本书的适用对象是具有微观经济学和博弈论方面背景的高年级研究生。它可能代表着对产业组织领域更高级课程的明显偏好，这时该书应当与研究论文等附加资料配套使用。对于监管机构的工作人员或者对理解高技术市场主要经济问题感兴趣的咨询公司而言，本书同样能够提供帮助。

我们对本书中的资料进行了合理组织，以确保各章节相互独立且可以单独研读。因此，本书的部分内容适用于并不以 ICT 经济学（如网络经济学、创新经济学、应用经济学等）为专题的课程。

第二章　数字市场

正如本书的序言中所提到的，新经济的一个重要特征是企业在组织和管理活动中对于信息通信技术（ICT）的高度依赖。这不仅适用于企业（它们可以通过 ICT 提高经济效率），而且适用于企业家——通过 ICT，这些企业家有机会创新商业模式。

电子商务的繁荣与 ICT 密切相关，越来越多的企业不仅可以利用互联网使客户获取更多的商品信息，而且还将它作为额外的分销渠道。硬件和软件技术的进步，强大的电信基础设施以及互联网的发展促进了"数字市场"的出现，即虚拟（在线）市场，消费者和供应商可以在这个市场中交换商品和服务。

如今，我们可以在线购买音乐 CD、书籍、软件、电子产品和飞机票和火车票、保险等。根据欧盟的一项研究，在 2011 年，有 40% 以上的欧洲公民使用互联网购买商品和服务；而且这一数字预计将在 2015 年上升至 50% 以上。在欧洲，英国和德国是个人经常使用互联网购物的两个国家。在英国人和德国人的购物记录中，网上购物分别占到 13.5% 和 7.1%[①]。在新兴经济体中，中国的电子商务规模不断扩大；2012 年，互联网用户近 6 亿，在短短几年中，中国的在线购物销售额预计将超过 2500 亿欧元，可能超过美国电子商务的市场规模。中东国家的电子商务在旅游和赌博方面也存在类似的情况。

电子商务取得成功的主要原因之一是个人通过网络可以轻松获取价格

_____

① 数据来源于波士顿咨询公司。

和商品的相关信息。然而，这并不是数字市场的唯一特征。在互联网上：第一，企业可以获取竞争者的价格策略和商品信息；第二，在线卖家可以对市场变化迅速做出反应——价格可以迅速调整，而且不会产生大量成本；第三，没有物理边界，在线上相距很远的零售商和消费者也可以互动。

这些特征是许多观察家认为数字市场近似于完全竞争的主要原因：这些市场是透明的、无障碍的和高度竞争的。根据这一观点，数字市场的价格应该以成本为导向；无障碍的市场以及完全信息都会导致更低的价格和更高的效率。

拓展 2.1 意大利的电子商务：寻找更好的交易？

意大利咨询企业 Casaleggio Associati 每年都会分析意大利的电子商务市场。2012 年的报告是通过在线问卷调查、电话访谈和会议的方式进行，涉及 300 家意大利电子商务企业。

根据研究，电子商务与娱乐休闲商品和服务尤为相关（其中，网上赌博最为重要）；在 2011 年，它们占在线销售总额的一半以上（56.9%），其次是旅游业（24.8%）和电子业务（5.3%）。

与其他国家一样，尽管经济不景气，自 2008 年以来，意大利的在线销售总额却大幅增加；2011 年，在线收入将近 190 亿欧元，年均增长率约为 40%。

为什么越来越多的消费者选择网上购物？对一些电子商务企业的系列采访结果揭示了这个问题的答案。据 Casaleggio Associati 公司统计，消费者在线购物的原因是：在家购买的舒适度（占 31%），可以轻松比较几种不同的优惠（占 21%），或者某些优惠仅在线可用（占 9%）。

有趣的是，大约四分之一的受访者认为在线购物的主要动机是期望找到更低的价格。

《经济学人》和《商业周刊》，这两个最具影响力的经济学杂志完全同意这一观点，在新经济的早期，他们就曾写道：

互联网的爆炸性增长开启了一个完全竞争市场的新时代。凭借关于价格和产品的完全信息，消费者可以轻松快速地找到最好的交易。在这个勇敢的新世界中，零售商的利润会被竞争完毕，因为他们都被迫以成本进行定价。(《经济学人》，1999 年 11 月)

互联网是一个几乎完全竞争的市场，因为信息是即时的，买家可以比较全球卖家的产品。结果是激烈的价格竞争、产品差异化和品牌忠诚度的消失。(《商业周刊》，1998 年 5 月)

这些预测是否准确？自这些预测提出，已经十多年过去了，所以现在是评估他们是否正确的时候了。接下来，本章将简要讨论市场效率的意义以及衡量市场效率的方法。

第一节　市场效率

市场效率包括静态效率和动态效率。从静态角度来看，当企业降低生产成本（生产效率）和市场价格等于边际成本（配置效率）时，市场是有效率的；当市场有效率时，所有个人愿意支付的价格涵盖了生产成本，而且社会福利实现了最大化。而动态效率是指新的生产过程或产品开发的创新激励。本章集中研究静态效率[①]。

信息在确定市场效率方面发挥着关键作用。从标准的产业组织的视角我们知道在同类商品和价格竞争中，如果消费者充分了解价格和产品特性，市场是有效率的。信息完全的消费者从价格最低的企业购买商品，从而诱使企业采取"削减策略"(Undercutting Strategies)，即设置低于竞争对手的价格，以增加市场份额。企业之间相互竞争，直到市场价格等于生产的边际成本。在这个价格下，社会福利实现最大化，市场均衡等于完全竞争的产出。

完全有效的市场在现实世界中并不存在。尽管如此，《经济学人》和

---

① 本书的第六章和第七章研究高科技市场的动态效率问题。

《商业周刊》认为，互联网和电子商务的出现使得市场变得更接近于完全竞争的范式。因此，研究互联网对市场效率的影响是有趣的，史密斯等（Smith et al.，2000）用四个指标来评估市场效率：价格水平、需求价格弹性、菜单成本和价格离散。在下述条件下，市场被认为是有效率的：

1. **价格以成本为导向**。当价格等于边际成本时，社会福利实现最大化。因此，价格越是成本导向，市场效率就越高；

2. **需求价格弹性高**。需求价格弹性用于衡量消费者对价格变化的敏感程度。高需求价格弹性使得企业定价比较激进，并采取削减策略，以增加市场份额。因此，高需求价格弹性与更高的市场效率有关。

3. **菜单成本低**。菜单成本是企业在改变价格时所花费的费用。它包括通知分销渠道的费用，聘请新顾问设计新定价策略的费用，更新计算机系统或重新标记项目以及打印新菜单的成本。高菜单成本削弱了市场竞争，因为它们减少了企业采取削减策略的动机。

4. **价格离散程度低**。根据标准的竞争模型，由于产品同质以及消费者拥有完全信息，同样的商品不能以不同的价格出售：如果企业收取的价格高于竞争对手的价格，产品就卖不出去。一般来说，价格离散被用于衡量市场效率：价格离散程度越低，市场效率就越高。

如果数字市场比实体市场的效率更高，那么我们预期会有更低的价格，更高的需求价格弹性，企业更愿意变更菜单，以及相较于线下，线上商品的价格离散程度更低。在接下来的章节我们会对此详细论述。

近些年来，经济学家研究了数字市场的效率，实证证据并不总是支持数字市场比实体市场更有效率的观点。在本节中，我们简要回顾这方面的主要内容。

价格水平。关于价格水平的实证研究并未说明数字市场的价格大大低于实体市场的价格。贝利（Bailey）研究了软件、CD 和书籍市场，而李（Lee）分析了拍卖数据。令人惊讶的是，这些研究发现，对于相同类型的产品，在线价格通常高于传统市场上的价格。

最近的一些研究得出了相反的结论：对于消费者而言，在线交易优于线下交易。在这些成果中，我们回顾了布朗和古尔斯比（Brown & Goolsbee）针对保险产品与布林约尔森和史密斯（Brynjolfsson & Smith）关于书籍和 CD 的研究，以及斯科特·莫顿（Scott-Morton）进行的关于零售汽车行业的研究。这些研究表明，使用互联网推荐服务的消费者购买产品的价格较低（约 2.2%）。最后，在针对出版行业的研究中，克莱等人（Clay et al.，2002）认为在线市场与线下市场似乎没有显著的价格差异。

需求价格弹性。关于价格弹性的文献也得出了模糊的结论。一方面，古尔斯比在详细研究了超过 2.5 万个在线消费者的行为以及伊尔森（Ellison & Ellison）在硬件产品零售市场的调查中，证实了互联网购买具有更高需求价格弹性的假设。同样，使用主要商店（价格比较网站）的书籍数据，布林约尔松发现线上市场的需求价格弹性比线下市场高。另一方面，德杰拉图等人（Degeratu et al.，2000）（几个大众市场产品）和波齐（Pozzi）（2009）（早餐谷物）发现，在线消费者对价格的敏感程度低于线下消费者。

菜单成本。菜单成本测量比较困难，因此，实证经常使用企业改变价格的频率代表菜单成本。贝利以及布林约尔森和史密斯等各种研究表明在线零售商比线下零售商调整价格表的频率更高。尽管价格调整的频率只能间接地衡量菜单成本，但上述研究表明在菜单成本方面，数字市场优于传统的实体市场。

价格离散。用于评估在线市场效率的最后一个指标是价格离散；大多数实证研究并不支持在线市场价格离散更低的假设。这一指标与企业形成价格策略的方式密切相关，而且对于经济学家来说吸引力很大。此外，价格比菜单成本或需求价格弹性更容易观测，因此价格离散更容易研究。布林约尔森和史密斯、克莱、克莱蒙斯均对此有所研究并得出了一致的结论：在数字市场上，价格离散程度不低于实体市场。在最近的一篇文章中，鲍尼尔等（Bounie et al.）表明，在线价格离散程度随着卖家数量的增加而增加；原因在于新进入企业对产品的定价大大低于现有企业的价格。

上述研究表明，数字市场的效率并不如预期的那么高；迈克尔·贝恩

（Michael Baye）、约翰·摩根（John Morgan）和帕翠卡·斯科尔滕（Patrick Scholten）的研究进一步证实了这一结论。这三位学者监测了 2000 年 8 月至 2007 年 2 月期间在线销售的 5000 多种产品的价格。由于收集了大量数据，三位作者制定了一系列旨在衡量数字市场效率的指标。图 2.1 和图 2.2 显示了其中两个指标。① 互联网竞争力指数（图 2.1）是对在线竞争水平的综合评估。指数的增加表示价格更具竞争力，指数的减少意味着竞争削弱。相对价格离散指数（图 2.2）是不同卖方对同一产品收取价格的变动系数。当所有卖家收取相同的价格时，相对价格离散指数为零。

互联网竞争力指数没有明显的趋势，既不向上也不向下。相对价格离散指数呈现略微下降的趋势，尽管如此该指数仍然高于零，这表明数字市场的价格离散较高且是持续的。

总而言之，上述实证证据似乎并未表明数字市场是现实世界中最接近于完全竞争的市场。

因此，便有了一个自然而然的问题：尽管满足了完全竞争所需的诸多条件，为什么数字市场仍然缺乏效率？这是一个非常有趣的问题，引起了许多经济学家和管理学者的关注。下面的章节介绍了一些重要研究。

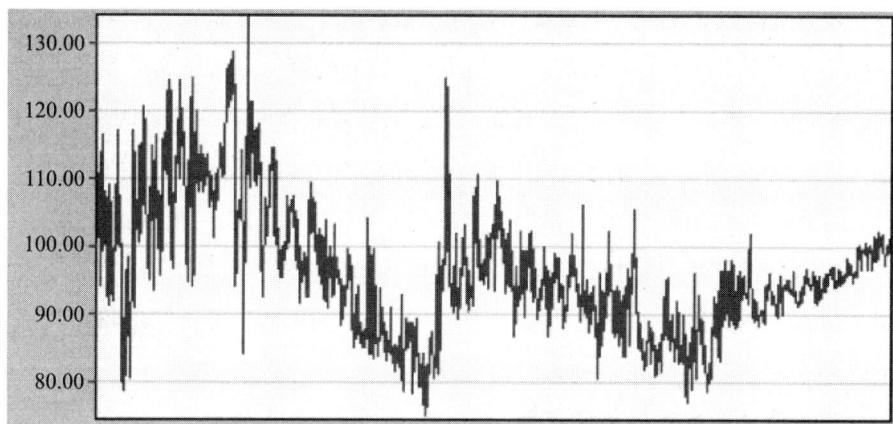

图 2.1 互联网竞争力指数（2000.08.28—2007.02.16）

---

① 我们感谢迈克尔·贝恩允许我们使用这些图表。其他数据和数字来源于：www.nash-equi-librium.com。

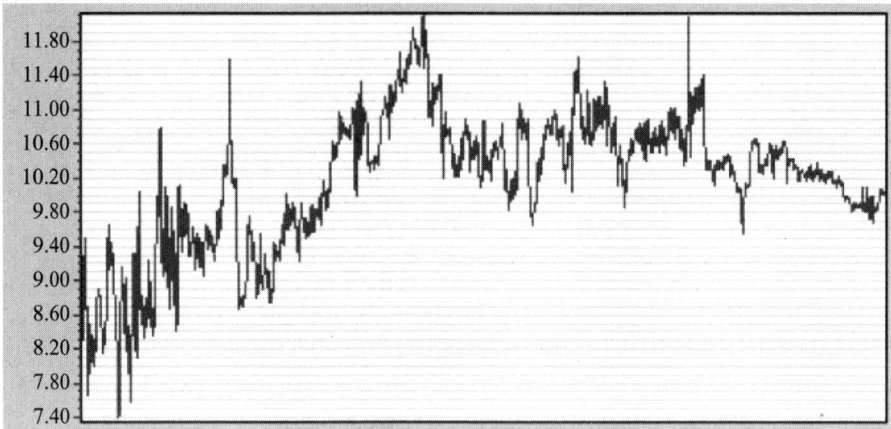

图 2.2　相对价格离散指数（2000.08.28—2007.02.16）

第二节　数字市场的价格离散

一、搜寻成本

经济学文献关于潜在竞争性市场缺乏效率的观点是基于搜寻成本的存在。

搜寻成本模型的基本观点是，在大多数情况下，某个商品的潜在消费者并不完全了解不同零售商的定价。他们获取信息的唯一方法是通过搜索活动，例如逛商店。然而，这种活动是有成本的：消费者花费时间甚至金钱来收集信息（货币成本的例子是逛商店的费用，例如汽油费、公共交通费、停车费等）。为了避免进一步的搜寻成本，消费者可能决定尽快购买产品，即使价格较高。

按照这种观点，市场低效率可以解释为搜寻成本的影响：消费者不会彻底搜索，因而至少在一定程度上不了解价格，因此零售商的定价可以高于边际成本，却不会失去所有市场份额。

存在搜寻成本时的市场竞争

我们可以使用一个简单的模型解释搜寻成本的作用。[①] 考虑 A 和 B 两

---

① 我们提供了夏伊（Shy，1996）模型的简化版本。

家商店，它们销售同质产品，并进行价格竞争。假设商店 A 刚开始营业。商店 B 则一直在销售该产品，并且持续了一段时间，因此拥有一批"忠诚"消费者。无论收取何种价格，这些消费者都愿意从商店 B 购买产品。除了忠诚消费者，需求方还包括一些"不忠诚"的消费者，他们根据商店的定价从其中一个商店购买产品。不忠诚的消费者不了解价格；然而，在购买之前，他们可能会通过搜寻活动收集信息，以了解在哪个商店购买最便捷。

在下文中，η_B 是商店 B 拥有的忠诚消费者的数量，假设不忠诚消费者的数量为 1。因此，整个市场共有 η_B+1 个消费者。

p_A 和 p_B 分别是商店 A 和商店 B 的定价。假设商店 B 不能区分忠诚消费者和不忠诚消费者，因此它对每个消费者的定价都是 p_B。这个假设意味着在均衡时 $p_A \leqslant p_B$，即商店 B 降低价格吸引不忠诚消费者的动机低于商店 A；因为这样做，它从忠诚消费者所获得的收入就会减少。所以，我们只关注 p_A 小于 p_B 的情况。①

为了获取关于 p_A 和 p_B 的信息，不忠诚消费者需要投入一定的时间 $s>0$ 进行搜寻活动。搜寻当然意味着存在机会成本：收集价格信息所花费的时间可以用于其他更具愉悦性的活动。假设消费者对于时间的机会成本的偏好具有异质性。特别地，假设①搜寻成本为 αS，α 用来衡量时间的机会成本，②α 服从 [0，1] 上的均匀分布。因此，如果消费者没有被搜寻行为严重影响，那么 α 较低，而对于不愿意购物的消费者而言，α 较高。

接下来确定这两家商店的需求函数。考虑一个属于 α 类型的非忠诚消费者。他有两种选择，或者不搜寻（因而节省了搜寻成本 αS），或者为了找到更好的交易而进行搜寻。在前一种情况下，消费者不知道在哪里可以用最低的价格购买产品，因而这两家商店对于他来说是无差异的，假设他选择每个商店的概率是 1/2，那么他的期望效用为：

① 注意，假设不忠诚的消费者不知道商店 B 的拥有忠诚的消费者。因为如果他们知道，他们会预期到 $p_A \leqslant p_B$，因此，他们将会从商店 A 购买商品而无须搜寻。

$$U_{ns}(\alpha) = k - \frac{p_A + p_B}{2}$$

k 是消费者对于商品（或总效用）的评价，$(p_A + p_B)/2$ 是他预期支付的价格；下标 ns 是指不存在搜寻成本的情况。

如果消费者选择搜寻，那么他需要承担搜寻成本 αS，并以最低的价格购买所需商品。正如之前所提到的，在均衡时，商店 A 提供最佳交易，因此选择搜寻的 α 类型的消费者的净效用为：

$$U_s(\alpha) = k - p_A - \alpha S$$

有多少非忠诚消费者决定搜寻？为了回答这个问题，我们需要确定无差异消费者，也就是对搜寻和不搜寻完全无差异的消费者。由条件 $U_{ns}(\alpha) = U_s(\alpha)$ 可知，无差异消费者为：

$$\tilde{\alpha} = \frac{p_B - p_A}{2s}$$

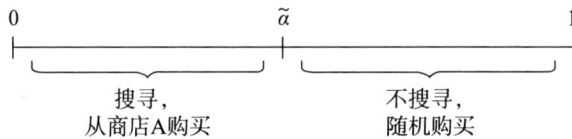

图 2.3　不忠诚消费者的市场细分

所有 $\alpha \leqslant \tilde{\alpha}$（低机会成本）的消费者选择搜寻，其余 $\alpha > \tilde{\alpha}$ 的消费者在两个商店中随机选择（参照图 2.3）。由于假设 α 服从区间 [0，1] 上的均匀分布，进行搜寻的消费者的数量等于 $\tilde{\alpha}$，而数量为 $1-\tilde{\alpha}$ 的其余消费者随机选择商店：$(1-\tilde{\alpha})/2$ 从商店 A 购买，$(1-\tilde{\alpha})/2$ 从商店 B 购买。由于均衡时 $p_A \leqslant p_B$，则商店的需求函数为：

$$D_A(p_A, p_B) = \tilde{\alpha} + \frac{1 - \tilde{\alpha}}{2} = \frac{1}{2} + \frac{p_B - p_A}{4s}$$

$$D_B(p_A, p_B) = \eta_B + \frac{1 - \tilde{\alpha}}{2} = \eta_B + \frac{1}{2} - \frac{p_B - p_A}{4s}$$

商店 A 的需求仅由非忠诚消费者构成：所有进行搜寻（以及发现 $p_A \leqslant p_B$）的 $\tilde{\alpha}$ 类型的消费者以及一半随机选择商店的消费者。相反，商店 B 的需求由忠诚消费者以及一半不进行搜寻的不忠诚消费者构成。

为简单起见，假设所有商店的生产成本为 0；因此，这两家商店的利润为：

$$\pi_A(p_A) = \left(\frac{1}{2} + \frac{p_B - p_A}{4s}\right)p_A; \quad \pi_B(p_B) = \left(\eta_B + \frac{1}{2} - \frac{p_B - p_A}{4s}\right)p_B$$

通过 π_A 对 p_A 求导数，π_B 对 p_B 求导数，然后求解一阶导数，可以得到均衡价格：

$$p_A^* = \frac{2}{3}s(3 + 2\eta_B) > 0; \quad p_B^* = \frac{2}{3}s(3 + 4\eta_B) > 0 \quad\quad (2.1)$$

式（2.1）具有以下含义。首先，商店 B 的价格高于商店 A 的价格，因此证实了之前的观点。其次，所有的价格都是正的意味着价格高于边际生产成本（本模型假定为 0）。由于价格以 s 的速度增加，因此价格高于边际生产成本，而且随着搜寻成本的上升而变得更高。最后，注意价格离散程度以 s 的速度增加，$p_B^* - p_A^* = (4s\eta_B)/3 > 0$ 也随着 s 的增加而增加。

结论 1：当存在搜寻成本时，价格高于边际生产成本并且存在价格离散。

虽然这个模型比较简单，但却表明：如果消费者的信息不完全，且搜寻成本比较高，那么具有市场优势的企业会使得市场竞争缺乏效率，即企业的定价高于边际生产成本却不会失去全部客户。

这一点有助于解释数字市场上相关模型的结论。例如这个模型是否有助于解释数字市场上的价格离散？答案是可能没有帮助。因为在线搜寻成本可能是微不足道的：由于互联网搜索引擎，任何人收集价格和商品信息都比较容易；此外，直接收集有关价格信息并代表消费者对其进行比较的专门网站（称为"购物机器人"），使得在线进行价格比较更加容易。

在上述结论的基础上，微乎其微的搜寻成本导致了较低的价格和较低的价格离散。然而，正如本章前面所讨论的，大量实践经验证据表明在线价格水平和离散程度都很高。因而搜寻成本并不能有力地解释数字市场上的价格离散。

二、销售模型

如前一节所述，搜寻成本不能解释在线价格离散。消费者可以借助互联网快速且免费地收集价格信息。此外，由于搜寻成本而导致的价格离散不能持久。随着时间的推移，价格信息成为常识，消费者很快便会知道从哪里可以获得最佳交易。

在 1980 年发表于《美国经济评论》的一篇著名文章中，哈尔·范里安（Hal Varian）提供了价格离散的另一种解释。根据该研究，零售商总是"随意选择"价格，从而导致均衡时的价格离散。范里安的研究源于对零售市场的观察。商店经常随着时间的变化而改变价格，并会经常通知客户存在限时优惠活动。上述研究的两类主要特征对于我们的分析非常重要：1）价格变动频繁；2）价格似乎并不与具体的市场条件或定价策略相关，但往往表现为随机选择的结果。

在分析中范里安表示，零售商随机选择价格实际上是最优的。这一做法具有两方面的影响。首先，由于不同商店随机选择完全相同价格的概率为零，所以市场均衡呈现出价格离散的特征。其次，即使搜寻成本为零，消费者也无法获得价格信息，因为企业在不断改变价格，这便意味着消费者不能从过去的信息中推断出当前的价格；每个商店随机选择价格，所以新价格与过去的价格无关。

由此可知，范里安的研究特别适合数字市场。即使这篇文章发表在互联网得到适当发展之前，该模型实际上包含了数字市场的两个典型特征：较低的菜单成本（因此能够频繁地改变价格）和可以忽略不计的搜寻成本。

模型

假设有大量消费者希望从 $n \geq 2$ 个商店中购买一单位商品。为简单起见，假设这些消费者偏好相同，而且从商品中获得的总效用 $k>0$。在购买商品之前，每个消费者都能够收集到所有零售商的价格信息，而不用承担搜寻成本。假设 I 个消费者能够获取价格信息，并且从最便宜的商店购买商品（我们称其为"知情的消费者"）。其余消费者（用 D 表示）不搜寻价格信息，如果价格低于或等于其支付意愿 k，他们就随机选择商店并购买商品（我们称其为"不知情的消费者"）。假设不知情的消费者在各个商店中均匀分布；因此，$D/n \equiv NI$ 为访问每个商店的不知情的消费者的数量。最后，假设所有商店都收取相同的价格，那么知情的消费者在商店中均匀分布。

现在转向零售商的情况。假设他们的成本函数具有规模经济的性质：零售商的固定成本很高（例如租金、工资等等），但边际成本相对较小。$C(q)$ 为零售商的成本函数；假设平均成本 $AC(q) = C(q)/q$ 是 q 的减函数。最后，为了刻画竞争场景，假设市场进入是自由的。

假设：市场是自由进入的。

进入缺乏壁垒意味着只要预期利润是正的，新商店就会进入市场，新商店的进入过程使得市场越来越具有竞争力，只有当市场饱和时，进入才会停止。因此，均衡时的预期利润为零，即 $E[\pi_i] = 0$，π_i 为商店 i 的利润，E 是期望值运算符。

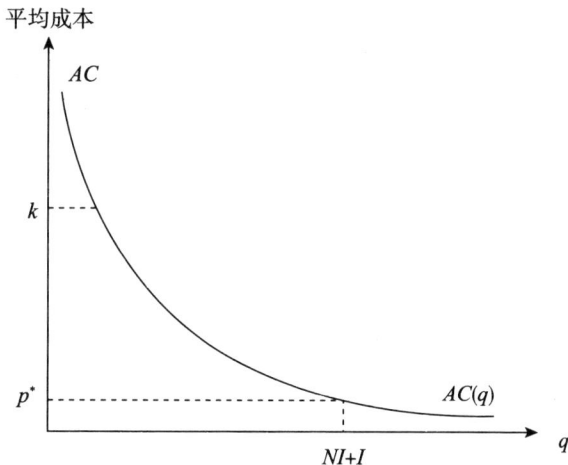

图2.4 生产成本

我们分析的目的在于描述零售商的定价策略。首先确定价格 p 的上限与下限。零售商的定价不会高于消费者的支付意愿：当 $p>k$ 时，商品卖不出去，因此 p 的上限为 k。同时，商店的定价也不会低于平均生产成本 $AC(q)$。基于对消费者行为的假设，$NI+I$ 是商店能够服务的最大用户量：如果商店定价最低，那么商店最多能将商品卖给属于他的那部分不知情消费者（NI）以及全部的知情消费者（I）。由于 $AC(q)$ 是 q 的减函数，均衡时平均生产成本的最小值为 $AC(NI+I)$（参见图 2.4）。这意味着价格的下限为 $AC(NI+I) \equiv p^*$。总的来说，零售商对商品的定价 $p \in [p^*, k]$。

因为 n 个零售商完全相同，所以我们集中研究对称均衡，其中所有的零售商采用相同的定价策略。我们证明的第一个重要结论如下：

结论 2：所有商店收取相同价格的纯策略均衡不存在。

这一结论比较容易解释。假设所有的零售商收取相同的价格 p。知情的消费者和不知情的消费者在 n 家商店中均匀分布；因此，每个零售商都卖出 $I/n+NI$ 单位的商品并且承担平均成本 $AC(I/n + NI)$。注意 p 不能低于 $AC(I/n + NI)$，因为如果价格低于平均成本，每个零售商都会遭受损失。因此，价格 $p \geqslant AC(I/n + NI)$，但这也不可能是均衡价格：

对于零售商而言，稍微降低价格是有利可图的。通过这种方式，零售商的销售量将会增加到 $NI+I$（例如，他会服务属于他的那部分不知情消费者和全部的知情消费者）。而且，零售商的平均成本将会从 $AC(I/n + NI)$ 下降至 $AC(NI + I)$。这些观点足以证明当所有的零售商收取相同价格时，均衡不存在。

结论 2 意味着唯一可能的均衡是混合策略均衡。每个零售商随机制定价格。每个零售基于概率密度函数 $f(p)$ 选择价格 $p \in [p^*, k]$。[①] 有趣的是，即使均衡是对称的，而且零售商采用相同的策略 $f(p)$，两家零售商制定相同价格的概率为 0。因此：

---

① 注意，概率密度函数对应的价格区间为 $[p^*, k]$。可以用反证法加以证明。假设价格区间 $[p^*, \bar{p}]$，且 $\bar{p}<k$。在这种情况下，根据定义，$F(\bar{p}) = 1$：令 $p=\bar{p}$，零售商只销售给属于他的那部分不知情的消费者，此时利润为 $\bar{p}NI-C(NI)$。然而，$\bar{p}$ 不可能是均衡价格：通过提高价格至 $p=k$，零售商仍然向 NI 个不知情的消费者出售商品，此时利润为 $kNI - C(NI) > \bar{p}NI - C(NI)$。可以使用类似的方法证明区间的下限 p^*。

结论3：均衡时存在价格离散。

接下来我们研究混合策略均衡。首先确定零售商的预期利润函数。商店 i 的定价为 p。此时存在以下两种情况：①所有 $n-1$ 个竞争对手定价都高于价格 p；②至少存在一个竞争对手的定价低于价格 p。给定所有 n 个商店根据相同的概率密度函数 $f(p)$ 来制定价格。情况①发生的概率为 $(1 - F(p))^{n-1}$，其中 $F(p) = \int f(p)\,dp$ 是 $f(p)$ 的累积密度函数。因此，商店 i 制定最低价格的概率为 $(1 - F(p))^{n-1}$，它销售商品给所有知情的消费者，可以得到

$$\pi^a(p) = p(I + NI) - C(I + NI)$$

情况②中，至少存在一个商店收取的价格低于商店 i 的概率为 $1 - (1 - F(p))^{n-1}$。在这种情况下，商店 i 仅销售给它那部分不知情的消费者。可以得到：

$$\pi^b(p) = pNI - CNI$$

因此，当价格为 p 时，商店 i 的预期利润函数为：

$$E[\pi_i] = \int_{p^*}^{k} \{\pi^a(p)(1 - F(p))^{n-1} + \pi^b(p)(1 - (1 - F(p))^{n-1})\} f(p)\,dp$$

根据自由进入的假设，在均衡时，每个零售商的预期利润都是 0，$E[\pi_i] = 0$。根据混合策略的定义，每个零售商对于概率密度函数 $f(p)$ 支撑集内的价格都是无差异的；上述假设意味着对于任何价格 $p \in [p^*, k]$，商店的期望利润都为 0，即

$$\pi^a(p)(1 - F(p))^{n-1} + \pi^b(p)(1 - (1 - F(p))^{n-1}) = 0, \ \forall p \in [p^*, k]$$

由这一条件很容易得到商店所采取的策略；均衡策略由以下分布函数表示：

$$F^*(p) = 1 - \left(\frac{\pi^b(p)}{\pi^b(p) - \pi^a(p)}\right)^{\frac{1}{n-1}}$$

范里安的模型表明，企业随机选择价格是最优的。[1] 这个结论很重要，

---

[1] 摩根和谢尔滕（Morgan & Sefton，2001）扩展了范里安的分析，研究了不知情消费者数量的增加对均衡价格的影响；他们的研究表明，平均价格随着 D 的增加而上涨，因而市场效率随着不知情消费者数量的增加而降低。

原因如下：首先，尽管不存在搜寻成本，但仍然存在价格离散。其次，价格离散是一种持续的现象。为了理解第二点，我们需要从动态的角度解释范里安的模型。过去的定价不能提供任何信息，未来的价格是根据均衡策略随机选择的。因此，过去的价格和未来的价格是不相关的。所以，消费者永远不能完全了解零售商的商业策略，这使得价格离散成为一种长期现象。

如前所述，菜单成本和搜寻成本的缺失使得范里安的模型特别适合研究数字市场。因此，一些学者扩展了范里安的分析，以考察数字市场的特征。在下一节中，我们将介绍其中的一个扩展。

拓展 2.2　范里安的行动模型[①]

迈克尔·贝恩（Michael Baye），约翰·摩根（John Morgan）和帕翠卡·谢尔滕（Patrik Scholten）在 2006 年的一篇文章中实证检验了范里安销售模型的理论预测。

作者观察了 36 种最受欢迎的高科技产品价格的演变，这些产品可分为三类同质产品：软件、计算机和电子设备。数据来源于 Shopper.com，该网站在18 个月内（1999 年 11 月至 2001 年）是访问量最大的价格比较网站之一。

特别是，作者想要检验范里安模型的两个主要预测：i）在线市场上存在持续的价格离散（见结论 3），以及 ii）消费者的保留值越低，价格离散趋势越小，预测 ii）是文中讨论的自然延伸：均衡时，零售商根据定义在区间 $[p^*, k]$ 上的概率密度函数 $f(p)$ 随机选择价格；显然，$f(p)$ 的支撑集减少了较小的 k 值（消费者的保留价格），这意味着较低的价格离散。

就预测 i）而言，作者计算了价格离散的几个指标；所有指标均显示出显著而持久的离散。如图 2.5 所示，该图显示了以相同产品的最高和最低价格之间的百分比差异为衡量指标的价格离散指数的变化；这个指数在7% 和 10% 之间波动，它没有明显的趋势。

———————————

① 摘自 Baye er al.（2006）。

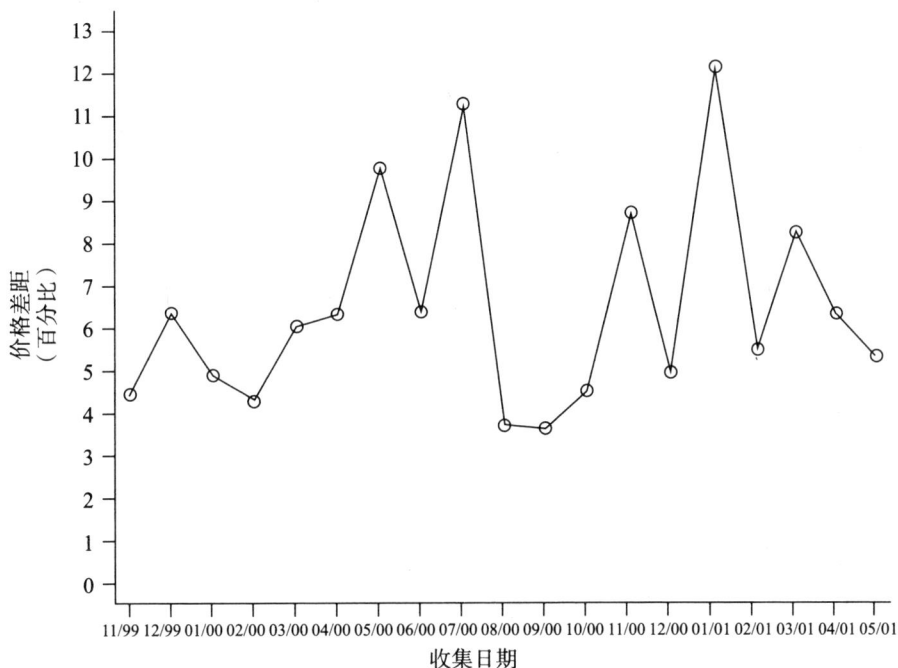

图 2.5 Shopper. com 上的价格离散

现在考虑预测 ii)。由于不能直接观察消费者的支付意愿，贝恩、摩根和谢尔滕采用了间接方式。他们转而考虑高科技产品生命周期相对较短这一现象的因素，随着产品年龄的增长，消费者的保留价格下降；因此，要检验预测 ii) 只需观察价格如何随时间变化而演变。具体而言，作者定义了两个虚拟变量：D_1 用于识别观察值是否来自数据集第 6 个月的到第 10 个月；D_2 用于识别观察值是否来自于数据集的最后 5 个月。因此，D_1 中包含的产品比 D_2 中的产品更新；如果预测 ii) 是正确的，D_2 中产品的价格范围应该小于 D_1 中产品的价格范围。

通过使用 GLS（普通最小二乘法）来纠正误差项中异方差的存在，作者估计了下述方程：

$$RANGE_{it} = \beta_0 + \beta_1 D_1 + \beta_2 D_2 + \beta_r M_{it} + \gamma X_i + \varepsilon_{it}$$

其中，$RANGE_{it}$ 是产品 i 在时期 t 的价格范围，M_{it} 是制造商对产品 i 在时期 t 的建议零售价格，向量 X_i 是控制产品类型系统偏差（软件、外围设备或配件）的虚拟变量。系数 β_1 和 β_2：负值意味着更大的价格"压缩"（较小的价格范围）。

估计值 β_1 和 β_2 为负且在统计上是显著的（$\beta_1 = -4.58$ 和 $\beta_2 = -12.59$）。这些结果表明，D_2（旧产品）中的产品价格比 D_1（新产品）中的产品价格波动更小（价格更积聚）。所有这些都证实了范里安模型的预测，即较低的价格离散与较低的消费者支付意愿之间的联系。

三、竞争与信息媒介

在 2001 年《美国经济评论》发表的一篇文章中，贝恩和摩根扩展了范里安的模型，并考察了能够自动搜索最低有效价格的价格比较网站，即购物机器人的作用。这些网站被视为企业和消费者之间的媒介，因此，它们通常被称为信息媒介或看守人。

信息媒介不是一种全新的现象。例如，在房地产市场，房地产代理商担任某地区房地产买卖双方之间的信息媒介。很明显，互联网的广泛使用大大增加了信息媒介的数量，并提升了其重要性。原因有两方面：一方面，与使用传统的传播方式相比，在线零售商可以接触更多的潜在消费者；另一方面，消费者可以更容易地比较价格。

接下来介绍贝恩和摩根模型的简化版本。这一分析比较有趣，因为它表明了信息媒介在改善信息传播中的作用，从而提高了市场效率。

考虑两家销售同质商品的企业：它们使用相同的技术生产商品，用固定不变的边际成本 c 刻画企业的技术。每家企业只在当地市场经营；不存在信息媒介，两个市场之间的地理距离使得消费者仅从当地企业购买，因此，它们是垄断者。为简单起见，假设：

——在每个市场中，都存在数量为 1 且具有同质偏好的消费者；

——每个消费者的需求函数用 $d(p)$ 来表示；

——每个消费者去当地垄断商店的搜寻成本为 S[①]。

---

① 注意，与本章第一节中的模型类似，在当地市场搜寻信息意味着正的搜寻成本。

缺少信息媒介时，每个垄断者选择价格以实现当地市场利润最大化 $\pi(p)=(p-c)d(p)$。在下文中，p^m 和 π^m 代表垄断者的均衡价格和均衡利润。最后，假设消费者以价格 p^m 从购买数量为 $d(p^m)$ 的商品中所获得的消费者剩余大于搜寻成本 s；这意味着对于消费者而言，在当地商店购物是最优的。

现在考虑存在信息媒介的情况。信息媒介的出现会产生两方面的影响。第一个影响是信息媒介消除了两个市场之间的地理障碍：由于信息媒介的出现，企业不仅可以向当地消费者，还可以向其他市场的消费者提供价格信息。第二个影响是消费者可以在不承担搜寻成本的情况下获取价格信息，最终选择购买产品，并不需要亲自去当地商店。

信息媒介的目的是实现利润最大化；它向消费者和企业提供有偿中介服务。ϕ 表示企业在网上发布价格而向信息媒介支付的广告费，ψ 是消费者为了访问网站和浏览价格信息而支付的订阅费。

根据贝恩和摩根（2001）的模型，博弈的时序如下：

$t=0$：看守人选择广告费 ϕ 和订阅费 ψ；

$t=1$：消费者决定是否订阅信息媒介的网站；

$t=2$：企业制定商品的价格，并决定是否在信息媒介的网站上发布价格信息。正如贝恩和摩根所言，需假设企业不能辨别在线购买商品的消费者（通过访问本地商店），即网站上发布的价格必须与本地商店的价格相同。

$t=3$：消费者决定是否购买，从两个企业中的哪一家购买，以及在线上还是在线下购买。

鉴于博弈的动态性，为了找到均衡，我们使用逆向归纳法：首先确定消费者在博弈最后阶段的最优决策，然后考察之前的阶段。

拓展 2.3 AutoScout24

AutoScout24 是欧洲最大的在线和二手车销售市场。它于 1988 年在德国成立，并迅速向国外扩张。目前，该网站几乎在所有欧洲国家都很活跃，每月有超过一百万的点击量。在意大利几乎所有的汽车经销商都在

AutoScout24 上宣传他们的报价，该网站的消费者可以访问所有的价格目录：如果一个消费者考虑购买新车和二手车，那么每一类型都有超过两百万种不同的车辆可供选择！

该网站的成功在于搜索引擎的高度灵活性。例如，在寻找二手车时，访问者可以指定：品牌、型号、燃料类型（汽油、柴油、混合动力）、价格范围和登记年份等（见图 2.6）。访问者也可以仅查看包含车辆照片或由经销商或私人制造商提供的报价，还可以根据许多其他标准（颜色、舒适度、安全和环境、选项等）来优化搜索。

通过这个强大的搜索界面，访问者可以在搜索界面的指导下进行选择，以便轻松地比较价格和型号，并快速找到其想要寻找的汽车。

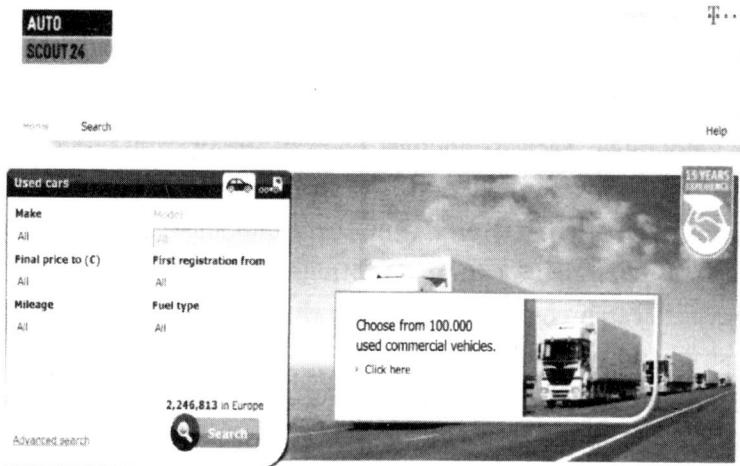

图 2.6 AutoScout24

消费者行为（$t=3$）

在 $t=3$ 时，消费者的最优决策取决于他是否订阅了网站，以及企业是否在线上发布价格。消费者的最优策略如下：

（1）没有订阅信息媒介网站的消费者从当地市场购买；

（2）订阅信息媒介网站的消费者可以：a. 访问网站；b. 选择在线可用的最优价格；

（3）如果消费者访问了信息媒介的网站，但没有企业在网上发布价格，那么他就会从当地市场购买；

第（1）点和第（3）点的证明比较简单。由于企业收取高于 p^m 的价格（垄断价格）是不能盈利的，那么，通过线下购买，消费者剩余足以抵消搜寻成本。（2）a 的证明也很简单；已经支付订阅费的消费者可以观察在线价格，而不会产生其他费用。

对（2）b 的证明比较复杂。如果只有一部分价格在线公布，则消费者可能面临三种情况：1）只有当地企业的价格被公布（另一家企业没有支付广告费）；2）只有另一家企业的价格被公布（当地企业未支付广告费）；或 3）两家企业的价格均被公布。在情况 1）中，显而易见，消费者会选择在线购买以节省搜寻成本。情况 3）也是如此：如果两家企业都在线公布价格，那么消费者选择价格最低的企业。

考虑情况 2），即只有另一家企业的价格在网上公布；一旦消费者看到另一家企业的价格，他可能会花费搜寻成本 s 以访问当地的商店。只有当消费者预期当地企业的价格比网上的价格便宜很多时，后一种选择才会令人满意。特别是当本地的价格低到足以弥补消费者的搜寻成本 s 时。

此时我们的问题是本地企业是否有利可图？答案是否定的，其理由如下：假设消费者已经光顾了当地商店，并且花费了搜寻成本 s，当决定从线上还是线下购买时，消费者只是简单比较了两种商品的价格，并没有考虑搜寻成本 s，搜寻成本已经发生，并且成为了沉没成本。这意味着当地企业的最优选择是稍微低于竞争对手的定价。这样，产品可以销售给所有访问商店的消费者（以及承担了搜寻成本 s 的消费者）。所以，当只在当地市场运营时，企业的定价大幅度低于竞争对手的定价是无利可图的。因此，只要其他企业的价格在网上发布，消费者在没有访问本地商店的情况下在线购买商品的境况更好即第（2）点中的 b 选项。

企业行为（$t=2$）

接下来我们讨论企业是否应该发布价格广告。为简单起见，我们只分析对称均衡的情况，在均衡时，企业可以选择 a）以相同的概率 $\alpha \in [0, 1]$ 决定是否在信息媒介的网站上发布价格，以及 b) 采用相同的价格策略。

用 $u>0$ 表示在每个市场中订阅网站的消费者的比例；[①] 因此，整个市场中订阅网站的消费者数量是 $2u$。企业通过比较线上发布价格和仅在线下销售的期望利润做出决定。

企业在线发布价格的期望利润。假设企业决定在线发布价格。贝恩和摩根呈现的第一个重要结论总结如下：

观察 1：在线发布价格的企业采取混合策略，并根据概率密度函数 $f(p)$ 随机选择价格 p。

为了证明这一结论，我们使用与范里安的销售模式相同的逻辑。当企业在线发布价格时，成本函数表现出规模经济的性质（平均成本下降）：企业以固定不变的边际成本 c 进行生产，此外，企业还承担固定成本 φ，向看守人支付的广告费用。与范里安的模型一样，这意味着企业选择确定价格的均衡不存在。这可以通过反证法加以证明：如果两家企业制定相同的价格，而且每家企业都服务一半的订阅者；从而对于一家企业来说，为了向所有的 $2u$ 个订阅者进行销售，削弱竞争对手是有利可图的。通过降低价格，企业提高了销售同时也降低了平均生产成本。如前所示，遵循销售模型的逻辑，当企业在线经营时，它会采取混合策略，即根据概率密度函数 $f(p)$ 来选择价格。很明显，尽管它们采取相同的价格策略，由于两家企业选择相同价格的概率为 0，但观察 1 同样意味着价格离散的存在。

用 $F(p)$ 表示 $f(p)$ 的累积密度函数，由观察 1 可知，在线发布价格且定价为 p 的企业的期望利润为：

$$E[\pi^{on}(p)] = \underbrace{(1-\mu)\pi(p)}_{\text{线下}} + \underbrace{2\mu[(1-\alpha)\pi(p) + \alpha(1-F(p))\pi(p)]}_{\text{线上}} - \phi$$

$$(2.2)$$

这个表达式的第一项表示当地市场（线下）的期望收益：数量为 $(1-\mu)$ 的消费者没有订阅网站，并从当地市场购买商品。第二项表示在线销

售的期望收益，即由数量为 $2u$ 的消费者组成的潜在市场。尤其是，企业知道他的竞争对手不在网上发布价格的概率为 $1-\alpha$，因此，在这种情况中，企业向所有的订阅者销售商品。企业知道他的竞争对手在网上发布价格的概率为 α，在这种情况下，只有当企业的定价最低时，它才能向所有的订阅者销售商品，这一情况发生的概率为 $(1-F(p))$。最后，ϕ 是企业支付给信息媒介的广告费。

注意，由于企业在制定价格时采取混合策略，因此任何属于累积密度函数 $F(p)$ 的价格 p 产生相同的期望收益 $E[\pi^{on}(p)]$。

企业只在当地市场运营时的预期利润。基于 $t=3$ 时的最优消费者的行为，当企业不发布价格时，它仅向当地消费者销售商品，消费者不从其他企业购买商品，这可能是由于没有订阅信息媒介的网站或者由于竞争对手没有在网上发布价格。很明显，在这种情况中，企业的最优价格为垄断价格 p^m。

观察 2：当企业仅向当地市场（线下）销售商品时，它的最优价格是 p^m。

由观察 2 可知，企业仅在当地市场销售时的预期利润为：

$$E[\pi^{off}(p)] = (1-\mu)\pi^m + \mu(1-\alpha)\pi^m$$

正如之前所讨论的，这个表达式表明企业只服务于本地市场的消费者，即所有数量为 $(1-\mu)$ 的没有订阅的消费者，以及只有当竞争对手没有在线上发布价格时数量为 μ 的订阅者（这个事件的发生概率为 $1-\alpha$）。

企业是否在线上发布价格？当作出决定时，企业会比较 $E[\pi^{on}(p)]$ 与 $E[\pi^{off}(p)]$。正如我们稍后所阐述的，贝恩和摩根证明，当广告费用不是很大时，唯一可能的均衡是企业以一定的概率在线发布价格，比如当决定发布价格时，它们采用混合策略。① 所以，在均衡时，这两种情况的预期

---

① 可以证明，在两家企业做广告的概率都为 1 的情况下，不存在对称均衡。如果竞争对手确定在线做广告，企业通过不做广告获得的利润为 $(1-\mu)\pi^m$。相反，如果企业决定做广告宣传价格，我们知道 i）p^m 是最优价格，ii）给定 p^m 大于竞争对手的价格，该企业只服务于当地的非订阅消费者，此时企业的利润为 $(1-\mu)\pi^m-\phi$。这些讨论表明，如果竞争对手做广告的概率为 1，那么对于企业而言，不在网上发布广告是有利可图的。同样可以证明，如果 ϕ 不是很大，两家企业不做广告的概率都是 1 时，也不存在均衡。

利润应该相等，即 $E[\pi^{on}(p)]=E[\pi^{off}(p^m)]$。由这一等式可以得到累积密度函数 $F(p)$，用以描述企业在线运营的最优价格策略。

$$F^*(p) = \frac{(1+\mu)\pi(p)-\phi-\pi^m(1-\mu\alpha)}{2\mu\alpha\pi(p)}$$

贝恩和摩根证明 $F^*(p)$ 的支撑集为 $[p_0, p^m]$，其下限 p_0 大于边际成本，即 $p_0 > C$。

由于 $E[\pi^{on}(p)]$ 对于 $F^*(p)$ 的支撑集而言，价格都是固定不变的。均衡条件 $E[\pi^{on}(p)]=E[\pi^{off}(p^m)]$ 可改写成 $E[\pi^{on}(p^m)]=E[\pi^{off}(p^m)]$；由第二个条件可知，企业在线广告价格的概率为[①]：

$$\alpha^* = 1 - \frac{\phi}{\mu\pi^m}$$

注意如果 $\phi<\mu\pi^m$，那么 $\alpha^*<1$。下述结论总结了之前的讨论。[②]

结论 4：如果广告费不是很高（$\phi<\mu\pi^m$）

——每个企业在线发布价格的概率为 $\alpha^*=1-\phi/(\mu\pi^m)$；

——企业发布价格的选择取决于支撑集为 $[p_0, p^m]$ 的累积密度函数 $F^*(p)$；

——只在本地（线下）运营的企业收取垄断价格 p^m；

——每个企业的利润为 $\phi+(1-\mu)\pi^m$。

这个结论代表了贝恩与摩根（2001）的主要贡献，从中可以得出几点有趣的观察。

（1）在线市场呈现出价格离散的特征。与范里安的模型一样，这种情况发生的原因在于在线价格是基于累积密度函数 $F^*(p)$ 在支撑集 $[p_0, p^m]$ 中随机选取的。

（2）在线价格低于 p^m，p^m 是仅在当地市场运营时的定价。这个结论是两个在线企业相互竞争的结果：每个企业的竞争对手在线销售的概率为 α^*。

（3）每个企业在线发布价格的概率为 α^*，α^* 是订阅消费者数量 μ 的

---

① α 的取值来源于条件 $F^*(p^m)=1$。

② 为了得到企业的利润，可以把 α^* 代入 $E[\pi^{on}(p^m)]$ 或者 $E[\pi^{off}(p^m)]$ 中。

增函数，是广告费用 ϕ 的减函数。

（4）每个企业的均衡利润 $\phi+(1-\mu)\pi^m$ 是 ϕ 的增函数，μ 的减函数。这个结论显然与常识不符，不过它可以通过回顾 μ 和 α 如何影响竞争对手在线发布的概率加以解释。正如在（c）中所讨论的，当企业发布价格的费用很高，而且随着订阅者数量的增加，概率 α^* 变小；因此，较大的 ϕ 和较小的 μ 意味着与竞争对手竞争的概率较低，因而企业的利润较高。

订阅决定（$t=1$）

现在讨论消费者订阅看守人的网站是否是最优的。作为对其支付订阅费 ψ 的交换，消费者可以通过订阅享受两类收益：消费者可以看到企业在看守人的网站上发布的价格，同时它可以节省搜寻成本 s。很明显，企业在线上宣传价格的概率越高（α 越大），消费者通过订阅获得的预期收益就会越高。

贝恩和摩根证明 $t=1$ 时的子博弈存在三种均衡：

结论5：当订阅费 ψ 和广告费 ϕ 不是太大时，$t=1$ 的子博弈存在三种对称均衡：

（1）没有在线市场：$\mu^*=0$ 和 $\alpha^*=0$。没有消费者或者企业接入看守人的网站，而且企业作为当地市场的垄断者进行经营。

（2）在线市场出现，但是仅有部分消费者订阅了网站（部门消费者参与）：$\mu^*<1$。每个企业在看守人网站上宣传价格的概率 $\alpha^*=1-\phi/(\mu\pi^m)$。

（3）在线市场出现，而且所有的消费者都订阅了网站：$\mu^*=1$（全部消费者参与）。每个企业都在看守人网站上宣传价格的概率 $\alpha^*=1-\phi/\pi^m$。

均衡1是三个均衡中最无趣的：如果没有订阅者，那么企业也就没有理由支付广告费 ϕ，并在线发布价格。在这种情况下，在线市场不会出现，而且所有交易都在本地发生。均衡2和均衡3的特征是部分或全部消费者参与在线市场，这反过来意味着越来越多的企业参与。在所有的情况中，正如结论4的观点，所有市场均衡均呈现出价格离散的特点。

将研究的焦点转到博弈的最初阶段，在 $t=1$ 的均衡中，消费者和企业具有相反的偏好。消费者更喜欢均衡3，这一均衡最具有竞争性，企业在线宣传价格的概率最大，因此竞争更激烈，价格更低。相反，企业会更偏向于均衡1：没有线上市场，企业作为本地市场的垄断者可以获得更高的收益。更为一般的，随着 α 的增加，竞争压力也随着增加；这一事实降低了均衡价格，从而使消费者受益，厂商遭受损失。

在描述了企业和消费者的均衡策略之后，现在通过定义信息媒介的最优定价策略来确定博弈均衡。

信息媒介的定价策略（$t=0$）

为了使中介媒体的服务更具吸引力，确定广告费 ϕ 和订阅费 ψ 的大小以刺激消费者和企业的订阅。消费者从订阅中所获取的收益随着企业在线宣传价格的概率增加而提高；类似地，企业在线上宣传价格的意愿也随着订购者数量的增加而提高。看守人最大化预期利润：

$$E[\pi_{GK}] = 2\alpha^* \phi + 2\mu^* \psi - H$$

$H>0$ 是看守人的成本，[①] $2\alpha^* \phi$ 和 $2\mu^* \psi$ 是向企业和消费者提供中介服务的预期收入。很明显，看守人的利润取决于结论 5 中的 3 种均衡。正如贝恩和摩根（2001）所呈现的，我们假设在 $t=1$ 时，消费者和企业选择均衡3；根据这一假设，证明当满足下述情况时，信息媒介的利润最大。

ⅰ）消费者的订阅费用低于其对中介服务的支付意愿。这意味着所有消费者都订阅看守人的网站：$\mu^* = 1$。

ⅱ）企业在网站上发布价格的概率小于 1（部分企业参与）。

信息媒介通过降低订阅费 ψ，诱使所有的消费者订阅网站以最大化自身利润（ⅰ）。事实上从消费者的订阅中所得到的较小的收入可以从较高的广告费中得到弥补：如前所述，当 μ 增加时，企业宣传价格的概率 α 也随之增加。虽然刺激所有消费者的参与是最优的，但部分企业参与时，信息媒介也是有利可图的（ⅱ）：α 的提高增加了竞争压力，并且降低了企业在线宣传价格的概率。

---

① 为了提供中介服务，看守人需要软件和硬件来运行网站，并且还需要访问网络基础设施。通常，这些投入的使用并不因看守人提供的中介服务的级别而变化。因此，看守人固定成本较高，如表达式 $E[\pi_{GK}]$ 所示。

第三节 版本控制与捆绑销售

上一节的主要观点是价格离散是在线市场的持续现象。在本节中，我们重点关注影响数字市场效率的另一个特征；事实上，互联网是企业进行市场细分和价格歧视的有效的工具，从而使它维持较高的市场势力。

在互联网上，消费者不仅可以轻松比较各种优惠信息，而且零售商也可以获得客户的详细信息。通过这种方式，他们可以根据消费者的偏好"定制"产品和价格。

戴尔公司是采用这些策略的典型例子。在企业网站上，消费者可以通过选择他们偏好的一系列组件（例如处理器、内存、硬盘和监视器等）来组装满足他们需求的电脑，这种策略被称为定制，戴尔公司在收到订单并开始装配产品后，这一策略成为了可能。这一策略取得成功的关键在于将生产流程中的下游产品定制权转移到客户手中：通过使用新的灵活的计算机辅助制造系统，在线零售商等待消费者的需求，然后使用客户要求的组件组装产品。在意大利的沃达丰，一个知名的电信企业运营商发起了一项名为"你的颜色是什么？全由你自己决定"的运动，消费者有机会选择最适合他们的价格组合。

需注意这些定制策略更容易被在线零售商而不是传统卖家所采用。事实上，实体商店会受到例如货架型号的物理限制，而在线供应商则不会面对这些困难，而且它可以展示无限数量的不同产品。

版本控制和捆绑销售是最为常见的两种在线歧视策略。它们并不是数字市场特有的，但是由于互联网的存在，它们才变得如此常见。

一、版本控制

我们关注的第一个商业惯例是版本控制，该策略属于二级价格歧视，企业生产多个版本的产品，每个版本针对一个特定市场。

例如，编辑出版一位畅销作家的最新小说，他可以把这本书的精装或礼盒版本出售给忠实读者，几个月后再提供口袋或平装（更便宜）版本。类似地，软件生产商可以为同一应用程序制造出两种版本：专为专业用户而设计的完全成熟的版本，以及为低端用户设计的缺少一些功能的版本。在软件行业中，企业可以通过改变诸如用户界面、图像分辨率、处理能力完整性、客户服务、保修等多个维度来创建不同的版本。

在对版本控制进行经济分析之前，首先回顾一下价格歧视有利可图的原因。在图 2.7 中，p^m 是垄断者不进行价格歧视时的定价。该图表明企业实施价格歧视策略能够提高利润，存在以下两个原因：一方面，对于购买意愿较高的消费者，企业可以收取高于 p^m 的价格；另一方面，对于那些支付意愿高于边际成本 MC 但低于 p^m 的消费者，企业可以收取较低的价格，从而扩大销售。对于价格歧视两个基本目标的区分，有助于理解我们的结论。

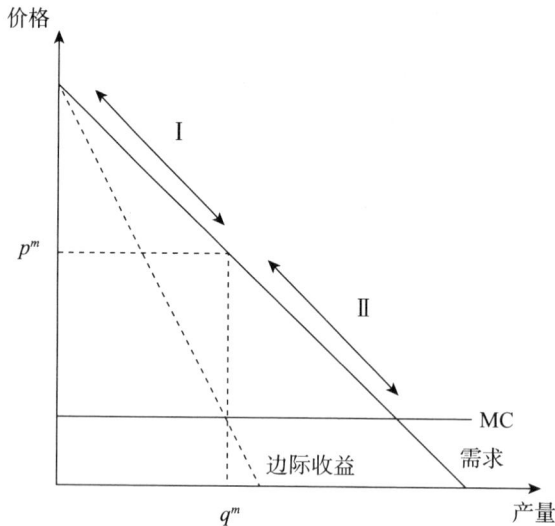

图 2.7　价格歧视的目标

版本控制最微妙的地方在于为同一产品设计不同版本以供消费者选择，也就是说，他们被诱导选择专门为其设计的版本。一个简单的事例可以帮助我们更好地理解这个问题。① 一位编辑准备推出一本小说，并需要决定采用哪种策略来发行这本书。经过深入的市场调查，编辑意识到市场由两大类读者组成：一些渴望尽快购买作者最新小说的"忠实"读者，以及其他不介意等待的"普通"读者。显然，编辑的目的是细分市场，从而以较高的价格把书出售给忠实读者，而以较低的价格出售给普通读者。

如果编辑知道每个读者的确切类型（忠诚或普通），那么这个任务将变得相当容易：编辑可以实施完全价格歧视，对每个用户收取与其支付意愿相等的价格。但是，企业并没有关于客户的这些精确信息：它们不知道每个消费者所属的类型。回到我们的例子，我们假设编辑知道客户如何在忠实的和普通的读者之间进行分配（即能够评估他们的百分比），但我们并不知道每个客户的确切类型。

编辑应该如何细分市场？一个可能的策略是版本控制，即推出两个不同的版本：昂贵的礼物/精装版，专为忠实读者而设计，还有几个月后发布的口袋/平装版，以普通读者为目标。编辑从两个维度区分这本书的两个版本：i）时间，即何时出售这本书的每个版本，和 ii）两个版本的价格。

更具体地说，假设市场由 100 位读者组成，包括 40 位忠实读者和 60 位普通读者。很自然地，无论类型如何，假设所有读者愿意为精装版支付的费用高于平装本；此外，与普通读者相比，忠实读者愿意为这本书的两个版本支付更高的价钱。表 2.1 列出了读者对这两本书的支付意愿：

表 2.1　读者的支付意愿

单位：元

	忠实读者 N=40	普通读者 N=60
礼物/精装版	110	60
口袋/平装版	50	40

① 这个例子来自于 Varian and Shapiro（1990）。

编辑决定是否出售这本书的两个版本以及以何种价格出售；为简单起见，假设两个版本的生产成本相等且为零。显然，如果编辑只出版一个版本，那么他将会出版精装版：精装版与平装版的成本差别不大，但精装版对消费者来说价值更高。在这种情况下，最优定价为60，假定所有消费者都购买这本书，其毛利润为6000。

那么这种情况下编辑的境况能更好吗？如果编辑能够实施价格歧视，那么答案是肯定的。在这种情况下，编辑只会出售精装版，向忠实读者收取110，向普通读者收取60，从而获得8000的毛利润。尽管如此，这种策略是不可行的，因为编辑无法确定客户是忠实读者还是普通读者。

然而，如果编辑不只是销售精装版而采用版本控制策略，市场细分仍可实现。正如范里安（Varian）和夏皮罗（Shapiro）（1991）所描述的，编辑试图对不同版本制定不同价格以实现市场细分；版本控制的关键在于自我选择：两个版本的定价需使得忠实读者被诱导选择精装版，而普通读者选择平装版。

因此，给定表2.1中的偏好，最优的版本控制策略要求：

1. 平装版售价为40，即为普通读者的支付意愿；

2. 精装版售价为100，即忠实读者对这两个版本无差异的定价。由此可知，忠实读者以40购买平装版的净效用（净效用50-40）与以100购买精装版的净效用（净效用110-100）相等。

假设在无差异的情况下，普通读者购买精装版，那么，在价格为40和100的时候出现了自我选择：忠实读者购买精装版，而普通读者以较低的价格购买平装版。编辑的总利润是6400，比仅出售精装版时的利润要高很多。回到图2.7，这个例子说明了版本差别是有利可图的，因为它允许编辑向消费者收取更高的价格。换句话说，即使不增加销售量，编辑也可以从这本书两个版本的销售中获利。

值得强调的是，由于平装版与精装版之间存在相互竞争，版本差别的利润低于完全价格歧视（总利润6400，而不是8000）。竞争对企业利润造成两方面负面影响。一方面，通过版本差别，普通读者以40的价格购买平装版，而不是精装版。对于这组消费者来说，平装版可以消除精装版市场。另一方面，为了引导忠实读者购买精装版，编辑必须将价格从 110 降低到 100。

尽管这个例子非常简单，但它强调了消费者自我选择的关键作用。编辑需要遵循下述基本规则——"两步法"：第一步，确定低端版本的特征和价格，如在本例中对平装书的定价等于普通读者的支付意愿；第二步，确定高端版本的特征和价格，使忠实读者在两个版本之间无差异，如在本例中对精装版的定价使得忠实读者在两个版本之间无差异。

二、通过版本控制来扩大市场

接下来考察版本控制能够获利的第二个原因，即增加销售的可能性。[①] 考虑市场中消费者具有异质偏好。与编辑的例子一样，假设企业只知道消费者偏好的总体分布，但不能观察到消费者的确切类型，因此，完全价格歧视是不能实现的，但仍可能实施榨取消费者剩余的细分市场策略。

假设垄断者生产质量为 m 的产品，m 可以表示数学运算软件的运算速度，或者表示宽带上网的链接速度。假设消费者对于 m 的偏好用偏好参数 θ 表示。假设 θ 服从区间 [0，1] 上的均匀分布；如果消费者不关心产品质量 m，那么 θ 较小；如果消费者关心产品质量，那么 θ 较高。消费者从产品中所获得的效用等于其支付意愿 $k>0$，所有消费者均相同加上 θm，即消费者类型 θ 与产品质量 m 的乘积。

正如之前所提及的，企业的信息不完全：企业知道参数 θ 服从区间 [0，1] 上的均匀分布，但并不知道每个消费者的 θ 值。

最后，假设企业可以销售两个版本的产品（版本 1 和版本 2）。这两个版本质量不同，分别用 m_1 和 m_2 表示。因此，θ 类型的消费者以价格 p_i 购买版本 $i=1$，消费者的净效用为 $U(\theta，m_i，p_i)=k+\theta m_i-p_i$。

显然，消费者的净效用随着产品质量的提高而增加；因此，如果 $p_1=$

---

① 接下来，我们提供了贝利费莱明（Belleflamme）（2005）的一个简化版本。

p_2，消费者偏好高质量的版本。正如当其他条件相同时，具有强大处理器的 PC 更受欢迎。

在下文中，假设版本 2 是高质量的版本：$m_2 > m_1$。为简单起见，假设所有版本的生产成本都是 0。

仅一个版本的产品

假设垄断厂商只销售一个版本的产品，换句话说，不采用版本策略。显然，在这种情况下，企业生产高质量版本的产品（版本 2）是有利可图的：它（与低版本产品）的成本相同，对消费者来说价值却更高。

每个消费者都能观测到价格 p_N，并且决定是否购买。接下来确定无差异消费者，用偏好参数加以刻画，它使得消费者在两个版本之间无差异；θ 使得 $U(\theta, m_2, p_N) = 0$。用 $\tilde{\theta}(p_N)$ 表示无差异消费者的偏好参数，则

$$\tilde{\theta}(p_N) = \frac{p_N - k}{m_2}$$

因此，给定 p_N，偏好参数大于或者等于 $\tilde{\theta}(p_N)$ 的所有消费者都会购买产品，而其他消费者则不购买；给定 θ 服从区间 $[0, 1]$ 上的均匀分布，数量为 $1 - \tilde{\theta}(p_N)$ 的消费者会购买产品。因此，垄断厂商的利润函数为：

$$\pi_N(p_N) = p_N(1 - \tilde{\theta}(p_N)) = p_N\left(1 - \frac{p_N - k}{m_2}\right)$$

通过 $\pi_N(p_N)$ 对 p_N 求导数，并求解一阶条件，可以得到企业的均衡价格和均衡利润：

$$p_N^* = \frac{k + m_2}{2}, \ \pi_N^* = \frac{(k + m_2)^2}{4m_2}$$

最后，通过将 p_N^* 代入 $\tilde{\theta}(p_N)$，可以得到实际购买产品的消费者数量为：

$$\frac{1}{2} - \frac{k}{2m_2}$$

有两个版本的产品

现在，假设垄断厂商销售两个版本的产品：版本 1 的质量为 m_1，版本

2 的质量为 m_2，并且 $m_2 > m_1$。版本控制的关键在于消费者的自我选择：价格 p_1 和 p_2 需使得具有高偏好参数的消费者被诱导选择高质量的版本，而其他具有低偏好参数的消费者则选择低质量的版本。

为了确定垄断厂商的价格，首先定义两个版本的需求函数。换句话说，给定价格 p_1 和 p_2，我们需要确定多少消费者购买高质量版本的商品，以及多少消费者购买低质量版本的商品。

与之前类似，首先定义两类无差异消费者：i）对于高质量和低质量版本无差异的消费者，由参数 $\tilde{\theta}_{1,2}$ 表示；ii）对于购买低质量版本以及完全不购买的无差异的消费者，用参数 $\tilde{\theta}_{0,1}$ 表示。由此可得：

i) $U(\theta, m_1, p_1) = U(\theta, m_2, p_2) \Rightarrow \tilde{\theta}_{1,2}(p_1, p_2) = \dfrac{p_2 - p_1}{m_2 - m_1}$，

ii) $U(\theta, m_1, p_1) = 0 \Rightarrow \tilde{\theta}_{0,1}(p_1) = \dfrac{p_1 - k}{m_1}$。

图 2.8 版本控制下的市场细分

如果 $0 \leqslant \tilde{\theta}_{0,1} < \tilde{\theta}_{1,2} \leqslant 1$，消费者进行自我选择：那些具有较高偏好参数的消费者，$\theta \in [\tilde{\theta}_{1,2}, 1]$，购买高质量版本，而那些偏好参数 $\theta \in [\tilde{\theta}_{0,1}, \tilde{\theta}_{1,2}]$ 的消费者则购买低质量版本。最后，如果偏好参数非常低，那么消费者选择不购买（参考图 2.8）。

由于 θ 服从区间 $[0, 1]$ 上的均匀分布，我们可以计算出每个版本的需求函数，并且定义垄断厂商的最优化问题。企业选择 p_1 和 p_2 使得：[①]

$$\max_{p_1, p_2} \pi_V(p_1, p_2) = p_2(1 - \tilde{\theta}_{1,2}(p_1, p_2)) + p_1(\tilde{\theta}_{1,2}(p_1, p_2) - \tilde{\theta}_{0,1}(p_1))$$

$$= p_2\left(1 - \frac{p_2 - p_1}{m_2 - m_1}\right) + p_1\left(\frac{p_2 - p_1}{m_2 - m_1} - \frac{p_1 - k}{m_1}\right)$$

---

① 下标 V 表示垄断厂商采用版本控制策略。

由一阶条件，可知两个版本的均衡价格，然后可以计算得到垄断厂商的利润：

$$p_1^* = \frac{k + m_1}{2}, \; p_2^* = \frac{k + m_2}{2}; \; \pi_V^* = \frac{2km_1 + m_1 m_2 + k^2}{4m_1}$$

将 p_1^* 代入 $\tilde{\theta}_{0,1}$，则购买其中一个版本的消费者数量为：

$$\frac{1}{2} - \frac{k}{2m_1}$$

通过比较这个表达式与没有版本控制情况下的消费者数量，当销售两个版本的产品时，企业服务的消费者数量更多。由于这种市场扩张效应的存在，企业可以增加利润。这一点很容易证明：

$$\pi_V^* = \pi_N^* + \frac{k^2(m_2 - m_1)}{4m_1 m_2} > \pi_N^*$$

下边的结论总结了这些观点：

结论 6： 如果垄断厂商提供两个版本的产品，销售会增加，而且利润也会更高。

上述结论说明了企业采用版本控制的第二个原因：当同时提供低质量版本的产品时，企业将产品销售给具有较低偏好的消费者，如果没有版本控制，那么这部分消费者就不会购买产品。

注意，低质量版本至少部分地抵消了高质量版本的市场。一些消费者从高质量版本产品（企业没有采用版本控制策略的情况下）转向低质量版本产品（企业采用版本控制策略的情况下），因此如果只关注这部分消费者，企业采用版本控制策略的收入会下降，因为 $p_1^* < p_N^*$。然而，结论 6 表明，由于市场扩张，版本控制的积极作用主导了抵消的消极影响。

最后需要注意的是，在我们的研究背景中，版本控制的唯一收益来源于市场扩张效应。换句话说，当销售两个版本的产品时，垄断厂商不能向具有较高偏好参数的消费者收取更高的价格；比较企业采用版本控制时与不采用版本控制时，对高质量版本收取的价格 $p_N^* = p_2^*$。

三、版本控制的局限性

在前面的章节中，我们说明了合适的版本控制策略如何使企业细分市场，扩大销售和增加利润。然而，需要强调的是，版本控制并不总是有利可图的：只有当消费者的偏好满足特定的条件时，企业才能从销售不同版本的产品中受益。因此，为了使版本控制有利可图，有必要确定需要满足的条件。回到前文中编辑的例子，现在我们假设读者对这本书的两个版本支付意愿如表2.2所示：

表2.2　读者的支付意愿

单位：元

	忠诚读者 N=40	普通读者 N=60
礼物/精装版	110	60
口袋/平装版	50	40

如前一节所述，假设市场由40位忠实读者和60位普通读者组成。与之前类似，最优版本策略要求：平装版的价格为40元（即相当于普通读者的支付意愿），精装版的价格为70元（即价格使忠实读者在两个版本之间无差异）。通过这些价格，读者进行自我选择（忠实读者购买精品版，而普通读者购买平装版），编辑获得的利润为5200元。

然而，编辑以60元的价格仅出售精装版时的境况更好。在这种情况下，所有读者（忠实读者和普通读者）都购买精装版的图书，编辑的利润为6000元。因此，版本控制并不是有利可图的。

乍一看，这个结论似乎很令人惊讶。尽管如此，这一结论仍然可以通过表2.2对消费者的偏好进行解释。在上一个例子（见表2.1）中，忠实读者对平装版的支付意愿更高（80对比表2.1中的50）。在这种情况下，为了引导忠实读者进行自我选择，编辑需要大幅降低精装版的价格。换句话说，在我们现在的分析中，精装版和平装版是非常接近的替代品：平装版对于被诱导购买精装版的忠实读者而言，具有很大的吸引力，除非平装版的定价非常低。在这种情况下，与平装版相关的同化效应占主导地位。

在最近的一篇文章中，巴尔加瓦（Bhargava）和乔杜里（Choudhary）（2008）总结了表2.1和表2.2的分析。在更为一般的情况下，他们寻找使得版本控制有利可图的条件。他们的框架类似于贝利弗莱明（2005）提出的框架：企业可以销售两种版本的产品（低质量版本 m_1，高质量版本 m_2，$m_2 > m_1$），而且消费者对质量具有异质偏好。巴尔加瓦和乔杜里的主要结论表明，为了验证版本控制是否有利可图，需要比较当企业销售低质量版本时所服务的消费者数量与当该企业只销售高品质版本时购买产品的消费者数量。

结论7： 当企业只销售高质量版本时的消费者数量低于（或高于）当企业只销售低质量版本时的消费者数量，则版本控制是（不是）有利可图的策略。

巴尔加瓦和乔杜里（2008）从市场扩张（例如，通过某种版本，企业为消费者提供服务，否则消费者不会购买）与同谋（例如，版本控制存在时，一些人以较低的价格购买低质量的版本，而不是高质量的）的角度解释了这个结论。在版本控制策略下，企业不仅销售高质量的版本还销售低质量的版本；由结论7可知，只有当低质量版本的潜在市场份额足够大时，该策略才会有利可图，即当企业仅销售低质量版本时，有大量消费者购买该产品，在这种情况下，市场扩张效应足以弥补同化效应。

结论7可被用于贝利弗莱明的分析。当企业仅销售高质量版本时，销售数量为 $1 - (1/2 - k/(2m_2))$；类似地，很容易验证，是当企业仅销售低质量版本时，销售数量为 $1 - (1/2 - k/(2m_1))$。由于 $m_2 > m_1$，购买低质量版本的消费者数量（当只有这种版本可用时）高于购买高质量版本的消费者数量（当只有这种版本可用时）；因此，结论7适用，在这种情况下版本控制是有利可图的。

四、捆绑销售策略

在线零售商通常采用的另一种价格歧视策略是捆绑销售，即将两个或更多个产品捆绑起来进行销售。捆绑销售和版本控制都是企业经常使用的策略，而且不局限于在线零售商。捆绑销售的常见例子包括：电视网络提供一系列的频道组合，例如按次付费频道、视频点播、免费频道、国际频道、付费电视、DTTV（数字地面电视）等；出版商在同一订阅中提供在线和印刷版杂志；软件企业销售由几个应用组成的软件包。尽管很多企业都使用捆绑销售策略，但是对于能够轻松地、便宜地捆绑销售多种产品的在线零售商来说，捆绑销售更具吸引力。

本节我们要解决的问题如下：企业什么时候捆绑销售是有利可图的？根据（Schmalensee，2001）的观点，捆绑销售的主要目的是减少消费者偏好的异质性。接下来的例子会帮助我们更好地理解捆绑销售的原理。软件企业生产两种不同的应用程序：文本编辑器 Wordy 和电子表格 Calc。为简单起见，假设市场需求由两位不同的消费者组成，作家和会计。他们的偏好是异质的和负相关的：作者对文本编辑器的估值很高，对电子表格的估值很低，而会计师对 Calc 的估值比对 Wordy 的估值高。最后，销售组合 Wordy + Calc 的估值等于每个应用程序的估值总和。表 2.3 总结了消费者对两个应用程序和捆绑销售的估值：

表 2.3　对软件的支付意愿

	Wordy	Calc	Wordy+Calc
作家	11	2	13
会计	3	7	10

假设不存在完全价格歧视，考虑软件企业分别销售两个应用程序（所谓的单独销售）的情况。给定消费者偏好，并假定生产成本为零，很明显，企业的最优策略是收取与每个应用程序的最高支付意愿相当的价格：Wordy 为 11，Calc 为 7。在这种情况下，该企业各销售一个单位的应用程序：作家购买一个文本编辑器，会计购买一份电子表格。因此，在单独销售的情况下，软件企业的利润为 18。

现在考虑捆绑销售的情况。由表 2.3 可知，Wordy + Calc 捆绑销售的最优价格是 10。在这个价格下，两个消费者都购买捆绑销售产品，企业获得的利润等于 20，大于单独销售的利润。这个例子有助于理解捆绑销售在哪些情况下是有利可图的：当消费者对每个产品的估值是异质的，而对捆绑销售产品的估值集中在一个共同值上，则企业能够从捆绑销售策略中获利。表 2.3 正好是这种情况：消费者对每个应用程序的估值非常分散（例如，作家对 Wordy 的估值是 11，而会计对 Wordy 的估值只有 2），而对捆绑销售产品的估值则很集中（作家为 13，会计为 10）。作家和会计对于两个应用程序的偏好是负相关的，因此，它们对于软件包的估值比较集中。

在前面的例子中，我们介绍了纯捆绑销售的情况，即企业只销售捆绑产品。然而，当采用更复杂的策略时，企业境况可能会更好。零售商可以同时出售捆绑销售的产品和单独销售的产品，从而将单独销售和纯捆绑销售混合起来；接下来的例子有助于理解这种策略的优势，这种策略通常被称为混合捆绑销售。

考虑播出三个不同频道的电视网络的情况：娱乐频道 E、运动频道 S 和新闻频道 N。电视网络的营销部门将消费者分为四类：A、B、C、D。每个类别由一个消费者组成，该类别根据其支付意愿的不同而不同，如表 2.4 所示；订阅两个或多个电视频道的支付意愿等于每个单一频道的估价总和。

基于表中的偏好，在单独销售的情况下，电视网络的利润为 46。[①] 此外电视网络也可以进行捆绑销售。从表 2.4 可以看出，消费者 A 和 C 的对捆绑销售的估值为 12，消费者 B 和 D 对捆绑销售的估值为 15。电视网络的最优选择是对每个组合的定价都为 12，从而获得等于 48 的利润。正如软件企业的情况，捆绑销售比单独销售更有利可图。

---

① 在单独销售的情况下，电视网络对频道 E 和 S 的收费为 9，对频道 N 的收费为 5。消费者 A 订阅频道 S，消费者 C 订阅频道 E，而消费者 B 订阅频道 S 和 N，消费者 D 订阅频道 E 和 N。因此，该企业销售 6 种订阅方式，其中两个为单独销售。

表2.4　对电视频道的支付意愿

	频道 S	频道 E	频道 N
A	10	1	1
B	9	1	5
C	1	10	1
D	1	9	5

然而，通过采用混合捆绑销售策略，电视网络的境况得到了改善。尤其是，企业可以通过提供下述订阅策略实现利润最大化：

——组合 $E+S$ 的价格为 10；

——频道 N 的价格为 5。

通过混合捆绑销售，电视网络所获取的收益为 50：消费者对销售组合 $E+S$ 的估值为 10（对于 B 和 D）或 11（消费者 A 和 C），因此他们会选择购买；此外，由于价格等于其支付意愿，B 和 D 还会订阅新闻频道。

我们现在所分析的案例非常有趣，因为它表明哪些产品应该捆绑销售，以及哪些应该单独销售；由表2.4可知，消费者对于组合 E+S 的估值非常相近（10 或 11），而对组合 E+S+N 的估值则比较分散（12 或 15）。因此，电视网络应该将频道 N 从捆绑销售中剔除。

巴柯斯（Bakos）和布林约尔松（Brynjolfsson）于 1999 年在 *Management Science* 上发表的一篇有趣的文章说明了当企业在同一组合中提供了大量产品时，捆绑销售策略的优势。作者的分析与上述例子一致：组合中产品数量的增加降低了消费者偏好的异质性。因此，将大量产品捆绑起来销售使企业更容易预测消费者的估值，从而榨取更多的消费者剩余。巴柯斯和布林约尔松把这个事实称为"捆绑销售的预测价值"。

他们假设存在大量消费者，且每个消费者最多购买一单位由垄断厂商销售的 n 产品。每个产品的边际成本为 0，因此当每个消费者从 n 种产品中购买一个单位产品时，社会福利实现最大化。对于每个消费者，作者假设：

每个消费者对于 n 种产品的估值是独立的。正如之前的例子，假设对于捆绑销售的估值等于对每个单独产品估值的总和。在这些条件下，作者证明了下述结论：

结论8：当捆绑销售组合中的产品数量趋向于无穷时（$n \to \infty$），所有的消费者会购买组合产品，企业榨取了全部的消费者剩余。

这个组合非常有趣，并且当组合中的产品数量非常多时，该组合显示出了捆绑销售策略的盈利能力。注意，由结论8可知，当 n 趋于无穷时，企业达到了完全价格歧视时的产出水平：不存在无谓损失（所有的消费者都购买组合产品）而且企业获得了全部的社会福利（例如，它榨取了全部的消费者剩余）。

巴珂斯和布林约尔松使用"大数定律"证明这一结论：随着组合中产品数量的增加，每个产品的平均估值集中在一个共同值附近；消费者对于组合具有类似的估值，[①] 并且随着 n 接近无穷大，所有消费者对于组合的估值几乎完全相同。在这种情况下，企业通过收取与组合的共同估值相等的价格榨取了全部的消费者剩余。

图2.9来自于巴珂斯和布林约尔松的文章，提供了对这一结论的图形解释。假设每个消费者对 n 种产品的估值是独立的，并服从区间 $[0, 1]$ 上的均匀分布。在这种情况中，单独销售的需求函数为 $q = 1 - p$，其中 p 是企业的定价，1是消费者的最高支付意愿如图2.9中的第（ⅰ）图。

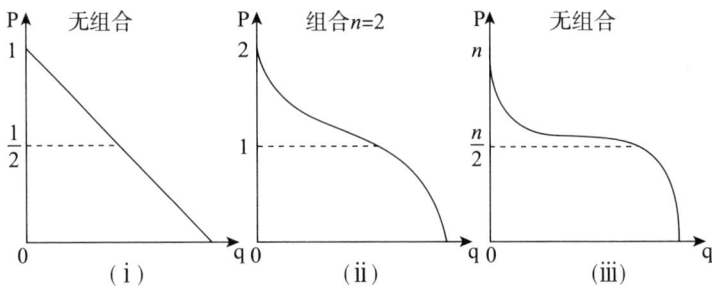

图2.9 对单个产品和 n 个产品组合的需求

① 正式地，用 $k_{j,i}$ 表示消费者 j 对组合中产品 i 的估价。因此，企业提供的组合中的每一产品的平均估值为：$(1/n) \sum_{i=1}^{n} k_{j,i}$。

图 2.9 中的第（ⅱ）个图形表示数量 $n>2$ 的产品组合的市场需求。为确定需求函数，我们需要定义消费者捆绑销售估值的分布。考虑 $n=2$ 的情况，消费者对捆绑销售的估值是一个随机变量，其大小等于两个随机变量（代表对单独产品的估值）之和。由图可知，消费者对组合的估值集中在 1 附近；非常小（接近 0）以及非常大（接近 2）的估值很少发生。[①]

出于这个原因，市场需求在中心值 1 处趋于平缓。我们可以将这一结论延伸到 $n>2$ 的情况中；随着组合中产品数量的增加，需求函数在平均消费者估值（$n/2$）处更加平缓且更具弹性；随着 n 的增长，垄断厂商服务的消费者数量会不断增加，而且通过制定等于（$n/2$）的价格，它榨取了大部分的消费者剩余，如图 2.9 中的第（ⅲ）个图形。

第四节　动态定价：基于购买历史的价格

如前所述，互联网使得企业能够采用复杂的定价策略，而在传统市场上则非常困难，甚至是不可能的。因此，本节重点研究另一种受在线零售商欢迎的价格歧视策略：基于购买历史的定价策略。

亚马逊是最著名的书籍、DVD 和音乐 CD 的在线经销商。2001 年，亚马逊被指针对同一产品收取不同的价格；由于在线论坛的存在，客户在上面比较了他们的购买经历，其中一些人意识到，他们对同一商品支付的价格要高于其他客户。但最为常见的是，亚马逊对忠实客户收取的价格要高于其他客户。客户指控亚马逊记录了他们的在线购买行为（即他们以前的购买），相应地，亚马逊能够区分其是否是忠实客户；这种做法在文献中

---

① 为了使读者相信这一结论，我们通过一个实验加以说明。假设你正在投掷一枚骰子，并且上面的数字代表产品的估值。如果存在两个产品，则组合的估值等于投掷两次骰子出现的数字的总和。现在，计算每种组合值出现的概率。很明显，中间估值（即投掷两次骰子的数字和为 7）出现的概率最大，而最小（即 2）和最大（即 12）的估值出现的概率最小。回顾巴可斯和布林约尔松中的例子和一些基本的统计概念，我们可以说，通过对分布函数求卷积可得到组合的估值。由于分布都是均匀的，因此，组合的估值范围是从 0 到 2，以 1 为中心，最大值为 2。因此，组合的中间估值发生概率最高，从而产生如图 2.9 中第（ⅱ）个图形中的需求函数。

被称为"动态定价"。由于客户的激烈反映，亚马逊被迫在两周之内道歉并退款。

与亚马逊一样，任何在线供应商都可以获得关于消费者偏好、个人特征和习惯的有用信息，这些信息有助于供应商区分客户并采用动态定价策略。供应商可以通过多种方法来收集在线商店的访客信息。最常见的设备是 Cookie，它是保存在用户计算机上的文本文件，存储了消费者的偏好（即过去的购买，访问的页面等）和特征方面的信息。以这种方式，每当用户访问网站时，服务器会读取 Cookie 并个性化网页，以满足访客的偏好、兴趣和习惯[①]。

通过 Cookie，供应商能够跟踪并存储访问网站的用户的特定信息，就能知道用户是第一次访问网站还是忠实客户；在这种情况下，供应商知道消费者之前访问过哪些页面（点击流）以及哪些产品被添加到购物车中。因此，企业可以基于收集的客户信息实施定价策略，通过区分用户是首次访问还是第二次访问，或者基于购买历史辨别消费者是否已经在线购买过产品。总之，企业可以很容易实现市场细分。

分析动态定价（即调节价格对购买历史）对于市场均衡、企业利润和社会福利的影响是非常有趣的；阿奎斯蒂（Acquisti）和范里安（2005）在模型中解释了这些问题，该模型侧重于研究当企业使用 Cookie 等技术确认、识别、进而歧视消费者时，消费者和企业之间的策略互动。[②]

拓展 2.4　信任的力量

消费者信任是上线零售商所面临的最大挑战之一。访问网站的时候，

① 企业还可使用 Cookie 以外的其他设备，以获取消费者的信息偏好；例如，企业可以跟踪消费者的购买历史，并通过静态 IP 地址，信用卡账号和认证机制识别消费者的偏好。

② 需要强调的是，阿奎斯蒂和范里安也分析了另一个有趣的情况，但我们并未介绍；在线客户，或至少是那些老练的客户，可以通过禁用 Cookie 来保护自己免受歧视，几乎所有网络浏览器都提供这一选项。通过种方式，用户和网站之间的战略互动就会出现。一方面，供应商需要根据 Cookie 中包含的信息来选择是否进行价格调整；另一方面，消费者可以采取行动，以避免被确认和识别。

消费者可能对于网站的所有者、地址、电话号码或者邮箱等信息了解较少。尽管如此，虽然不能马上收到商品，消费者仍然会选择在线购买商品并使用电子支付方式。

但如果零售商不发货呢？如果零售商对客户的信用卡收费过多呢？如果他收集信用卡信息并将信息出售给诈骗者呢？如果他向消费者邮寄的是错误的甚至是没任何功能的产品呢？

在任何商业交易中这都是非常重要的，但在电商案例中，这些问题更加重要。对于零售商而言，提高信任的一个方法是进行质量认证。

质量认证方面的经济学文献比较多，关于这种认证可以减少买卖双方之间的信息不对称的观点得到了经济学家的高度认同。这种方法可以解决破坏交易的"柠檬"问题。这就解释了在传统市场中，为何质量认证会成为普遍的特征（例如消费零售、企业间交易、医药质料、自动修理以及其他行业）。

埃尔芬科因（Elfenbein）等（2013）用实证方法研究了质量认证对英国 ebay 平台（活跃度仅次于美国 ebay 平台）的影响。为提高信誉，ebay 在 2007 年引入了详细卖家评分（DSR）制度，在 2009 年引入了评价最高卖家（eTRS）制度。在 DSR 制度下，消费者需要根据四个维度对卖家进行评分（例如，收到的商品是否如卖方所描述的？与卖方的沟通是否有效？商品是否及时送到？运费和手续费合理吗？）。为了成为一个排名较高的卖家，零售商必须满足一些关于账号活跃时间、交易量、正反馈百分比和 DSR 评级的要求。分数足够高的卖家被评为 eTRS，在他们的信誉列表中会出现一个"百吉饼"。为刺激卖家的积极性，ebay 向 eTRS 卖家提供折扣费用。

埃尔芬科因、菲斯曼（Fisman）和麦克马纳斯（McManus）对卖家与市场特征影响消费者的质量认证的反应方式感兴趣；他们使用了从 2009 年 9 月 29 日（ETRS 计划的第一天）到 2010 年 10 月 31 日英国 eBay 平台上的大数据（卖家和产品的详细信息），以及一组包括年度和季度交易、收入金额等信息在内的卖家数据，从而对上述数据进行补充。总体而言，样本包含超过 8000 个 ebay 产品类别的 1600 万次观察结果。

埃尔芬科因、菲斯曼和麦克马纳斯得到的结论非常有意义：对于卖家而言，获得 eTRS 认证使得成功完成交易的概率提高了 7%。消费者愿意以更高的价格支付 eTRS 项目（多达 7%），而在引入 eTRS 计划（约为 1110 欧元 I 认证卖家）后，eTRS 盈利总计增加了 2680 万欧元。作者还发现，在其他认证较少的情况下，质量认证的影响更大，eTRS 认证在不太集中的市场影响力更大。

阿奎斯蒂和范里安模型

在动态定价的情况下，零售商根据消费者是否购买过商品而收取不同的价格。接下来，我们介绍一个基于阿奎斯蒂和范里安（2005）的简单动态定价模型[①]。

考虑一个仅存活两期的在线垄断者。每个消费者访问企业的网站两次，每个时期访问一次并决定是否购买以及何时购买。此时，存在四种可能的情况：消费者在第一次访问时购买；在第二次访问时购买；两次访问都购买；或者两次访问都不购买。

消费者从购买中获得的收益取决于消费者对商品的估值 k，以及 m_i，其中下标 $i=1$，2 表示消费者是在第一次还是第二次访问时购买。参数 m_i 指的是消费者通过网上购买获得的附加服务带来的收益：网上交易非常方便，通常可以通过信用卡或其他电子支付方式购买，从而提高了网上交易的吸引力。以下是参数 m_i 的两个基本假设：

假设：消费者 i）对 m_i 具有异质偏好；ii）在第二次访问时购买商品，其收益会增加，即 $m_2 > m_1$。

对假设 ii）的解释如下：第二次访问在线商店比第一次效率更高的原因有两个。消费者知道如何找到网站并且花费的时间更少；此外，在线零售商经常为第二次访问的顾客提供额外服务（如进一步的信息、有针对性

---

① 与贝尔弗莱明（2005）一样，本节呈现了该模型的简化版本。

的建议、忠诚奖励等）。

第 i 次访问并购买商品的净效用为：

$$U(\theta,\ m_i,\ p_i) = k + \theta m_i - p_i$$

p_i 为在线零售商收取的价格，而 θ 则是用来测量消费者对 m_i 的偏好参数。根据假设 i)，消费者对 m_i 具有异质偏好；假设 θ 服从区间 $[0,\ 1]$ 上的均匀分布。因此，如果消费者不享受在线购物，那么，其偏好参数 θ 较小。（即消费者从线上零售商的服务中受益较小）。

基准模型：不存在价格歧视。 阿奎斯蒂和范里安（2005）进行研究的目的是确定最优的动态定价策略，即企业在两个时期的定价。我们首先考虑不存在价格歧视的情况：垄断企业在所有时期都收取相同的价格 p。消费者观察到价格 p，并且决定是否购买；在每个时期，我们确定对于购买与不购买无差异的消费者。无差异消费者由条件 $U(\theta,\ m_i,\ p_i) = 0$ 给出，并具有下述偏好参数：

$$\tilde{\theta}(m_i,\ p) = \frac{p - k}{m_i},\ i = 1,\ 2$$

给定 p，所有 $\theta \geq \tilde{\theta}(m_1,\ p)$ 的消费者在时期 1 购买产品；而 $\theta \geq \tilde{\theta}(m_2,\ p)$ 的消费者在时期 2 从垄断企业购买产品。假定生产成本为零，垄断企业的利润为：

$$\pi_N(p) = p(1 - \tilde{\theta}(m_1,\ p)) + p(1 - \tilde{\theta}(m_2,\ p))$$

$$= \frac{p}{m_1 m_2}(2m_1 m_2 - (p - k)(m_1 + m_2))$$

其中，下标 N 表示不存在价格歧视的情况。

由一阶条件，可以得到垄断企业的定价 p_N^*；通过把 p_N^* 代入 $\pi_N(p)$，可以得到均衡利润：

$$p_N^* = \frac{k}{2} + \frac{m_1 m_2}{m_1 + m_2}\ ;\ \pi_N^* = \frac{(2m_1 m_2 + k(m_1 + m_2))^2}{4m_1 m_2(m_1 + m_2)}$$

Cookies 和动态定价 通过使用 Cookie 提供的信息，垄断企业可以实施价格歧视：它可以基于购买历史定价。很明显在时期 1，所有消费者都是第一次访问零售商的网站。Cookies 还没有生成，因而企业不能实施价格歧视。在时期 2，事情发生了变化。当消费者第二次访问网站时，Cookies 已经包含了企业用于推断消费者偏好的信息；在时期 1 进行购买的消费者，θ 较大。反之亦然，如果消费者没有在时期 1 购买产品，那么 θ 就较小。因此，根据 Cookies 中所储存的信息，企业可以在对 m 评价很高和评价很低的两类消费者实施价格歧视。

为了确定垄断企业的最优定价策略，我们需要确定三类价格：一个是时期 1 的价格，另外两个是时期 2 的价格。在时期 1，对于垄断企业而言，所有的消费者都是一样的（没有 Cookies 可以利用），而且由于这一原因，企业只制定一个价格，用 p_o 表示。在时期 2，垄断企业可以基于购买历史定价：p_b 表示对于在时期 1 购买过产品的消费者所收取的价格，p_{nb} 表示对那些在时期 1 没有购买的消费者收取的价格。

在第一次访问时就购买的消费者，θ 较大；因此，在时期 2，企业向这些消费者收取较高的价格 p_b 是有利可图的。在这一价格下，在时期 1 购买过产品的消费者在时期 2 仍会购买，而其他消费者则不然。

对价格 p_{nb} 的选择更为复杂并包含两种效应。如果消费者在第一次访问时没有购买，那么 θ 较小；因此，为了诱导这些消费者购买，企业在时期 2 的定价应该较低。然而，企业知道价格 p_b 和 p_{nb} 同样影响消费者在时期 1 的选择。特别是，当 p_b 较高而 p_{nb} 较低时，这会抑制消费者在时期 1 的购买行为：如果在时期 1 购买，他们需要支付较高的价格 p_b，然而如果不在时期 1 购买，他们在时期 2 只需支付较低的价格 p_{nb}。第二种效应意味着企业的定价 p_{nb} 应该足够高进而诱导消费者在时期 1 购买。[1] 可以证明第二种效应主导了第一种效应，垄断企业制定一个极其高的价格 p_{nb}（例如，无穷大）是最优的。因此，为了确定垄断企业的最优定价策略，我们只需确定 p_o 和 p_b 的大小。

在上述分析的基础上，如图 2.10 所示，消费者可以被细分为三个类

---

[1] 在此，我们隐含地假设企业的定价策略是可信的；阿奎斯蒂和范里安（2005）也分析了承诺不可信的情况。

别：θ 较大时，消费者在两个时期都购买；θ 处于中间水平时，消费者仅在时期 1 购买；最后，θ 较小时，消费者在两个时期都不购买。

图 2.10　动态定价下的市场细分

为了定义最优定价策略，需要确定需求函数，即多少消费者在时期 1 购买，以及多少消费者在时期 2 购买。如图 2.10 所示，首先确定两个无差异消费者。令 $\tilde{\theta}_L(p_o)$ 表示消费者在时期 1 以价格 p_o 购买和不购买无差异的偏好参数；由条件 $U(\theta, m_1, p_o) = 0$，可知：

$$\tilde{\theta}_L(p_o) = \frac{p_o - k}{m_1}$$

第二个无差异消费者由偏好参数 $\tilde{\theta}_H(p_b)$ 定义，即该消费者在两时期都购买和仅在时期 1 购买是无差异的。正式地，$\tilde{\theta}_H(p_b)$ 是从条件 $U(\theta, m_1, p_o) + U(\theta, m_2, p_b) = U(\theta, m_1, p_o)$ 中推导出来的，其中 $U(\theta, m_2, p_b) = 0$ 中：

$$\tilde{\theta}_H(p_b) = \frac{p_b - k}{m_2}$$

由上述讨论可知，当垄断企业基于购买历史进行价格歧视时，企业的利润函数为：

$$\pi_D(p_o, p_b) = p_o(\tilde{\theta}_H(p_b) - \tilde{\theta}_L(p_o)) + (p_o + p_b)(1 - \tilde{\theta}_H(p_b))$$
$$= p_o\left(1 - \frac{p_o - k}{m_1}\right) + p_b\left(1 - \frac{p_b - k}{m_2}\right)$$

通过将 $\pi_D(p_o, p_b)$ 分别对 p_o 和 p_b 求导数，并求解一阶条件，可以得到均衡价格和均衡利润：

$$p_o^* = \frac{k}{2} + \frac{m_1}{2},\ p_b^* = \frac{k}{2} + \frac{m_2}{2};\ \pi_D^* = \frac{(k^2 + m_1 m_2)(m_1 + m_2) + 4km_1m_2}{m_1 m_2}$$

通过比较存在与不存在价格歧视时的均衡利润，可以得到下述结论：

结论 9：企业基于购买历史对消费者实施价格歧视是有利可图的，$\pi_D^* > \pi_N^*$。

结论 9 很容易理解并且与版本控制类似。垄断企业基于估值区分消费者。最优策略的关键在于降低首次访问客户的定价（p_o），并提高购买过产品的消费者的定价（p_b），显然，$p_o^* < p_N^* < p_b^*$

正如在版本控制情况中，为了诱使消费者进行自我选择，p_o^* 和 p_b^* 的差异不能太大：具有较高支付意愿的消费者应当在两个时期都进行购买，而对于 θ 处于中间水平的消费者应仅在时期 1 购买。

第三章　网络外部性

　　信息与通信技术（ICT）在现代社会中起着至关重要的作用。除了手机和电脑这些我们在日常生活中使用的电子和电信设备，如今许多基本服务的提供都依赖于信息通信技术。笼统地说，ICT 使我们能够用个人电脑编写文件，在线观看电影，使用 iTunes 下载音乐，并与其他用户进行连接，例如通过电话交谈，发送电子邮件以及用即时通信聊天。

　　ICT 的基本经济特征与消费者在购买商品或采用技术时所享有的利益相关。在 ICT 市场中，购买某种商品或采用某种技术的消费者数量越多，他们获得的效用也就越高。换句话说，消费者获得的收益随着用户网络的扩大而增加。以文本编辑器为例，消费者购买软件的效用取决于同使用相同应用程序或兼容应用程序的用户交换文件的概率。电信技术（例如电话，电子邮件或即时通信）是用户网络规模重要性更为明显的例子：网络将个人连接起来，其效用完全取决于彼此之间能够沟通的概率；因此，个人所获得的价值随着网络规模的扩大而增加。

　　ICT 的另一个重要方面是，在选择是否采用某种技术时，消费者并没有考虑他的决定对网络规模以及对其他用户收益的影响。在经济学术语中，这被称为"外部性"，在 ICT 情形中则被称为网络外部性或网络效应。

　　本章将概述网络外部性市场的主要特征，特别表明消费者对网络产品的支付意愿随着用户数量的增加而增加，会对需求函数的形状产生一定的影响，也影响着高科技市场中竞争性企业所采用的策略。本章还将详细讨论积极反馈、标准化、兼容性以及消费者预期等在决定高科技市场动态中的作用。

第一节　网络外部性与临界规模

正如引言中所提到的，当个人效用随着产品或技术使用量的增加而增加时，市场就呈现出了网络外部性。现有文献区分了两种不同类型的网络外部性：

直接网络外部性：产品的价值随着同类产品或兼容产品的用户数量的增加而增加；

间接网络外部性：产品的价值由互补产品的可用性决定，在这种情况下，效用仅受用户数量的间接影响。

通信网络是直接网络效应的典型代表，如传真和电话。在这些情况下，能够互动的用户数量越多，传真或电话的效用就越大[1]。

当用户采用技术的效用取决于互补产品的可用性时，此时网络效应为间接的。因此，采用该技术的用户量虽然影响效用，但不是直接影响：用户网络越大，市场上可用的互补产品数量越多，因此采用技术的效用越大。例如，某个操作系统越普遍，可用应用程序的范围就越大，因此购买运行该特定操作系统的个人电脑的效用就越大。

互联网中存在两种类型的网络外部性。互联网用户可以通过电子邮件或社交网络互相交流，从而受益于直接的网络外部性。与此同时，间接网络外部性也发挥了重要作用：接入互联网的用户越多，在线提供的产品和服务数量就越多，从而消费者的整体价值就越大。[2]

如前所述，消费者预期在技术市场中起着重要作用。以软件为例：当

---

① 假设电话网络由 n 个用户组成，现在增加一个新用户。新用户的加入对所有用户产生了积极的外部性：网络变得更大，现在每个用户可以与新用户通信，因此产生了 n 个新的通信渠道。这一思想叫作梅特卡夫（Metcalfe）法，描述了网络的工作原理。由于个人利益与用户数量成比例，网络的社会价值是个人利益的 n 倍，即 n^2：网络的社会价值增加的比例远远大于 n。

② ICT 市场不仅仅是网络外部性发挥重要作用的市场。例如，考虑一个决定要购买哪辆车的消费者。他购买的好处也与选择相同型号的消费者数量有关：型号越普遍，寻找专家技术或配件就越容易。因此，间接网络效应也是传统市场的特征。一些观察家批评了间接网络外部性的定义，声称它太松散。

我们决定采用哪种应用程序时，我们倾向于选择以后可能流行的应用程序。这一事实表明网络外部性依赖于技术的未来前景。消费者预期与新技术或新产品密切相关。当新技术推出时，还不存在用户基础，因此，采用何种决策在很大程度上受到未来用户网络规模的影响。

现在通过一个简单的模型来直观地说明这些观点。考虑消费者是否决定购买一个单位的网络商品，在经济学术语中，就是消费者决定是否接入或者连接到网络。消费者对商品的支付意愿取决于两个维度：i）基本效用，即采用技术所得到的独立收益，用 $k>0$ 表示，ii）与预期未来的用户网络规模相关的网络效应，即预期的用户基础，用 y^e 表示。以文本编辑器为例，基本效用为起草信件和文件，而网络效应是能够与使用相同软件的其他用户交换文件。

用 $U(k, y^e)$ 表示总效用，即消费者购买商品（或者访问网络）所获得的收益，该效用随着基本效用（k）和预期网络规模（y^e）的增加而增加，即：

$$\frac{\partial U}{\partial k} > 0 \text{ 且 } \frac{\partial U}{\partial y^e} > 0$$

在讨论网络外部性的影响之前，有必要进行方法论的阐述。如前所述，在具有网络效应的市场中，消费者预期起着重要作用，然而在模型中刻画它们会使得分析变得相当复杂。因此，为简单起见，在某些情况下，假设消费者是目光"短视"的，根据现有网络规模而不是预期网络规模做出接入决定。只有在不失一般性的情况下（也就是说，即便考虑消费者预期，获得的结论也有效），我们才引入这种简化[①]。

一、网络外部性情形下的需求

现在来讨论网络商品的需求函数[②]。假设该商品的（潜在的）消费者数量为 1；每个消费者决定是否购买（至多）一单位商品。为简单起见，

①　对这一问题深入讨论，参见尼·甘达（Gandal，2002）。
②　这一部分的研究基于 Economides 和 Himmelberg（1995）。

假设消费者的总效用为 $U(k, y^e)$，且由两部分组成，具体形式为：

$$U(k, y^e) = k + v(y^e)$$

在此，k 为基本效用，$v(y^e)$ 是网络外部性收益，取决于预期的用户基础 y^e。在本章中，假设消费者的基本效用 k 是异质的，k 服从区间 [0, 1] 上的均匀分布：对于所有消费者而言，如果 k 较小（较大），那么消费者从网络外部性中获得的基本效用也较小（较大）。[①]

假设网络外部性收益以递减的速度随着 y^e 的增加而增加，即 $v'>0$ 和 $v''<0$。考虑到连接网络的新用户的影响，二阶导数小于零的解释如下：当 y^e 较小时，新用户对网络规模影响较大，因此对其他用户的效用的影响也较大。当 y^e 较大时，新用户对网络规模的影响较小，因此对其他用户的效用的影响也较小。最后，当网络规模为零时，不存在外部性，$v(0)=0$。

定义网络商品需求函数的第一步是确定无差异消费者，指消费者在购买和不购买商品（加入和不加入网络）之间无差异。无差异消费者的特征是购买商品的净效用为零，即 $k+v(y^e)-p=0$，从而：

$$\tilde{k} = p - v(y^e)$$

因为 $U(k, y^e)$ 是 k 的增函数，因此，如果消费者的基本效用 $k \geqslant \tilde{k}$，消费者购买商品，如果消费者的基本效用 $k<\tilde{k}$，那么消费者就不会购买商品。由于假设 k 服从区间 [0, 1] 上的均匀分布，给定 p 和 y^e，购买商品的消费者总量为 $y(p, y^e)$，且等于 $1-\tilde{k}$，即 $y(p, y^e) = 1 + v(y^e) - p$。因此，消费者的反需求函数为：

$$p(y, y^e) = 1 + v(y^e) - y \tag{3.1}$$

这个表达式表明了当预期网络规模为 y^e 时，无差异消费者所愿意支付的最高价格。通过 $p(y, y^e)$ 对 y 和 y^e 求导数，可知无差异消费者的支付意愿随着用户数量 y 的增加而减少，随着预期网络规模 y^e 的增加而增加，即：

$$\text{i) } \frac{\partial p}{\partial y} = -1 < 0; \text{ ii) } \frac{\partial p}{\partial y^e} = v'(y^e) > 0$$

---

① 同时，假设消费者对未来网络规模的预期都为 y^e。

条件 i) 突出了价格与数量之间标准的负相关关系：p 随着 y 的增加而减少。条件 ii) 强调网络效应的作用：预期未来的网络规模越大，消费者的支付意愿越高。由下文可知，条件 i) 和条件 ii) 确定了需求函数的形状。

然而，式（3.1）并未确定需求函数：p 不仅取决于 y 而且取决于消费者预期；按照文献中的经典方法，假设消费者的预期是事后正确的（即已实现的预期）：

自我实现的预期：消费者是理性的，且形成在均衡（$y^e = y$）时正确的预期。

这个假设看起来很晦涩，但解释却比较直观：

如果消费者预期商品将会受欢迎并在市场上迅速传播，那么，他们将更愿意购买它，从而商品会变得成功。反之，如果消费者认为只有少数用户愿意购买该商品，那么只有小部分人会加入网络，在这种情况下，网络不会建立，商品也不会成功。在这两种情况下，消费者的预期都得到了实现（事后正确）。

把 $y^e = y$ 代入式（3.1），可以得到网络商品的需求函数（也被称为实现预期的需求）：

$$p(y) = 1 + v(y) - y$$

接下来考察需求函数的形状。考虑不同层次的消费者预期 y_1^e，$2y_1^e$，$3y_1^e$，…，每个层次的消费者预期都是 K 与 y_1^e 的乘积，其中，$K = 1$，2，3…式（3.1）中不同的值对应着不同的预期：$p(y, y_1^e)$，$p(y, 2y_1^e)$，$p(y, 3y_1^e)$…将这些函数绘制在（y，p）平面上。结合条件 i) 和条件 ii) 可知：这些曲线是平行且向右下方倾斜的，同时随着 K 的增加向外移动。此外，由于 $v(.)$ 是凹函数，所以随着 K 的增加，移动速度是递减的。

如图 3.1 所示，虚线代表了不同的反需求函数 $p(y, Ky_1^e)$。对于每个函数，我们都可以确定一个点 e_K，在该点处消费者的预期得到了实现。例如，当 $y = y_1^e$ 时，点 e_1 位于 $p(y, y_1^e)$ 上，当 $y = 2y_1^e$ 时，e_2 位于 $p(y, 2y_1^e)$ 上，等等。连接所有的 e_K，便可得到实现预期的需求函数。如图 3.1 所示，该函数是倒 U 形的：当 y 很小时，需求函数向右上方倾斜（价格与产

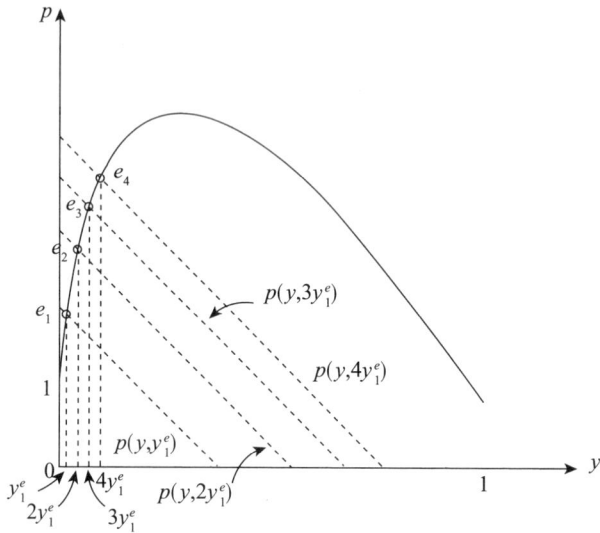

图 3.1　网络效应与实现预期下的需求

出之间的正相关），而当 y 较大时，需求曲线向右下方倾斜（价格与产出之间的负相关）。

根据条件 i）和条件 ii），可以解释需求函数形状的特殊性。通过 $p(y)$ 对 y 求导数，可以得到：

$$\frac{dp}{dy} = v'(y) - 1$$

导数的符号取决于条件 i）和条件 ii）的相对强度。与传统市场一样，条件 i）意味着价格和数量之间的负相关关系，当 $v' < 1$ 时，条件 i）占主导地位。当网络规模足够大，y 较大时，$v'' < 0$。相反，条件 ii）意味着价格随着数量的增加而增加，当网络规模很小时，这一条件占主导地位。当 y 较小时，新增加一个用户能显著提高外部效应，因此，增加了消费者的支付意愿，这便解释了当网络规模很小时，需求函数向左上方倾斜的原因①。上述讨论总结如下：

结论 1：当网络规模较小（y 较小）时，价格随着 y 的增加而上涨；

───────────────

① 注意为了使需求函数具有倒 U 形的形状，需满足下述条件：$v'(0) > 1$ 和 $v'(1) < 1$。

外部性效应（正）强于标准的价格-数量关系（负）。消费者的支付意愿随着 y 的增加而增加，需求函数向右上方倾斜。当网络规模较大（y 较大）时，情况则相反。

最后，值得注意的是，实现预期的需求函数同样包括纵轴部分。这一点很容易解释，假设消费者预期没有人加入网络，即 $y_1^e = 0$。当 $p \geqslant 1$ 时，预期得到实现，由于价格非常高，没有消费者，甚至基本效用最高的消费者 $k = 1$，也不愿意购买商品（$y = 0$）。因此，当 $p \geqslant 1$ 时，纵轴也是实现预期的需求函数的一部分。

二、多重均衡、临界规模与正反馈

实现预期的倒 U 形需求函数对市场均衡具有重要影响。假设商品是由大量完全竞争的企业提供；倒 U 形的需求函数可能会出多重均衡。特别是如图 3.2 所示，需求和供给相交三次，存在三个可能的市场均衡：

——E_0：没有人采用网络商品的均衡，$y^* = 0$（不采用）；

——E_l：少数几个人采用网络商品的均衡，$y^* = y_l$（低采用）；

——E_h：很多人采用网络商品的均衡，$y^* = y_h$（高采用）。

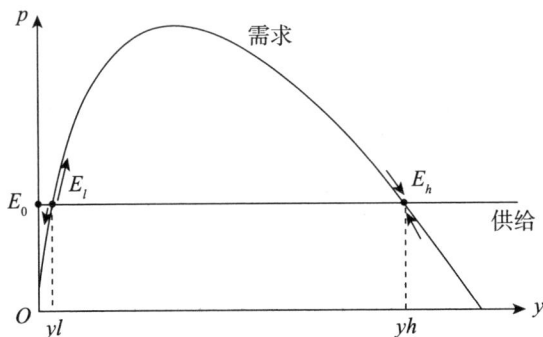

图3.2　网络外部性下的多重均衡

正如下文所强调的，多重均衡是具有网络外部性的市场的典型特征。但需要注意的是，这些均衡中只有两个是长期均衡或稳定均衡。根据标准的市场动态，当需求大于供给时，企业销售量增加，反之，企业的销售量减少；因此，很容易发现只有"不采用"均衡和"高采用"均衡是稳定的。相反，"低采用"均衡实际上是不稳定的，因为微小的扰动将导致市场远离均衡 E_l。为了理解这一点，假设由于某种原因，需求略高于 y_l；如图 3.2 所示，当这种情况发生时，由于消费者的支付意愿大于市场价格，一些额外的消费者会加入网络。

随着用户基础越来越大，外部性使得采用更具吸引力，从而产生了"雪球效应"，额外的消费者加入网络。这一被称为"积极反馈"的过程，将一直持续到市场达到稳定均衡 E_h 点时。与之类似，E_l 是不稳定的，市场波动将减少低于 y_l 的需求。在这种情况下，一些消费者将因为市场价格高于其支付意愿而退出网络，此时反馈是负的，更多的消费者会选择退出网络，这种退出使得市场稳定均衡为 E_0。

数量 y_l（"低采用均衡"的产出水平）是一个重要的临界值，在文献中被称作临界规模。如果需求量高于 y_l，积极反馈启动，带来了进一步的需求，市场收敛于高采用均衡。如果没有达到临界规模，那么商品就不会成功，市场将回落到稳定的零需求或者零供给均衡。

结论 2：最小网络规模被称为临界规模。如果网络达到这一规模，那么正反馈就会启动，市场收敛于稳定的均衡 E_h，否则，网络就不会建立。从长远来看，小规模网络（$0 < y < y_l$）不会出现。

消费者预期对于决定哪类市场均衡的出现起着至关重要的作用。市场收敛于 E_0 还是 E_h 依赖于消费者对网络规模的预期。如果消费者认为商品不会成功，就没有人购买它，那么均衡数量就会收敛于 $y^* = 0$。相反，如果消费者预期其他人会"加入网络"，他们就会购买商品，那么商品就会成功。因此，对于生产网络商品的企业而言，企业生产的产品能够影响消费者预期是非常重要的，它能使企业达到临界规模，并产生积极反馈[1]。

---

[1] 虽然关于网络市场动态均衡的理论文献相当丰富，但由于难以估计外部性在动态模型中的影响，实证文献却相对较少。在相关的实证文章中，值得一提的是罗尔夫斯（Rohlfs）（1974）对电信服务需求的开创性研究、Economides 和 Himmelberg（1995）（传真机）以及 Goolsbee 和 Klenow（2002）（个人电脑）；最近关于网络的经验文献的综述见 Birke（2009-）。关于网络经济学的综合全面介绍见 Economides（1996b）以及 Matutes 和 Rebigeau（1996）。

上述讨论强调了高科技市场的另一个典型特征，在多重均衡的情况下运营商之间的"协调"问题。两个稳定均衡 E_0 和 E_h 的特征不同；从社会的角度看，E_h 是最理想的：不仅对技术成功的企业而且对享受广泛网络便利性的消费者都是有益的。另一个稳定均衡 E_0 则比较糟糕：企业的技术不会成功，消费者不享受任何网络利益。用经济学术语，E_0 是被 E_h 帕累托主导的。

在类似的情况下，需要解决以下问题：消费者如何协调他们的策略以防止市场达到没有人采用技术的帕累托均衡？市场力量事实上实现了两个稳定均衡中的哪一个？消费者对于未来网络规模的预期起着至关重要的作用，因此为了避免市场趋向于不采纳均衡的风险，企业对于消费者预期的影响是非常重要的。旨在补贴或强制采用特定技术的产业政策可能会促使用户协调其决定。

继这些问题之后，我们在本章第二部分详细分析技术扩散和技术采用的主要特征。

拓展 3.1　计算机电子表格市场中的网络外部性[①]

尼尔·甘达（Neil Gandal）是最早实证调查高科技市场网络效应的存在和强度的学者之一，甘达在 1994 年发表的一篇文章中估计了电子表格的需求函数。20 世纪 80 年代以来，电子表格市场以 Lotus 1-2-3 为主，并且是当时的标准。其他相关的生产商是 Microsoft（包括 Multiplan 和 Excel），Computer Associates（SuperCalc）和 Borland（QuattroPro）。

研究的目的是寻找市场上各种可用软件价格的主要决定因素，为此，作者使用了 Datapro 研究集团在 1986—1991 年期间提供的信息。各种软件根据下述功能进行分类，包括：计算能力，图形和打印功能，数据处理的容易性，与主导电子表格平台（Lotus）的兼容性，访问外部数据库的能力，以及最后通过局域网（LAN）连接独立用户的能力。在网络外部性

———————————

① 摘自甘达（1994）。

下，最后三个功能预计对软件的价格产生积极和显著的影响。例如，与主导标准 Lotus 的兼容性扩大了用户基础，从而提高了消费者对软件的支付意愿。下表列出了甘达得到的潜在产生网络效应的三个特征的估计系数和 t-检验值：

表 3.1　网络效应强度

因变量：Log 价格

特征	系数	t-检验
与 Lotus 兼容	0.76	5.30
接入数据库	0.52	3.10
LAN	0.25	1.62

观测值 n=91，$R^2 = 0.86$

该表显示，在所有三种情况下，系数均为正且统计显著，表明用户愿意为包含这些功能的软件付费。特别是甘达发现消费者愿意为与 Lotus 兼容的电子表格以及提供与外部数据库链接的电子表格支付更高的价格。但消费者对能够与局域网兼容的电子表格的支付意愿较低（但仍然是正的而且统计显著）。

甘达的发现有力支持了如下假设：计算机电子表格市场受到了网络外部性的显著影响。

第二节　技术采用的动态性

上文的分析基于几个简化假设：首先，由于模型是静态的，所以，它并没有考虑技术采用过程的动态特征，例如，该模型预测存在多重（稳定）均衡，但从长远来看，它并没有预测哪一个均衡会占主导地位。其次，市场中只存在一种技术，然而，消费者通常可以在多个竞争性的技术中进行选择。例如，在 20 世纪 70 年代末 80 年代初，VHS（由 JVC 生产）、Betamax（由 Sony 生产），以及视频 2000（由菲利浦（Philips）生产的）都在争取获得录像机市场的领导地位。最近，微软、索尼、任天堂的游戏

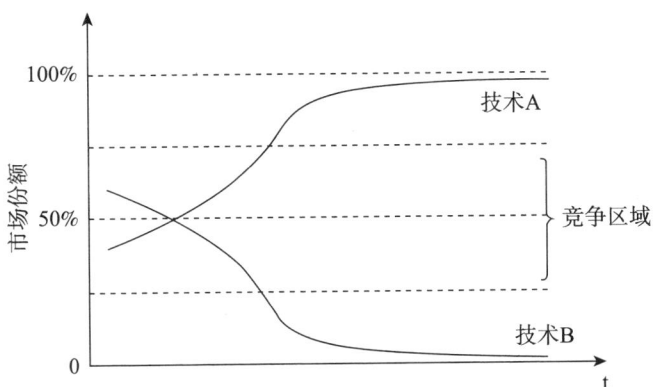

图 3.3　技术采用的典型动态

机（Xbox，PlayStation 和 GameCube）在视频游戏市场上展开竞争。因此，当消费者有机会选择不同的技术时，研究技术采用的动态过程是非常有意义的。

具有网络外部性的市场通常被称为"赢者通吃"市场，在这类市场中某种技术上升为主导者，而其他类似技术被迫处于边缘位置。个人计算机操作系统就是典型例子，其中 Microsoft Windows 是市场中的主导技术，它几乎获得了全部市场份额。

图 3.3 显示了采用过程的典型模式：一开始，两种技术相互竞争以增加自己的用户基础（即所谓的"战区"）。一段时间后，其中一项技术获得了领先地位，由于外部性的影响，这一技术变得非常强大从而占领整个市场。举一个最近的例子，70 年代至 80 年代的录像机市场就呈现了这种动态；如图 3.4 所示，VHS 最初不太受欢迎，几年以后却迫使 Betamax 退出市场后，获得了领导地位。

本部分的目的是研究不同技术竞争市场领导地位的过程。这方面的文献相当丰富；本节将重点介绍两个最重要的研究，亚瑟（Arthur）（1989）、卡茨和夏皮罗（Katz & Shapiro）（1986）。

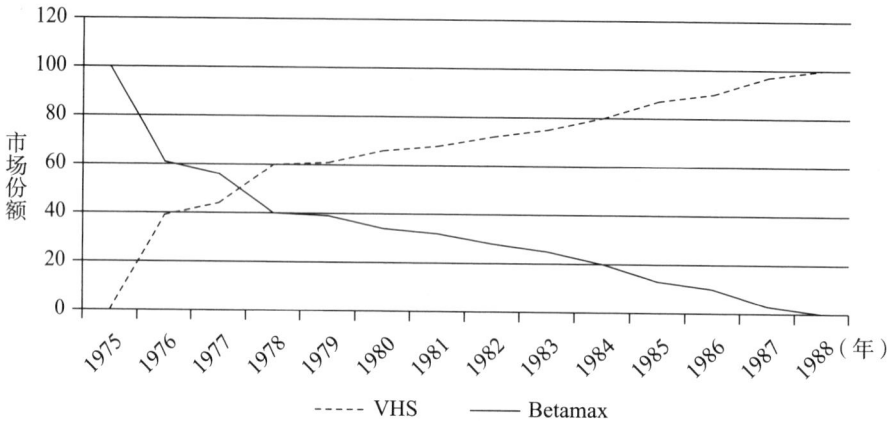

图 3.4　VHS vs Betamax-市场份额①

一、历史小事件与标准化

大部分人都知道 QWERTY 是最常见的现代键盘布局。QWERTY 这一名称来源于个人电脑键盘左上角字母行的前六个字母（键）②。然而，当初 QWERTY 并不是专门为现代电脑设计的。它首先出现在打字机中，随着 1878 年 Remington 2 号的成功而流行起来。QWERTY 的设计是为了减慢打字速度，避免键盘问题。然而即便现在不存在大量键盘问题，而其他键盘（例如 DSK，the Dvorak Simplified Keyboard）的布局在打字速度方面效率更高，我们仍然使用 QWERTY 的原因在于网络外部性的存在；例如，因为打字员习惯使用 QWERTY，所以，办公室经理更倾向于购买具有这一键盘的新电脑。

QWERTY 的故事至少在两个方面具有启发性。首先，打字机的生产商采用 QWERTY 布局的决定迫使社会在劣等技术上实现标准化；其次，虽然存在效率更高的键盘布局，但是我们仍然使用 QWERTY。亚瑟（Arthur）（1989）将这种情况称为低效率采用过程。

一个简单的数例可以帮助我们更好地理解亚瑟的观点。假设市场中存

---

① 数据来源于 Cusnmano et al.（1992）。
② 详见 David（1985）。

在两种不兼容的技术（A 和 B）相互竞争；消费者依次排列：在时期 t，新的消费者进入市场，并选择采用哪种技术。为简单起见，假设消费者是"短视的"：采用决策是基于两个网络目前的规模而不是预期的未来规模；换句话说，消费者根据目前有多少用户使用技术 A 和技术 B 来决定采用哪种技术。假设消费者采用技术 A 和技术 B 的效用为：

$$U_A = 10 + n_A ; U_B = 4 + 3n_B$$

其中，n_i 表示已经购买技术 $i=A$，B 的用户数量。假设所有的消费者都采用同样的技术，表 3.2 显示了消费者在时期 $t=1$，2，$\cdots$，6 采用技术 i 所获得的效用。

伴随着采用过程，技术 B 由于强大的网络效应（$3n_B$ 与 n_A）变得越来越优越。如表 3.2 所示，在时期 t，消费者采用技术 B 获得的效用（前提是所有以前的消费者都采用 B）最初小于采用技术 A 获得的效用（前提是所有以前的消费者都采用 A），然而，只有到第四个消费者时，这种情况才会发生。从第五个消费者开始，技术 B 产生了更大的效用。然而，技术 B 从未被选择：第一个消费者比较收益 4 与收益 10，因此她选择技术 A。更不必说，随后的消费者也采用技术 A，由于技术 A 用户基础的增加使得选择技术 A 的收益也逐步增加（第二个用户比较收益 4 与收益 11），其结果则是更具效率的技术 B 被淘汰，而效率低下的技术 A 则成为标准。这就是低效率的标准化。

表 3.2 采用的个人效用

	t 时期的消费者					
技术 A	1	2	3	4	5	6
技术 B	10	11	12	13	14	15
	4	7	10	13	16	19

此外，我们可以从 QWERTY 键盘布局的故事中学到："小事件"可能在决定获胜的技术方面具有重要影响。如前所述，由于第一台打印机需要减慢打字速度和避免键盘问题，所以打印机生产商选择了 QWERTY 标准。

换句话说，一个小事件或"历史事件"，即 150 年前发生的事情，却仍然影响我们的日常生活。用一个常见的术语，就是依赖于过去的事件而不仅仅是依赖于当前状况的经济产出被认为是路径依赖的，正如 QWERTY 标准一样，过去的条件或事件决定了低效率的标准，采用过程被认为是存在路径依赖的。

QWERTY 键盘只是低效率标准化的例子之一。一些研究指出，微软 Windows 是社会锁定劣势技术的另一个例子，尽管 Windows 是主流技术，但它显然劣于其他操作系统。

亚瑟模型

假设市场中存在两种不兼容的技术相互竞争[1]，有两种不同类型的消费者 α 和 β。α 类型的消费者更加偏好技术 A：他们从技术 A 中获得的基本效用大于从技术 B 中获得基本效用。相反，β 类型的消费者从技术 B 获得的基本效用更大。消费者依次排列：在每一时刻，一个新的消费者选择采用其中一种技术。假设消费者是 α 类型或 β 类型的概率相等，均为 1/2；一旦做出了采用决定，消费者就只能使用该种技术，换句话说，消费者不能在以后的时间内转向其他技术。

与之前的模型一样，假设消费者的偏好是"短视"的，也就是说，他们根据当前的（而不是预期的）网络规模做出决定。表 3.3 为消费者在时期 t 的效用，该效用取决于消费者的类型以及时期 t 两种技术的用户基础。尤其是：

——$\alpha_i > 0$ 是 α 类型的消费者采用技术 $i = A$，B 所获得的基本效用。如前所述，由于假设 α 类型的消费者更加偏好技术 A，因此，$\alpha_A > \alpha_B$；

——$\beta_i > 0$ 是 β 类型的消费者采用技术 $i = A$，B 所获得的基本效用。根据上述假设，β 类型的消费者更加偏好技术 B，因此，$\beta_A < \beta_B$；

——$n_i(t) > 0$ 是时期 t 技术 i 的用户基础；

——θ 用于衡量网络外部性强度，随着 θ 的增加，用户基础的重要性

---

[1] 本节的模型基于 Arthur（1989）。

也随之增加。

表3.3　采用的个人收益

		技术 A	技术 B
消费者类型	α	$\alpha_A + \theta n_A(t)$	$\alpha_B + \theta n_B(t)$
	β	$\beta_A + \theta n_A(t)$	$\beta_B + \theta n_B(t)$

现在确定技术采用的动态过程，随机过程 $x(t)$，$x(t) \in [0, 1]$ 是技术 A 在时期 t 的市场份额。随着时间的推移，随机过程 $x(t)$ 的发展取决于排队等待采用的消费者的偏好（即类型）。

消费者的采用决策取决于他们的自然偏好以及两种技术用户基础之间的差异。例如，虽然 α 类型的消费者对技术 A 有自然偏好，但如果以前技术 B 的采用率高于技术 A，那么，该类型的消费者也可能采用技术 B。在这种情况下，网络外部性的影响能够补偿消费者采用技术 B 而获得的较低的基本效用。当 $\alpha_A + \theta n_A(t) < \alpha_B + \theta n_B(t)$ 时，α 类型的消费者会采用技术 B：

$$n_A(t) - n_B(t) < \frac{\alpha_B - \alpha_A}{\theta}$$

注意如果 α 类型的消费者在时期 t 更倾向于技术 B，且 β 类型的消费者也倾向于技术 B，那么，上述条件就意味着从时期 t 开始，所有消费者都选择技术 B。

类似地，如果技术 B 是 β 类型的消费者的自然偏好，那么该消费者选择技术 A 的条件是：

$$n_A(t) - n_B(t) > \frac{\beta_B - \beta_A}{\theta}$$

再次强调，这一条件意味着从时期 t 开始，所有消费者都选择技术 B。

为简单起见，定义两个临界值：$\Delta_\alpha \equiv (\alpha_B - \alpha_A)/\theta$，$\Delta_\beta \equiv (\beta_B - \beta_A)/\theta$，其中，$\Delta_\alpha < 0$，$\Delta_\beta > 0$。由于决定了技术采用过程的动态机制，这两个公式非常重要。如果在时期 t，两种技术的用户基础差异不是很大，即 $n_A(t) - $

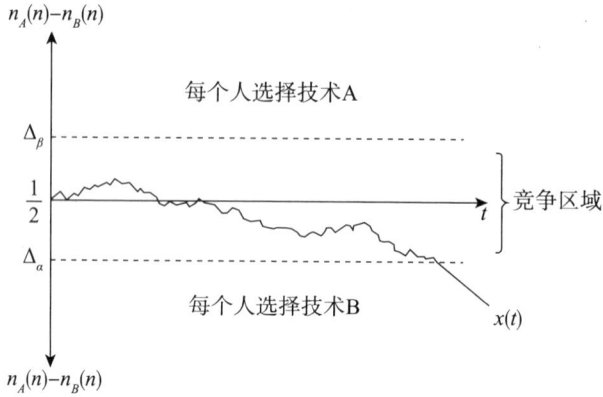

图 3.5 技术 B 成为标准

$n_B(t) \in [\Delta_\alpha, \Delta_\beta]$，那么，消费者在时期 t 就会选择他自然偏好的技术。反之，如果两种技术的用户基础存在明显的差异，那么每个消费者都会采用领先的技术，而不管他的自然偏好是什么。因此，如果在时期 t，$n_A(t)$ - $n_B(t) < \Delta_\alpha$，那么，从时期 t 开始，所有的消费者都会选择技术 B，进而使得该技术成为标准技术。如果在时期 t，$n_A(t) - n_B(t) > \Delta_\beta$，那么，所有的消费者都会选择技术 A，因而技术 A 就成为了标准技术。

例如，图 3.5 为技术 B 的标准化过程。根据上述分析，一旦 $n_A(t)$ - $n_B(t)$ 低于临界值 Δ_α，所有消费者都采用技术 B，$x(t)$ 收敛到 0。

现在，考察 $x(t)$ 位于两个临界值 Δ_β 和 Δ_α 之间的情况，即 $n_A(t)$ - $n_B(t) \in [\Delta_\alpha, \Delta_\beta]$。这就是没有主导技术的竞争区域。亚瑟证明，在这一区域，$x(t)$ 遵循以下随机过程：

$$x(t) = \frac{1}{2} + \frac{n_A(t) - n_B(t)}{2t} \qquad (3.2)$$

$x(t)$ 的动态机制是亚瑟模型的中心。很明显，当技术 A 的用户基础大于技术 B 时，即 $n_A(t) - n_B(t) > 0$ 时，$x(t) > 1/2$；当采用技术 B 的用户更多时，$x(t) < 1/2$。如式（3.2）所示，当 t 较小时，即在技术采用的早期阶段，两种技术的用户基础之间的差异能够显著影响采用的动态。这是采用过程的一个特征；事实上，假设在采用过程开始时，少数同种类型

的消费者（例如，类型 α 的消费者对技术 A 有自然偏好）依次排列。在这种情况下，这一事件可能会对采用的动态机制产生很大的影响，最终导致市场对技术 A 进行标准化。相反，如果同样的事件发生于 t 很大的阶段（即技术已经成熟），那么，该事件对采用的动态影响就较小，而且几乎不会影响标准化。因此，亚瑟的分析表明，如果是在这一采用过程的后期阶段，那么小事件（例如，同一类型的消费者依次排列）的影响较小，而如果是在前期阶段，则小事件影响较大。如前所述，具有这一属性的动态过程被称为路径依赖，因为它们的长期行为是由过去的事件决定的。

图 3.5 表示采用过程 $x(t)$ 的典型行为：在区间 $[\Delta_\alpha, \Delta_\beta]$ 内，$x(t)$ 根据进入市场的消费者的类型随机增加或减少，当 $x(t)$ 跨越临界值时，标准化得以现实，而且从该时期开始，无论自然偏好是什么，消费者都会选择领先技术。亚瑟证明，随机过程 $x(t)$ 最终会跨越其中一个临界值，并在某一种技术上实现标准化①。从长期来看，只有一种技术存活的市场通常被称为倾斜市场或获胜者赢得全部市场。

注意网络外部性强度 θ 的作用。θ 越大，Δ_α 和 Δ_β 之间的差异越小②；因此，当 Δ_α 和 Δ_β 较大时，技术竞争的区域更窄，或者标准化（$x(t)$ 跨越临界值的时刻）发生更早：当网络效应较强时，标准技术出现较早；而当外部性较弱时，两种技术并存的时间则较长。总而言之，亚瑟的主要结论如下：

结论 3：具有网络效应时：

——从长期来看，两种技术不能共存：一种技术成为标准；

——历史小事件可能对采用的动态产生很大的影响；

——技术采用可能是路径低效率的。

二、采用决策与技术进步

QWERTY 键盘的故事和亚瑟的分析强调了具有网络效应市场的典型特

---

① 从技术角度而言，$x(t)$ 遵循 Δ_α 和 Δ_β 之间的随机游走。

② 容易验证，Δ_α 和 Δ_β 都是 θ 的减函数。

征，即存在低效率技术标准化的风险。在亚瑟之前，一些研究者已经讨论过这个主题。本节集中考察卡茨和夏皮罗的分析，侧重于研究存在技术进步时的采用决策，这一研究非常有趣，因为技术进步是 ICT 行业的一个重要特征。事实上，高科技市场的特点是持续不断的技术进步。当消费者在（旧）成熟的技术和新的但不太受欢迎的技术之间进行选择时，需要平衡两种相反的效应：一方面，新产品缺乏用户基础，但在技术上更加先进；另一方面，（老）成熟的产品在技术上较差，但却拥有较大的用户基础。

在这种情况下，两种不同的低效率采用过程可能会出现：

1. 过度惯性：从社会的角度而言，即使存在新的、更加可取的技术，消费者仍然坚持使用旧的和劣势的标准；

2. 过剩动力：从社会的角度而言，即使旧技术仍然可取，消费者却选择使用新技术。

在第一种情况下，即使存在更好的产品，社会却被锁定在劣势技术上，如前所述，这是网络市场具有的典型特性。第二种市场失灵情况则完全相反，即使旧技术仍然是社会高效率的，社会却太快地转向了新技术。

过度惯性的例子是相当多的。QWERTY 键盘是这种市场失灵的一个典型的例子。如前所述，几位作者认为，虽然主导操作系统 Microsoft Windows 在技术上劣于其他操作系统，但它却成为了主导的操作系统，这就是过度惯性的一个例子。特别是当公司推出现有软件的更新版本时，往往会发现过剩动力的例子：通常当一些主要玩家转换到新版本的软件应用程序时，其他用户也因为兼容性而被迫进行转换，即使他们仍然对旧版本感到满意。实际上，新版本通常与旧版本不兼容，即使旧版本仍然完全令人满意，用户也被迫进行转换。

卡茨与夏皮罗模型

卡茨和夏皮罗模型通过技术进步分析了技术采用的主要特征。本节通过一个简化模型重点分析在技术采用过程中可能出现的社会低效率形式。

假设存在两种相互竞争的不兼容技术以供选择；这两种技术由完全竞争市场中的许多企业提供。考虑一个两阶段博弈，假设在博弈的每一阶段都有一代同质消费者在两种技术之间进行选择，为简化起见，假设每一代只有一个消费者。整个市场只有两个消费者：用户1在第1阶段选择技术，用户2在第2阶段选择技术。

用户采用技术的效用取决于 i）用户做出采用决策时该技术的质量和 ii）网络外部性的影响，消费者1和消费者2从技术A或技术B的采用中获得的总效用如下：

$$U_{A, t} = \alpha_t + \theta y_A \,, \ U_{B, t} = \beta_t + \theta y_B \,, \ \text{其中} \ t = 1, \ 2$$

α_t 和 β_t 表示技术A和技术B在时期 $t = 1$，2时的质量，而 y_A 和 y_B 表示A和B在 $t = 2$ 时的网络规模，其中，$y_A = \{0, 1, 2\}$，$y_A + y_B = 2$；注意本模型与亚瑟模型的区别：消费者不是短视的，他们的偏好取决于两个网络的总体规模。[①] 与以前的模型一样，参数 θ 表示网络外部性强度。

技术进步意味着这两种技术的第二代（$t = 2$ 时）都更加先进，因此质量更高。技术进步意味着 $\alpha_2 > \alpha_1$ 以及 $\beta_2 > \beta_1$。

接下来，集中研究一个有趣的例子，假如一种技术，例如技术B，在第一阶段时，质量较低，但由于技术进步，在第二阶段质量较高。我们假设：

i）开始时，技术A最先进，$\alpha_1 > \beta_1$；ii）随着时间的推移，技术B质量更高，$\beta_2 > \alpha_2$。

卡茨和夏皮罗将技术B称为"新兴技术"。需要考虑两种情况：a）尽管技术在不断下降，但技术A在全球范围内处于优势地位，即考虑两个时期，技术A的整体质量更高，$\alpha_1 + \alpha_2 > \beta_1 + \beta_2$，技术B不仅是新兴技术，而且具有全球优势，此时，$\beta_1 + \beta_2 > \alpha_1 + \alpha_2$。

为简单起见，用 Δ_1 和 Δ_2 分别表示 $t = 1$ 和 $t = 2$ 时，两种技术的质量差异，$\Delta_1 \equiv \beta_1 - \alpha_1$，$\Delta_2 \equiv \beta_2 - \alpha_2$，由于技术B是新兴技术，因而，$\Delta_1 < 0$，$\Delta_2 > 0$。最后，如果B具有全球优势，那么 $\Delta_2 > -\Delta_1$。

---

① 通过逆向归纳法求解博弈，并寻找子博弈完美纳什均衡，或者我们也可假设消费者的偏好是基于对未来网络规模的预期。在这种情况下，我们可以回顾3.2节中实现预期的均衡。可以证明，在简单的设置中，子博弈完美就意味着实现预期。

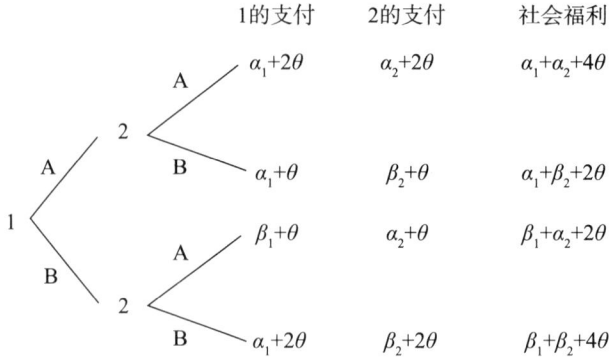

图 3.6　博弈树

现在考虑市场的供给方。如前文所述，假设这两种技术都是在完全竞争的环境中生产的，假设两种技术的边际生产成本为零，则均衡价格也等于零，因此，$U_{A,t}$ 和 $U_{B,t}$ 代表消费者的净效用。

图 3.6 是扩展形式的采用博弈。在 $t=1$ 时，消费者 1 在 A 和 B 之间进行选择；在 $t=2$ 时，消费者 2 观察到消费者 1 的决策，然后决定采用哪种技术。当两个消费者采用相同的技术时，就产生了标准化。图 3.6 的前两列是消费者根据其采用决策而获得的净效用，[①] 对于每种采用模式，最后一列是社会福利，即两个消费者的效用总和。

现在确定博弈的均衡，并通过逆向归纳法求解博弈。首先分析消费者 2 的选择，在观察到消费者 1 在第一阶段做出的决定后，决定采用技术 A 或技术 B 以最大化其净效用。消费者 2 的最优策略取决于：第一阶段消费者 1 的决策，网络外部性强度以及两种技术的质量。通过观察博弈树和消费者 2 的收益，可知这一博弈的最优策略如下：

——如果 $\theta < \Delta_2$，无论消费者 1 选择哪一种技术，消费者 2 都会采用技术 B；

——如果 $\theta \geqslant \Delta_2$，如果消费者 1 采用技术 A，那么消费者 2 模仿消费者 1 的决定，消费者 2 也选择技术 A；如果消费者 1 选择技术 B，则消费者 2

---

① 即使消费者 1 在第一期采用技术并在两个时期内获得收益，为简单起见，假设在消费者 2 作出决定之后，我们假设消费者 1 仅在第二期获得收益。

也相同。

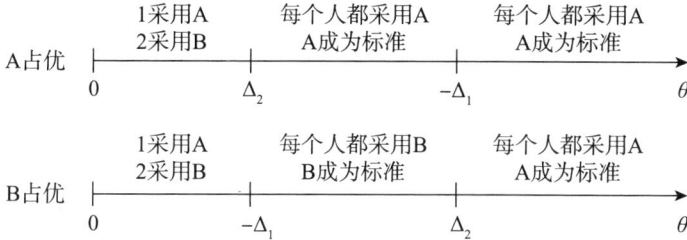

图 3.7　采用博弈均衡

消费者 2 的行为很容易解释。当网络外部性较弱，即 $\theta < \Delta_2$ 时，现有用户基础不影响他的决定，在这种情况下，消费者 2 会采用更为先进的技术 B，而不管消费者 1 的选择是什么。相反，如果 $\theta \geqslant \Delta_2$，网络外部性的影响较大，此时，消费者 2 最好模仿其他消费者的决定以获得网络效应（"模仿"策略）。

现在考虑消费者 1 的情况，消费者 1 知道他的采用决策会影响其他消费者的决策。特别地，消费者 1 预期，如果 $\theta < \Delta_2$，消费者 2 会选择技术 B，而如果 $\theta \geqslant \Delta_2$，消费者 2 采用模仿策略，因此，通过比较他的收益，消费者 1 的最优行为如下：

——当 $\theta < \Delta_2$ 时，若 $\theta < -\Delta_1$，消费者 1 选择技术 A，若 $\theta \geqslant -\Delta_1$，他选择技术 B；

——当 $\theta \geqslant \Delta_2$ 时，在 $t = 1$ 时，消费者 1 选择最先进的技术 A。

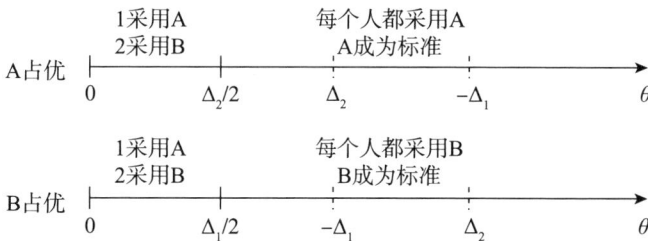

3.8　社会最优采纳路径

现在定义博弈的均衡，图 3.7 表明需要考虑两种情况，取决于哪种技术具有全球优势。卡茨和夏皮罗证明了以下结论：

结论 4：如果网络外部性强度 θ 很小，技术 A 和技术 B 在均衡状态时共存。相反，如果网络外部性强度很大，那么其中一项技术成为市场标准。

网络外部性再次发挥重要作用，类似于亚瑟的模型，当网络外部性强度很小时，这两种技术在均衡时并存。反之亦然，当 θ 很大时，只有一种技术存活下来，采用路径在技术 A 或技术 B 上实现标准化。[①]

现在考虑市场均衡是否具有效率，如果市场均衡是低效率的，则需要考察低效率的来源。为进行分析，第一步是比较与每个可能的技术采用模式相关的社会福利（见图 3.6 的最后一列），并确定社会最优的采用模式。图 3.8 显示，当网络外部性强度不太大时，消费者 1 采用技术 A，而消费者 2 采用技术 B（无标准化）时社会福利最大化。反之亦然，当 θ 很大时，社会最优采用模式需要在技术 A（当技术 A 全球优越时）或技术 B（当 B 全球优越时）上实现标准化。通过比较图 3.7（市场均衡）与 3.8（社会最优采纳模式），两种不同类型的市场低效率出现了：

——缺乏标准化：即使从社会角度来看，标准化是最优的，两种技术却在均衡时并存；

——在错误的技术上实现标准化：市场选择全球低效率的技术作为标准。

缺乏标准化发生在两种情况下，其特征都是中等的网络外部性强度（θ 取中间值）。考虑技术 A 是全球优越技术的情况；当 $\theta \in (\Delta_2/2，\Delta_2)$ 时，通过比较图 3.7 和图 3.8 可知，尽管对于技术 A 的标准化在社会上更为可取，却出现了两种技术并存的均衡状态。回顾本节开始时引入的过度

---

① 结论 4 也是在相同的假设下得到的，即这两种技术由完全竞争的企业提供。卡茨和夏皮罗的文章还包括每种技术仅由一家公司，即赞助商，提供的情况。在第一期，作者证明，赞助商采取积极的定价策略，即通过收取低于生产成本的价格，是有利可图的。这使得产品在第一期吸引消费者，从而增加用户基础；当它可以提高价格剥削更多的用户时，第一期的利润下降能够通过第二期更高的利润获得补偿。

惯性和过剩动力的概念，这种低效率形式属于后者：即使旧技术在社会上更优，未来的用户（模型中的消费者 2）却采用新兴技术。因此，这种低效率是由于未来用户没有内部化他们的采用决策对于老用户（模型中的消费者 1）的影响而导致的。

第二种缺乏标准化的情况发生在技术 B 具有全球优势，并且 $\theta \in (-\Delta_1/2, -\Delta_1)$ 时：在均衡时，尽管技术 B 的标准化是社会最优的，但是消费者 1 和消费者 2 仍然选择不同的技术。在这种情况下，市场失灵是过度惯性导致的：老用户选择的技术 A 在 $t=1$ 时比较优越但在全球却劣于技术 B。因此，在这种情况下，市场失灵产生于老用户不能内化他们的选择对于未来用户的影响。

在错误技术上的标准化发生于网络外部性强度很大（θ 取值大），而且技术 B 全球优越时：在均衡时，尽管技术 B 是社会最优的，所有消费者都选择技术 A。这种市场低效率是过度惯性的极端情况，这是由老用户的行为导致的，老用户采用了旧（全球劣势）技术进而诱导未来用户做出同样的决定。最后一个案例非常符合亚瑟模型的精神：早期采用者选择劣势技术并导致社会锁定，从而迫使未来用户在错误技术上实现标准化。

三、标准化与公开干预

在市场经济中，市场失灵是公开干预的主要动机之一：当政府或规制机构比消费者更加了解各种可用技术的特征时，产业政策可用于引导市场采用最优标准。例如，在 1986 年，十三个欧洲政府同意为第二代数字蜂窝网络开发部署 GSM 技术。这一采用大陆统一标准的决定立即产生影响，并且建立了一个统一的标准化网络。美国则相反，联邦政府并没有采取类似的行动，而且几个不兼容的标准长期共存，从而减慢了无线技术的应用。[1]

令人惊讶的是，尽管这个话题很重要，但是关于政府在确定技术标准方面作用的经济学文献却非常少。在讨论这个问题的少数研究者中，卡布

---

[1]　在美国，移动电信市场存在三种相互竞争的技术：全球移动电信系统（GSM），时分多址（TDMA）和码分多址（CDMA）。案件的详细介绍见范里安和夏皮罗（1999）。

拉尔（Cabral）和克雷奇默（Kretschmer 2007）的作品是最有趣的作品之一。这两位研究者分析了政府干预对采用动态的影响，扩展了亚瑟的模型。

与亚瑟（1989）一样，采用过程被作为消费者排队采用的结果。卡布拉尔和克雷奇默扩展了这一框架，假设在每一时刻，福利最大化的政府支持一种可用的技术。公开支持可以采取不同的形式，例如，政府可能会补贴采用，还可以通过要求公职、学校等采用技术的方式来转移需求。

他们分析了两种以不同时间范围和偏好为特征的可能情景：i）政府干预正在采用或已经采用技术的消费者（短视或缺乏耐心的政府，具有短期偏好）和 ii）政府关注未来用户的福利（耐心的政府，具有短期偏好）。在第一种情况下，政府对未来用户的福利不感兴趣，作者证明，在这种情况下，政府的最优策略是通过支持领先标准来立即进行干预。在第二种情况下，当政策制定者关注未来用户的福利时，可能会倾向于推迟干预或支持滞后标准。

显然，这两种情况比较极端：作者强调，当政府既关心当前用户又关心未来用户时，那么最好的政策就是不采取任何政策！换句话说，没有干预可能优于任何干预。

这个考虑使我们从不同的角度来评估美国在移动通信方面的经验。如上所述，不对技术竞争进行干预可能推迟了标准的出现，乍一看，这似乎是错误的决定。然而，与之相反，卡布拉尔和克雷奇默的分析表明，这个决定却是正确的。目前手机在美国市场的渗透率与欧洲相当。除此之外，我们正在使用的新一代（第三代）移动电信是 CDMA 标准的演变，这是在没有任何公开干预的情况下成功在美国采用的技术。

更广泛地说，卡布拉尔和克雷奇默的分析表明，最优政策同时取决于技术的预期寿命。在技术的预期寿命较长的情况下，政府持有耐心的态度是最优的，与之相反，在技术的预期寿命较短的情况下，由于技术进步迅速，政府的最优策略是立即进行干预，这与缺乏耐心的政策制定者一样。为了支持后一种观点，作者讲述了索尼在 1987 年发布磁带录音技术 DAT

（数字音频磁带）的案例。数字录音是一个高科技领域，自 80 年代以来，该技术发展迅速；更具体地说，在 80 年代末期，DDS 和 DataDAT 与 DAT 竞争市场领导地位。在这种情况下，卡布拉尔和克雷奇默认为，致力于福利最大化的政策制定者应该通过支持领先技术进行干预。

拓展 3.2　效率低下的标准[①]

历史上存在大量劣等技术成为市场标准的例子；福雷（Foray，1994）提供了一系列这样的例子，包括核能生产技术的案例和与视频录像系统相关的技术。

核电。核能生产技术的故事可追溯到战后时期。当时选择了基于加压水冷式反应堆的技术，而不是基于气冷式反应堆的技术，而这一技术目前仍被一致认为是优越的。

采用加压水冷式反应堆的"历史事故"的决定可以追溯到美国政府组建西屋海底反应堆的战后采购订单。

由于需要建造非常紧凑的潜艇反应堆，因而两家企业的工程师选择了基于冷水反应堆的技术。尽管效率较低，但这种反应堆比较适合军事目的。尽管其他技术无疑更有效率，这一选择影响了随后关于民用核发电机的决定。

录像机（VCR）。视频录像机的故事可追溯到 70 年代末，主角是索尼的 Betmax 技术和 JVC 的 VHS 技术。

1975 年 6 月诞生了历史上第一个录像机系统，不久之后，1976 年 9 月，JVC 通过推出 VHS 技术来挑战索尼的主导地位。从技术的角度来看，索尼 Betmax 格式无疑是优越的，特别是在图像质量方面；而 VHS 成功地渗透了市场。因而，2002 年，索尼放弃了 Betmax 的生产。

根据福雷的分析，录像机之战可以分为两个阶段：初始阶段，直到 80 年代初，这两种技术共存；后续阶段，JVC 获得了市场的绝对领导地位和

---

① 摘自福雷（Foray，1994）。

VHS 成为标准。

我们如何解释这些采用动态？福雷提供了一个非常有趣的解释，他建议虽然第二阶段是随着 80 年代后期预录录像带的创建和推广以及视频租赁市场的出现开始的，但事实上，预录录像带是视频录制系统的互补品，我们知道互补产品的可用性会产生间接的网络外部性。

因此，福雷针对两阶段采用路径的解释如下：直到 80 年代，预录录像机无法使用，因此录像系统的网络外部性较差，这就解释了在第一时期两种技术并存的原因。随着预录录像带的传播，网络外部性变得更强，从而改变了采用动态的本质，正如亚瑟（1989）所预言的，当存在较强外部性的情况下，采用过程表现为赢家占据整个市场的动态过程，某一技术不可避免地成为标准。JVC 利用其市场领导地位，通过激起反馈效应成功地占据了市场支配地位。

第三节　竞争、兼容性与标准化

在前面的章节中，为了讨论网络外部性如何影响标准化进程，我们研究了消费者对技术的需求。从这个角度看，我们没有考虑到市场的供给方。

在本节中，我们专注于考察企业以及它们的行为如何影响市场动态。这一视角的转变使我们能够讨论，在高科技市场上竞争的企业应该遵循哪些策略以获得成功；正如我们以后所看到的，企业最重要的决定之一就是其产品与竞争对手产品的兼容性。

为了讨论这个主题，本节首先介绍迈克尔·卡茨（Michael Katz）和卡尔·夏皮罗（Carl Shapiro）在 1985 年提出的网络外部性市场中著名的寡头垄断竞争模型。

一、网络外部性情形下的寡头竞争

考虑一个由 n 家企业通过古诺竞争提供网络商品的市场。消费者选择是否购买商品以及从哪个企业购买商品。企业提供同质产品，这些产品与竞争对手提供的产品可能兼容也可能不兼容。为简单起见，接下来我们只分析两种"兼容制度"：i) 完全兼容制度，技术基于共同标准（用 $T=c$ 表示），以及 ii) 不兼容制度，其中每个企业拥有自己的技术标准（用 $T=nc$ 表示）。正如后文所言，兼容性体制的类型与用户网络规模的决定有关。

企业的需求函数取决于消费者对网络规模的预期，如前文所示，假设消费者的预期可以在均衡时实现，也就是说他们的预期是事后正确的。

更具体地说，包含企业和消费者的博弈时序如下：

$t=1$：消费者对每个企业的销售额形成预期，从而对用户网络的规模形成预期；$x_{T,i}^e$ 表示消费者对于企业 i 在兼容性制度 T 下的销售额的预期，$y_{T,i}^e$ 表示消费者对企业 i（$i=1$，…，n）网络规模的预期。如后文所阐释的，销售不一定与网络规模吻合；

$t=2$：给定消费者预期，在兼容性制度 T 下，每个企业选择其最优产出水平，用 $x_{T,i}$，其中，$i=1$，…，n；

$t=3$：确定 n 个企业的均衡价格，均衡数量和均衡利润。

给定消费者对网络规模的预期，代表性企业 i 所面临的需求函数为：[1]

$$p_i(X_T, y_{T,i}^e) = 1 + v(y_{T,i}^e) - X_T，\qquad (3.3)$$

给定每个企业的实际销售额为 $x_{T,i}$，$X_T = \sum_{i=1}^{n} x_{T,i}$ 表示在兼容性制度 T 下 n 家企业的总产出。$v(y_{T,i}^e)$ 表示外部性效应，其大小取决于企业 i 的预期网络规模，$y_{T,i}^e$；如 3.2.1 节所述，假设 $v'>0$ 和 $v''<0$。假设生产成本等于零，企业在兼容性制度 T 下的利润函数为：

---

[1] 本节的设置与第二节中类似，其中，当从企业 i 购买商品时，消费者具有基本效用 k 和网络收益 $v(y_{T,i}^e)$。本节与上一节的主要区别在于，在卡茨和夏皮罗（1985）中，即使企业生产同质产品，用户的网络规模却可能有所不同。这个意味着，在均衡中，企业收取相同的预期价格，即为网络规模调整为相同的价格；正式地说，在均衡时对于每对企业 i，j 而言，必须满足 $p_i - v(y_{T,i}^e) = p_j - v(y_{T,j}^e) \equiv \phi$。只有那些基本效用 $k \geqslant \phi$ 的消费者才会购买商品。在 k 服从区间 $[0，1]$ 上的均匀分布的假设下，加入网络的消费者总数 $X_T = 1 - \phi$；表达式（3.3）满足这些条件。

$$\pi_{T,i}(x_{T,i}, y^e_{T,i}) = (1 + v(y^e_{T,i}) - X_T)x_{T,i} \tag{3.4}$$

如前所述，企业进行古诺竞争，给定消费者预期，每个企业通过选择产量以实现利润最大化。给定消费者预期，$\pi_{T,i}(.)$ 对每家企业 $i = 1, \cdots,$ n 的实际销售额 $x_{T,i}$ 求导数，联立 n 个一阶方程，可以得到企业 i 的最优产量为[①]：

$$x^*_{T,i}(y^e_{T,1}, \cdots, y^e_{T,n}) = \frac{1 + nv(y^e_{T,i}) - \sum_{j \neq i}^n v(y^e_{T,j})}{1 + n} \tag{3.5}$$

为了进一步分析模型并确定市场均衡，现在需要考察两种兼容制度的影响。当技术完全兼容时，无论从哪个企业购买商品，每个消费者都可以与其他消费者进行互动。因此，实际网络规模为市场上 n 个企业的销售总额。兼容技术的典型示例是具有相同格式的软件应用程序或完全互联互通的通信网络。在前一种情况下，无论使用哪种应用程序，用户都可以相互交换文件和数据。在后一种情况下，无论哪个企业提供访问，消费者都能够独立地通信。反之亦然，如果企业生产不兼容产品，消费者只能与使用同一应用程序的用户互动。在这种情况下，网络效应仅取决于每个单一企业的销量。

这些观点强调了兼容性的重要作用：当产品兼容时，消费者对 n 家企业的销售总额感兴趣，而当产品不兼容时，每家企业则拥有各自独立的网络用户。根据这些观察，可以得出：

——当技术完全兼容时（$T = c$），市场上好像存在一个单一网络，其预期规模等于 n 家企业的总销售额 $y^e_{c,i} = \sum_{i=1}^n x^e_{c,i}$。此时，每家企业的预期网络规模相同；

——当技术不兼容时（$T = nc$），存在 n 个网络；每个网络的预期规模与每个企业的预期产出一致，$y^e_{nc,i} = x^e_{nc,i}$。此时，企业可能会有不同的预期

---

① 为了使读者相信式（3.5）是企业 i 的均衡产出，考察在最简单的情况下会发生什么，即当 $n = 2$ 的情况；两家企业的一阶导数分别是 $d\pi_{T,1}/dx_{T,1} = 1 + v(y^e_{T,1}) - 2x_{T,1} - x_{T,2} = 0$ 和 $d\pi_{T,2}/dx_{T,2} = 1 + v(y^e_{T,2}) - 2x_{T,2} - x_{T,1} = 0$。通过求解方程组，便可得到式（3.5）。

网络规模。

考虑兼容技术的市场均衡 由于企业是对称的（它们提供同质的产品并且生产成本相同），所以，它们在均衡时产出水平相同均为 x_c^*，因此，行业总产值是 nx_c^*。在实现预期的假设下，条件 $y_{ci}^e = nx_c^*$ 成立，此时由式 (3.5) 可得：

$$x_c^* = \frac{1 + v(nx_c^*)}{1 + n} \qquad (3.6)$$

通过将 x_c^* 代入式 (3.4)，可以很容易确定每个企业的均衡利润：

$$\pi_c^* = \left(\frac{1 + v(nx_c^*)}{1 + n} \right)^2 \qquad (3.7)$$

不兼容技术下的市场均衡 当技术不兼容时，企业 i 的网络规模与其销售量相等；假设企业是对称的，并且在满足实现预期的假设下，如果 $y_{nci}^e = nx_{nc}^*$，$i = 1，\cdots，n$，那么 x_{nc}^* 表示每个企业的均衡产出。由式 (3.5) 和式 (3.4) 可以得到不兼容体制下每个企业的均衡产出和均衡利润分别为：

$$x_{nc}^* = \frac{1 + v(x_{nc}^*)}{1 + n} \qquad (3.8)$$

$$\pi_{nc}^* = \left(\frac{1 + v(x_{nc}^*)}{1 + n} \right)^2 \qquad (3.9)$$

通过比较两种制度下的市场均衡，可以得到下述结论：

结论 5：当技术兼容时，每个企业的产量和利润都要大于不兼容时的情况。

这一结论可以通过简单的图形分析加以证明。图 3.9 描绘了式 (3.6) 和式 (3.8)，均衡产量 x_c^* 和 x_{nc}^* 分别由点 C 和点 NC 表示，其中点 C 和点 NC 分别为 $(1+v(nx))/(1+n)$ 和 $(1+v(x))/(1+n)$ 与 45°线的交点。由于 $v'>0$ 且 $v''<0$，所以，上述函数是凹函数且单调递增。此外，由于 $nx>x$，所以，$(1+v(nx))/(1+n)$ 在 $(1+v(x))/(1+n)$ 的上方，因此，$x_c^*>x_{nc}^*$，即在兼容性的情况下，企业的产量更高。最后，由于企业的利润等于均衡

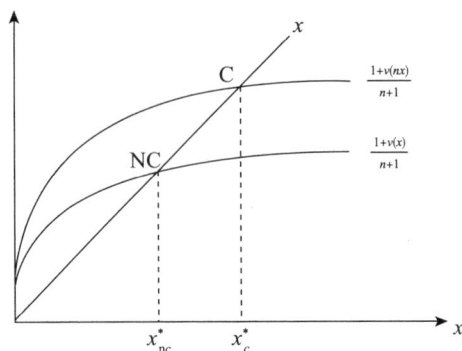

图 3.9 兼容性 vs. 不兼容性

产量的平方（见式（3.7）和式（3.9）），因此，在兼容性的情况下，企业的利润更高。

结论 5 非常重要，因为它解释了技术兼容性有利可图的原因。当技术兼容时，无论从哪个企业购买商品，每个消费者都可以与所有用户互动；消费者受益于强大的网络外部性，这也增加了他们的支付意愿。因此，在均衡时，企业的销售量和利润大于不兼容技术的情况。[1] 换句话说，结论 5 表明企业可以受益于技术兼容性，进而利用更大的网络外部性所产生的积极影响。

卡茨和夏皮罗也表明消费者可受益于兼容性。这一点很容易证明；实际上给定兼容性体制 T 下的总产出 X_T，消费者剩余等于 $X_T^2/2$。[2] 由于均衡产量在兼容性的情况下更大，所以，消费者剩余也更大。

竞争与网络效应：伊科诺米蒂（Economides）悖论

上一节介绍的模型有几个有趣的含义，其中之一被称为"伊科诺米蒂

---

[1] 在分析中，我们局限于研究对称均衡的情况（在均衡时，企业产量相同）。值得注意的是，在不兼容的情况下，如果消费者预期网络规模不同，那么可能会出现不对称的市场均衡；在这种情况下，结论 5 便不再适用。事实上，当均衡不对称时，能够吸引更多消费者的企业可能更喜欢不兼容性制度。更多细节参见卡茨和夏皮罗（1985）和本章第五节的讨论。

[2] 消费者剩余由需求函数以下的面积表示。给定价格 p，这个面积等于 $(1+v(.)-p)X_T/2$；由于 $p=1+v(.)-X_T$，所以消费者剩余为 $X_T^2/2$。

悖论", 以提出该悖论的经济学家的名字命名。①

这个悖论描述的是当技术兼容时, 竞争对企业利润的影响。由式 (3.7) 可知 π_c^* 是企业数量 n 等价于市场的竞争程度。我们感兴趣的是, 当 n 增加时, 即当市场竞争程度增加时, 均衡利润如何变化。通过 π_c^* 对 n 求导数可以得到:

$$\frac{d\pi_c^*}{dn} = \underbrace{\frac{\partial \pi_c^*}{\partial n}}_{\text{直接效应}} + \underbrace{\frac{\partial \pi_c^*}{\partial v(.)} \frac{dv(.)}{\partial n}}_{\text{间接效应}}.$$

当技术兼容时, n 的增加对均衡利润存在两方面的影响。第一, 竞争对企业利润的典型的负面影响 (直接效应): 市场竞争越激烈, 企业利润越低。第二, 网络外部性 $v(.)$ 的影响 (间接效应): 随着 n 的增加, 网络规模也增加; 因此, n 的增加意味着消费者的支付意愿由于外部性的增加而增加。伊科诺米蒂证明, 如果网络外部效应足够强大, 间接 (正的) 效应主导直接 (负的) 效应, 那么将会产生矛盾, 即企业实际上会受益于竞争的增加。

结论 6 (伊科诺米蒂悖论): 当技术兼容时, 如果网络效应足够强大且竞争不太激烈, 那么竞争对手数量的增加将产生更大的利润。

证明这一结论需要确定导数 $d\pi_c^*/dn$ 的符号。从式 (3.7) 可知均衡利润等于产量的平方。因此, 只要 $dx_c^*/dn>0$, 结论 6 就成立; 经过一些代数运算可以得到②:

$$\frac{dx_c^*}{dn} = x_c^* \frac{v' - 1}{1 + n(1 - v')}.$$

如果网络外部性足够强大, 上式为正, 即当 $v'>1$ 时, 而且如果市场竞争不太激烈, 则 $n < \dfrac{1}{v'-1}$。

---

① 参见伊科诺米蒂 (1996a), 但也注意到卡茨和夏皮罗在原文中已经提出了悖论的存在。

② 式 (3.6) 对 n 求导数, 可以得到 $\dfrac{dx^*c}{dn} = \dfrac{\left(\left(x_c^* + n\dfrac{dx_c^*}{dn}\right)v'(nx_c^*)(n+1) - 1 - v(nx_c^*)\right)}{(1+n)^2}$; 通过求解 dx_c^*/dn 可以得到下面的表达式。

总而言之，当网络外部性足够强大且竞争不太激烈时，n 增加的正面效应主导负面效应。[①] 当这些条件得到满足时，对技术拥有专有控制权的企业"邀请"新的竞争对手进入市场是有利可图的。

伊科诺米蒂悖论能够更好地解释潜在垄断者邀请竞争对手进入市场这一违反直觉的行为。1987 年，IBM 对于 MCA（Micro Channel Architecture）的行为就是这样，MCA 是其个人电脑架构技术。在推出这项新技术后的短时间内，IBM 不是利用其市场势力，而是宣布将 MCA 免费授予任何希望以相同标准进入市场的竞争对手（参见伊科诺米蒂，1996a）。最近，谷歌于 2013 年宣布推出"专利非声明承诺"，邀请新公司进入市场，并将与 MapReduce 技术相关的十项专利免费用于开发开源软件。

标准化与产品差异化

卡茨和夏皮罗（1985）强调了网络外部性市场最突出特征之一：企业可能会发现采用"合作"策略（如技术兼容性或邀请进入市场）有利可图，即受益于扩大的用户基础。两位作者的分析是基于一些简化的假设，这些假设有待进一步地讨论（另见本章第五节）；例如，不管兼容性制度如何，卡茨和夏皮罗都假设企业提供同质产品。

然而，高科技市场往往具有一定程度的产品差异化特征，因而很自然地在技术兼容性和产品种类之间存在权衡。当采用共同标准时，即当技术兼容时，企业可能会发现很难实现差异化。在这种情况下，企业很难通过技术规范实现产品差异化，而只能在保证、客户服务、互补产品等其他方面实现差异化。

鉴于这些观点，我们应该重新考虑企业在技术兼容性方面的决定。企业面临的相关权衡如下：一方面，如卡茨和夏皮罗所言，由于能够享受更大的网络效应，公司可以受益于兼容性；但另一方面，它们也能受益于不兼容性，因为它能使企业实现产品差异化，从而减少竞争压力。当第二种效应比较强时，企业可能不再受益于技术兼容性。

[①] 当企业进行价格竞争而不是数量竞争时，这一悖论不再适用；事实上，价格竞争比数量竞争更加激烈，因此，当 n 增加时，负面效应主导正面效应。

第四节　如何竞争标准化战略

在上一节中，卡茨和夏皮罗阐述了兼容性是如何增加社会福利的；不仅企业能够从标准化中受益，而且消费者的境况也变好了。当产品遵循共同标准时，存在一个独特的大型网络，消费者可以自由地与所有其他用户互动，网络外部性的积极影响是最大的。然而，尽管兼容性是社会最优的，企业却更愿意生产不兼容的商品并打"标准战"，而不是在共同技术上进行协调。这种行为的例子比比皆是：最近，Blu-ray 和 HD DVD 之间发生的格式化战争，其目的在于确定存储高分辨率视频和音频数据的技术标准（见拓展 3.3）。另一个例子来自美国移动通信行业，其中三种不兼容技术（GSM，TDMA 和 CDMA）相互竞争以成为市场标准。

因此，本部分所要研究的问题如下：为什么企业在某些市场上使用不兼容的技术以及展开标准战，而在其他市场却愿意协调共同技术？换句话说，为什么企业在某些情况下去竞争"市场"，并试图强加自己的标准，而在其他情况下，又为什么会在同一技术上协调，并在"市场"内竞争（compete "within" the market）。

前文的分析是思考技术兼容性的起点。然而，现在我们需要放弃卡茨和夏皮罗对模型做出的重要简化假设。第一个重要假设是关于兼容性制度与竞争程度之间的关系；更具体地说，卡茨和夏皮罗假设不管兼容性制度如何，便假设企业进行同质产品竞争。如前所述，兼容性和不兼容性之间的选择可能会影响产品差异程度，并且反过来影响竞争的强度。卡茨和夏皮罗得出结论的第二个重要假设是企业是对称的，它们拥有相同的成本函数和用户基础。不对称的企业，例如用户基础不同的企业，可能会有不同的目标，因而，它们可能会采用不同的兼容性策略。

本节重点介绍企业的技术兼容性决策，并考察比 3.4 节更一般的情况。本节的目的是描述企业在具有网络外部性的市场中竞争时应遵循的主要策略。首先，需要回顾我们在这一章中着重强调的网络市场的主要特征，这对企业策略的制定非常重要：

1. 多种技术共存的现象往往是暂时的和不稳定的。从长远看，只有一种获胜技术主导市场（倾斜或者赢者通吃）；

2. 消费者对网络规模的预期对于确定获胜技术至关重要；

3. 历史事件：早期技术的采用模式影响当前的采用决策（路径依赖）。

这些特征意味着高科技市场上的竞争是非常复杂的。竞争优势的典型来源，例如能够生产高质量的产品或处于技术前沿，可能不足以使企业获得成功。公司还必须能够在其竞争对手之前快速建立足够大的用户基础。例如，在这方面，企业影响消费者对未来网络规模预期的能力是增强市场领导地位的关键因素。此外，需要强调的是，这些市场上的风险通常要高得多，因为赢得标准战争的企业能够占据整个市场，而输家被迫变成为利基地位。

为了讨论企业间的战略互动，即选择强加自己的技术，还是促进兼容性，我们使用表 3.4 中的博弈理论进行分析。考虑两家企业，企业 A 和企业 B 在两种不兼容的技术之间进行选择：技术 1 和技术 2。如果它们采用相同的技术，那么就存在兼容性，企业在市场中进行竞争。

表 3.4　兼容性博弈

		企业 B	
		技术 1	技术 2
企业 A	技术 1	$a_{1,1}$, $b_{1,1}$	$a_{1,2}$, $b_{1,2}$
	技术 2	$a_{2,1}$, $b_{2,1}$	$a_{2,2}$, $b_{2,2}$

如果企业选择不同的技术（标准战），那么就会出现不兼容性，在这种情况下，企业争取强加自己的技术并为获得市场而竞争。当企业 B 选择技术 j 时，$a_{i,j}$ 为企业 A 选择技术 i 的收益，在主对角线上，企业采用相同的技术（标准化发生），而次对角线上，它们则采用不同的技术（标准战）。

哪个是博弈的均衡？或者换句话说，企业在哪些条件下采用相同的技术，并在市场内竞争？或者，什么时候发生"标准战"？这些问题的答案取决于两种技术的特点，兼容性如何影响竞争的程度以及企业的用户基础的相对维度。贝森（Besen）和法雷尔（Farrell）（1994）讨论了三种可能的情景。

情景1：标准战。如上所述，当企业使用相同的技术标准时，他们几乎无法实现产品差异化，因此，兼容性意味着激烈的竞争和较低的利润。在这种情况下，企业更喜欢通过竞争强加自己的标准。如表3.5所示，这种情况发生于次对角线上的收益超过主对角线上的收益，换句话说，当技术兼容时，竞争会使公司的利润低于标准战时获得的利润。此时，对于A企业而言，$a_{1,1} < a_{2,1}$ 以及 $a_{2,2} < a_{1,2}$，对于B企业而言，$b_{1,1} < b_{2,1}$ 以及 $b_{2,2} < b_{1,2}$；表3.5描绘了标准战的极端情况，当企业A和企业B选择相同的技术（A和B兼容时）时，产品十分相似，竞争非常激烈而致使利润下降为零。

表 3.5　标准战

		企业 B	
		技术 1	技术 2
企业 A	技术 1	0, 0	100, 10
	技术 2	10, 100	0, 0

很显然表3.5存在两个纳什均衡，其中，企业A和企业B倾向于不同的技术；每个企业都试图强加自己的标准，从而进行标准战。如前所述，美国移动通信行业便属于这一情况，公司采用不兼容的技术。公司知道标准化将会导致更加同质的产品、激烈的竞争以及较低的利润，因此，它们不在一般的传输技术上进行协调，而是为获得市场而竞争。标准战的其他例子还有在视频磁带录像机行业中Betamax和VHS之间的竞争，以及最近HD DVD和Blu-ray在高分辨率DVD中的竞争。

贝森和法雷尔总结了企业加强自身技术的四种策略：[1]

---

[1] 更过细节参见范里安和夏皮罗（1999）。

1. 在竞争对手拥有大量用户基础之前，建立早期领导地位；这个领先地位必须足够强大以达到临界规模并引发积极反馈；

2. 与互补品的供应商签订协议，从而促使它们生产兼容的商品和服务。这增加了网络的价值并吸引大量顾客；

3. 事先宣布推出新产品，以引导消费者期待技术的快速成功；

4. 承诺今后不再提高价格（例如通过合同条款），以便让消费者相信，它们不会被昂贵的技术锁定。

表 3.6　合作 *vs* 不兼容性

		企业 *B*	
		技术 1	技术 2
企业 *A*	技术 1	100, 10	0, 0
	技术 2	0, 0	10, 100

情景 2：兼容性协议。当技术兼容时，第二种情景发生：i）兼容性对于消费者而言是非常重要的，以及 ii）尽管遵循一个共同的标准，企业仍然能够实现产品差异化并获得利润。在这种情况下，企业更喜欢使用兼容性技术并在市场内竞争。

在这种情况下，存在两种可能的情况。首先，一种技术明显优于另一种技术，企业只需在这种技术上进行协调，例如，通过支持全行业共同技术标准发展的正式标准制定机构，协调得以实现。在第二种情况下，企业仍然愿意在共同技术上进行协调，但它们对哪一技术是最好的没有达成一致。这通常发生在当每个企业对那些优于其他企业的技术具有专有控制权时。在这种情况下，企业之间的战略互动类似于著名的"性别战"博弈，如表 3.6 所示，尽管企业认为市场成功需要兼容性，但它们对两种技术的偏好并不一致：企业 A 喜欢技术 1，而企业 B 喜欢技术 2。

与典型的性别战一样，表 3.6 中的博弈存在两个纳什均衡：两家企业都选择技术 1 或技术 2。因此，在这两种情况下都存在标准化，但基于不同的技术。

企业采用策略促进技术兼容性的例子很多。例如，它们可以组成一个专利池，一些公司同意为成为行业标准的同一技术交叉许可不同专利。协调标准的另一个有趣的方法是将该技术提供给公共领域，或者在软件行业的例子下，发布软件的开源代码。例如 IBM 所采用的策略。"蓝色巨人"决定将一定数量的专利在公共领域进行公开，此外，它还开展了软件开发环境的项目 Eclipse，这后来被称为开源。

拓展 3.3　Blu-ray vs HD DVD

2008 年 2 月 19 日，Toshiba 宣布将放弃对 HD DVD 的发展，并且取消相关的活动，这一决定结束了近期历史上竞争最为激烈的标准战。

这场战争的目的是争夺高清 DVD 市场的领导权。双方分别是索尼的 Blu-ray 系统和 Toshiba 的 HD DVD。尽管这两项技术彼此不兼容，但它们都是传统 DVD 技术的演进：它们通过使用较低波长的激光器提供了更大的存储容量。

这两种技术在质量上非常相似，而蓝光具有较大的存储容量，HD DVD 与 DVD 技术后向兼容：DVD 光盘可以在 HD DVD 播放器中读取，从而允许 HD DVD 的采用者能够享受采用早期技术的大量内容。然而，这个优势被证明是暂时的，因为几个制造商很快开始为蓝光技术提供后向兼容的产品。

标准战开始以来，战略联盟显然发挥了重要的作用。索尼和东芝都寻求与内容和硬件生产商签订协议，以获得领先地位并赢得标准战，除了将蓝光技术嵌入其 PlayStation 3 游戏机之外，索尼还与几家电影制片厂签订了协议，其中包括 20 Century Disney 和 MGM，目的在于传播它们的内容，同样，东芝与 Universal，Paramount 和 Warner 达成协议。此外，东芝与微软合作，微软同意在其 Xbox 360 游戏机中安装高清 DVD 播放器。

这个故事的许多方面使我们想起 80 年代 VHS 和 Betmax 之间的竞争（见拓展 3.2），然而，与之前的情况不同，在蓝光与高清 DVD 的竞争中，二者与互补产品的生产者之间的战略联盟从一开始就至关重要。因此，一开始市场就受到了互补产品可用性的相关（间接）网络外部性的影响；因而，从开始时，采纳的动态就是赢者获得整个市场。

在 VHS vs Betmax 战争中被打败的索尼似乎已经学到了教训；毫无疑问，它已经受益于 PlayStation 3 的成功，即嵌入蓝光技术。借助于非常有效的联盟战略和积极的定价政策，索尼赢得了这场战斗。

就东芝而言，很多观察家认为它对自身的优势太过自信；东芝始终认为能够获得最终的胜利，这是它失败的主要原因。

情景 3：不对称企业。在情景 1 和情景 2 中，企业的特点是具有战略对称性，即它们发现选择同样的策略是最优的。在情景 1 中，每家企业都把自身技术作为行业标准，在情景 2 中，它们选择相同的技术并在市场内竞争。

然而，我们经常看到企业追求不同策略的例子。例如，拥有大量用户基础的领导者会受益于一场他们可能获胜的标准战；相反，追随者更倾向于兼容领导者使用的技术，以利用其更大的用户安装基础。20 世纪 80 年代，美国视频游戏控制台生产商 Atari 大幅落后于竞争对手任天堂。为了增加市场份额，Atari 推出了适配器以使其技术与任天堂的技术兼容。在其他行业追随者也有类似的尝试。例如，博兰德（Borland）允许其软件导入使用 Lotus 1-2-3 创建的文件，Lotus 1-2-3 是电子表格市场的市场领导者。直到 80 年代，苹果都无法与 IBM 的兼容 PC 和 MS-DOS 操作系统匹敌。由于这个原因，苹果在其计算机上安装了超级驱动器，该驱动程序允许用户读取 MS-DOS 软盘。

市场领导者通常会试图维持技术不兼容性，从而利用其竞争优势。例如，任天堂通过维持保护其技术的专有权利来拒绝 Atari 访问其平台。在其他情况下，领导者经常改变技术（即通过推出新版本的产品），以使竞争对手难以保持最新状态。

表 3.7 是情景 3 的一个例子。由支付矩阵可知，追随企业 A 愿意与领导企业 B 合作；反过来，B 则更倾向于"远离"企业 A，并选择与其不同的技术。

表 3.7 不对称企业

		企业 B	
		技术 1	技术 2
企业 A	技术 1	30, 10	10, 20
	技术 2	10, 30	20, 10

第五节 转换成本与网络外部性

高科技市场另外一个重要特征是存在所谓的转换成本。"转换成本"是指消费者在更换供应商、品牌以及产品时所花费的成本。

在大多数情况下，转换成本涉及货币支付且相对容易测量，例如，个人必须向其当前的供货商支付赔款作为违反合同的赔偿。然而，转换成本往往还涉及心理成本、努力成本和时间成本，这些并不一定是直接的货币支付。例如，心理转换成本是指当消费者从熟悉的供应商转换到质量未知的供应商时产生的成本。

转换成本在许多市场中都具有重要的影响，而且不一定与 ICT 相关；许多商业协议在提前终止合同时都会强加转换成本。当消费者专门从某一特定公司进行购买时，也会出现这种情况，例如，消费者在更换电力供应商时由于必要的文书工作所花费的时间成本。高转换成本意味着消费者在很大程度上被其当前的供应商"俘获"：为了避免更换供应商的成本而错失了获得更便宜和更好的机会。在经济学术语中，这被称为"锁定"效应。

在某些情况下，转换成本是无法避免的。例如，80 年代后期，从乙烯基唱片到音乐 CD 的过渡。对于许多音乐爱好者而言把他们收集的乙烯基唱片升级到新技术的转换成本是非常高的。在其他情况下，企业有意为自己的产品、品牌或服务制造转换成本。例如，手机运营商往往向签订多年合同的客户收取提前终止费用，同样，在重复购买的情况下，奖励客户的忠诚度是有意创造转换成本的另一个例子。[①]

---

① 范里安和夏皮罗（1999）详细分析了企业如何人为地制造转换成本来锁定客户。

　　高科技产业中的转换成本特别严重。以软件应用程序为例：如果消费者使用了某种应用程序，那么当消费者转向新的应用程序时，由于用户界面不同，消费者将面临较高的学习使用新应用程序的成本。在定制软件的情况下，即针对某些客户需求而专门设计的软件，转换成本更为明显。移动电话也是一个很好的例子：直到几年前，在许多欧洲国家，当更换运营商时，消费者就必须更换他们的电话号码，这一转换成本非常高，如果消费者更换供应商，那么他必须通知所有的亲朋好友。2002 年，意大利改变了这一个状况，国家电信管理机构要求运营商提供"手机号码便携性"服务，即允许用户在更换运营商时保留旧的电话号码。监管机构进行干预的目的非常明确：号码携带是降低转换成本，增加客户流动性和提高市场竞争力的一种方式。

　　大量的经济学文献研究了转换成本对市场均衡和市场效率的影响。如上所述，作为消费者流动的障碍，转换成本主要会对市场效率产生负面影响：降低企业之间的竞争压力，推动价格上涨。在具有转换成本的情况下，企业没有激励与竞争对手展开竞争，因为它们知道这不足以窃取竞争对手的客户。相反，企业可能会因此提高价格以增加收入，因为它们知道它们不会失去客户。经济理论表明，在极端情况下，转换成本可能使企业收取垄断价格，从而彻底消除竞争的影响。除此之外，在具有转换成本的情况下，新企业进入市场以及从竞争对手窃取客户将会变得更加困难；从这个意义上说，转换成本是进入的障碍。与上述情况相似，这种效应可能对市场效率产生负面影响。

　　锁定效应鼓励企业设定较高的价格，然而，转换成本还存在抵消效应。当客户被给定的供应商锁定时，他们就是供应商的收入来源；因此，预期这一点，供应商开始时可能侵略性较强，即制定较低价格以建立锁定用户基础。

　　因此，转换成本对于市场效率存在两方面的影响：一方面，它增加了企业的市场势力和企业提高价格的能力；但另一方面，它使企业在开始时定价更具侵略性。在寡头市场中，转换成本的总体价格效应是模糊的。

　　在高科技领域，转换成本与网络外部性的结合使得情况变得更加复杂。有趣的是，实际上，网络效应也是转换成本的一个来源。具有网络效应时，个人采用给定技术的效用是受其用户基础影响的；在这种情况下，当转向替代技术时，个人还需考虑其采用新技术所获得的网络效应。假设存在一种新的、质量更高但不兼容的技术，消费者考虑采用这一技术。在采用的情况下，消费者将承担多种转换成本（即购买产品的货币成本，学习如何使用新技术的成本等）。除此之外，消费者还需承担与"网络相关"的转换成本：从广泛使用的技术转变为新技术（即没有客户基础），由于网络效应较小，个人也将蒙受损失。如果存在网络效应，高科技市场典型的惯性就会出现，即便存在更好的技术，个人却偏好旧的或过时的，但广泛使用的技术。

　　我们已经在本章的前几节讨论了这些问题，我们知道技术兼容性或标准化对高科技市场至关重要。当技术符合共同标准（兼容）时，与"网络相关"的转换成本可以忽略不计。当技术兼容时，无论是使用旧技术还是转向新技术，用户都可以享有相同的网络效应。因此，兼容性能够降低用户的转换成本，当转换成本较低时，客户流动性更高，企业竞争也更加激烈。总之，兼容性会增加竞争，并使得市场更有效率。

　　事实上，虽然兼容性很容易实现，但是企业却希望其产品不兼容，保罗·克伦佩勒（Paul Klemperer）对此做出了解释：

　　转换成本往往会损害竞争，因此企业也可能消耗更多的资源去创造和维护不兼容性……由于转换成本往往会导致竞争尤其进入缺乏效率，我（和其他人）赞成促进兼容的公共政策。

第四章　双边市场

　　使用信用卡付款，在黄页上搜索信息，甚至用 PS 玩游戏或者使用 iPod 听音乐都是我们日常生活中比较常见的行为。虽然信用卡、电话簿、MP3 视频游戏机和播放器看起来毫无关系，但在经济学术语中，它们都是双边市场或者网络效应的例子。双边市场具有两个典型特征：第一，两组独立的参与人（市场的两边）通过平台或者中介进行交易。第二，市场一边参与人的决策会影响另一边参与人的收益，换言之，双边市场存在交叉网络效应（Cross-side Network Effects）①。

　　以黄页为例，电话簿的出版商作为平台中介服务的两组参与人：企业和消费者。前者在电话簿中宣传它们的业务，而后者可以很容易地在电话簿中找到所需企业的信息（电话号码、地址等）。

　　显然，只有电话簿被消费者广泛使用，企业才愿意在黄页上宣传其业务；反过来，只有大量企业在黄页上宣传其产品和服务，消费者才会使用电话簿寻找信息。因此，电话簿对市场上一边参与人提供的中介服务越有价值，另一边参与人的数量就越多。

　　与第 3 章一样，参与人能够受益于网络外部性，但不同于以往情况，这里重要的是市场上另一边参与人的数量，而不是同一边参与人的数量。因此，在双边市场中，我们研究的是交叉网络效应。考虑到市场的双边性，黄页出版商需要选择适当的定价策略，以刺激电话簿在市场双边的传播。事实上，只有在这种情况下，一组参与人才能从另一组参与人中获得

---

　　① 在经济学文献中，对双边市场的定义尚未达成共识。本章中，我们采用瑞思曼（Rysman，2009）中的定义。

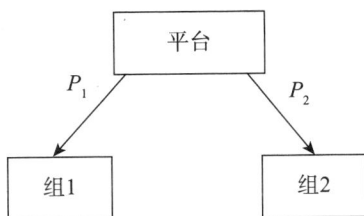

图 4.1　双边平台

网络效应。

　　双边平台的另一个例子是 MP3 播放器 iPod。在这个例子中，市场的双边分别是苹果企业生产的数字媒体播放器和音乐听众。

　　苹果企业需要向大量消费者销售 iPod，从而使得唱片企业的歌曲能够在 iTunes 上下载。与此同时，只有在 iTunes 上可获取的音乐数量足够多时，音乐听众才愿意购买 iPod。因此，交叉网络外部性在这种情况下也是至关重要的。

　　黄页和 iPod 仅是大量现象中的两个例子。信息通信技术（ICT）革命以来，越来越多的企业，即所谓的数字中介机构应运而生。不仅是 iTunes，其他几个著名的网络企业，如 Amazon. com（主营书籍和音乐），eBay. com（主营在线拍卖），AutoScout24. com（主营新车和二手车）为世界各地数以千计的卖家和数以百万的买家提供中介服务。然而，双边市场还包括很多传统的产业，如黄页、房地产代理或支付系统。现实中存在很多双边市场的例子，而且数量日益增加。尤其是下列产业①：

　　——软件：文本阅读器和作者。许多程序如 Adobe Acrobat，都是为两组独立的用户组设计的：创建文本内容的用户和想要阅读的用户。有趣的是，读取 PDF 文件的软件界面通常可以免费使用，而生成 PDF 文档所需的文本编辑器则需购买许可证；

　　——软件：操作系统。诸如 Microsoft Windows 之类的操作系统是双边平台的另一个例子：软件程序——愿意开发运行在受欢迎操作系统上的新

---

　　① 关于双边市场的更多例子，见阿姆斯特朗（Armstrong，2002）及罗歇和梯若尔（Rochet & Tirole，2001）。

应用程序，以及消费者——愿意安装程序可用性高的操作系统。值得一提的是，微软的大部分利润来自消费者对于 Windows 许可证的购买；

——支付系统：信用卡和借记卡。当购买产品时，消费者既可以使用现金也可以借助诸如信用卡或借记卡等电子支付系统购买产品。信用卡和借记卡是受交叉网络效应影响的另一个例子。消费者持有信用卡的收益随着接受该付款方式的商户数量的增加而增加；反过来，持卡人数量越多，商户就越愿意加入电子支付系统。与前面的两个例子一样，平台通常只对市场中一边参与人收取中介服务费：商户向电子支付系统提供商支付一定的费用，而消费者则免费享受该服务；

——电视和广告。传统电视频道的收入主要来自于广告费；它们为两组独立的参与人提供服务。观众观看娱乐节目和新闻，而企业在休息期间宣传它们的产品[①]；

——视频游戏控制台。视频游戏控制台的生产商与两类参与人互动：视频游戏玩家以及视频游戏的开发商。视频游戏的种类越多，游戏玩家的收益越高。与此同时，如果游戏台在游戏玩家中更受欢迎，开发商就更愿意开发新的视频游戏。

我们可以从这些例子中得出几个有趣的结论。在某些情况下，平台仅提供中介服务，允许市场双方"互动"，然后完成交易。eBay 是"纯中介"的典型例子：买卖双方通过在线拍卖网站进行交易，并向 eBay 支付中介服务费。类似例子还有黄页、房地产代理以及其他数字中介等。

在其他情况下，平台自身直接完成与市场一边或双边参与人的交易。例如，索尼企业将 PS 销售给消费者，并向程序员提供开发新游戏所需的技术规格。类似地，Adobe 免费发布软件阅读器，但销售软件 Writer 以生成 PDF 文档。在本章中所介绍的模型既适用于纯中介的情况也适用于平台与参与人直接交易的情况。

---

① 注意在这种情况下，交叉网络效应有正有负。公司受益于观众数量的增加，反过来增加其做广告的意愿。然而，广告数量的增加往往会降低观众的收益，从而产生负的交叉网络效应。本章仅讨论正的交叉外部性的情形。

第二个有趣的观察是平台采用的定价策略。图 4.1 表示一个双边平台，其中 p_1 和 p_2 是平台对双边参与人的定价。[①] 在前面的例子中，我们看到市场的一边经常获得免费服务。这意味着平台通过制定低于生产成本的价格来补贴市场一边参与人的消费，而对另一边参与人则收取高价。换句话说，平台企业平衡对市场双边参与人的定价，使得一边得到补贴，而另一边是平台唯一的收入来源[②]。

表 4.1 总结了一些双边市场的例子对于每个例子，我们都会强调哪一边为平台创造收入，哪一边获得免费服务，并因此得到补贴。

下一节利用理论模型分析平台的定价策略，特别是我们得出了平台企业补贴参与人的最优条件，即收取低于生产成本的价格。然后，我们讨论了双边市场的效率。

表 4.1　双边市场的例子

产业	双边平台	组1	组2	补贴方	收入来源
房地产	房地产代理	买家	卖家	无	销售佣金
软件	操作系统	用户	开发商	组2	许可费（例如：微软从终端用户许可中获得近 70% 的收入）
视频游戏	控制台	玩家	游戏开发商	无	向玩家销售游戏和向开发商发放许可证赚取巨额收入
支付系统	信用卡	持卡人	商户	组1	佣金（例如：2001 年，美国运通从商家中获得了 82% 的收入）
媒体	电视网络	观众	广告商	组1	商业电视网络的大部分收入来自广告

---

① 如前所述，p_1 和 p_2 是中介服务费（如 eBay 的例子）或平台（Adobe 的例子中的软件许可费）提供产品的价格。

② 正如之前的脚注所提到的那样，双边市场的定义在文献中仍有争议。按照 Rochet 和 Tirole (2006) 的定义，如果对于固定的价格总水平 $P = p_1 + p_2$，交易量随着 p_1 和 p_2 的变化而变化，那么这一市场就是双边市场。按照这一定义，不仅价格总水平举足轻重，而且价格结构也十分重要。换句话说，在双边市场中，价格结构是"非中立"的，因为给定价格总水平 P，不同价格组合 p_1 和 p_2，将会导致不同的交易量，进而导致不同的平台利润。

第一节　双边市场的定价策略

本节的目的是确定双边市场中垄断平台的最优定价策略。以垄断地产代理商为例，该机构向房地产买卖双方提供中介服务，买卖双方向中介支付服务费。

为了分析平台的最优定价策略，我们需要确定中介服务市场上双边参与人的需求函数。假设每组参与人的总量为 1。类似于第 3 章，假设 i（i = 1，2）组参与人从中介服务中获得的效用取决于：i）从中介服务中获得的独立收益，用 k_i 表示，且服从区间［0，1］上的均匀分布；[1] ii）市场另一边参与人的数量，用 y_j 表示，j = 1，2 且 $i \neq j$。后一种效应就是交叉网络外部性：组 j 的服务在市场上越受欢迎，组 i 中每个参与人的效用就越大。[2]

令 $U(k_i, y_j)$ 为组 i 参与人加入平台所获得的总效用；由上述讨论可知，该效用随着独立收益 k_i 和市场中另一边参与人的数量 y_j 的增加而增加，即：

$$\frac{\partial U}{\partial k_i} > 0 , \text{ 和 } \frac{\partial U}{\partial y_j} > 0 , \text{ 其中 } i \neq j , \text{ 且 } i, j = 1, 2$$

为简单起见，假设效用函数可微，并采用下述形式：

$$U(k_i, y_j) = k_i + \theta_{ji} y_j$$

其中 θ_{ji} > 0 为组 j 参与人对组 i 参与人的外部性强度，衡量组 j 用户数量的增加如何影响组 i 参与人的支付意愿[3]。最后，假设交叉网络外部性不

---

[1]　在房地产代理商的情况下。k_i 与双边参与人通过咨询代理商而不是亲自寻找买家或卖家而节省的时间相关。或者买方和卖方可以从处理交易的所有法律和形式方面的机构中受益。

[2]　注意，与第 3 章不同，在本节中，我们假设外部性是基于实际的网络大小而不是预期的网络大小。在文献中，这种情况被称为响应期望（见 Hagiu 和 Halaburda，2013）。我们选择这种方法的目的在于使模型更容易处理。

[3]　注意，我们简单地假设属于市场同一边的消费者有关于交叉网络外部性的同质偏好。正式地，对组 i 的所有消费者 θ_{ji} 是相同的。

是很大，即 $\theta_{12}+\theta_{21}<2$[①] 这个假设意味着 $\theta_{12}\theta_{21}<1$。

现在确定市场中双边参与人的需求函数。给定垄断者的定价（p_1 和 p_2）以及市场另一边消费者的数量，每个参与人自行决定是否接入中介平台。市场的每一边都存在是否接入中介服务无差异的消费者，无差异消费者的独立收益为 $\tilde{k}_i$，$i=1$，2，且由以下条件决定：

$$\tilde{k}_1 + \theta_{21}y_2 - p_1 = 0 \Rightarrow \tilde{k}_1 = p_1 - \theta_{21}y_2 ;$$

$$\tilde{k}_2 + \theta_{12}y_1 - p_2 = 0 \Rightarrow \tilde{k}_2 = p_2 - \theta_{12}y_1$$

独立收益大于或等于 $\tilde{k}_i$ 的消费者接入 i 边的服务。由于消费者服从区间 $[0,1]$ 上的均匀分布，所以，接入 i 边服务的用户数量为 $y_i = 1-\tilde{k}_i$。因此：

$$y_1 = 1 + \theta_{21}y_2 - p_1 ; y_2 = 1 + \theta_{12}y_1 - p_2$$

这两个方程表示加入平台的用户数量是市场另一边用户数量的函数。为了确定需求函数，我们需要求解上述方程，经计算得到的需求函数为：

$$y_1(p_1, p_2) = \frac{1 - p_1 + \theta_{21}(1 - p_2)}{1 - \theta_{21}\theta_{12}} \tag{4.1}$$

$$y_2(p_1, p_2) = \frac{1 - p_2 + \theta_{12}(1 - p_1)}{1 - \theta_{21}\theta_{12}} \tag{4.2}$$

图 4.2 绘制了市场中组 1 参与人的需求函数[②]；注意，随着从组 2 到组 1 网络外部性强度的增加，$y_1(p_1, p_2)$ 逐渐向外移动：当其他条件不变时，θ_{21} 越大，组 1 中愿意接入平台的消费者数量越多。最后，i 边的需求函数是双边价格的减函数：

i) $\dfrac{\partial y_i}{\partial p_i} = -\dfrac{1}{1 - \theta_{21}\theta_{12}} < 0$；ii) $\dfrac{\partial y_i}{\partial p_j} = -\dfrac{\theta_{ji}}{1 - \theta_{21}\theta_{12}} < 0$，其中 $i \neq j$，且 i，$j=1$，2

---

① 如果网络效应非常大（即 $\theta_{12}+\theta_{21}>2$），则模型将没有有意义的解。另外，没有经验证据支持特大网络效应的存在。因此，我们相信 $\theta_{12}+\theta_{21}<2$ 这一假设代表对双边市场的较好描述。

② 关于组 2 需求函数的图形与此类似。

表达式 i) 强调了数量与价格之间的标准的负相关关系。表达式 ii) 为交叉网络效应：p_j 的增加减少了市场上 j 边消费者的数量 y_j；而且，由于交叉网络效应，这又造成了市场上 i 边消费者数量的减少。

一、基准：两个相互独立的寡头

在分析平台服务市场双边参与人的情况之前，考虑双边参与人由两个相互独立的寡头服务的基准模型[①]。假设企业 1 服务组 1，而企业 2 服务组 2。为简单起见，假设两家企业的生产成本均为零；因此，给定式（4.1）和式（4.2）中定义的需求函数，两家企业的利润最大化问题如下：

$$\max_{p_1} \pi_1(p_1, p_2) = p_1 \frac{1 - p_1 + \theta_{21}(1 - p_2)}{1 - \theta_{21}\theta_{12}},$$

$$\max_{p_2} \pi_2(p_1, p_2) = p_2 \frac{1 - p_2 + \theta_{12}(1 - p_1)}{1 - \theta_{21}\theta_{12}}$$

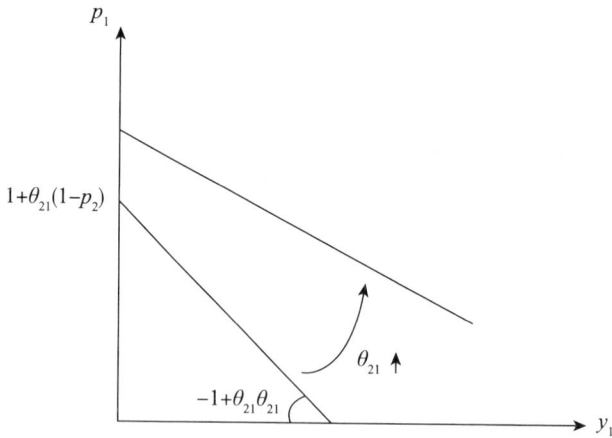

图 4.2　具有交叉网络外部性的需求函数

通过联立求解上述方程的一阶导数，可以得到企业的定价：

$$p_1^{ind} = \frac{2 + \theta_{21}(1 - \theta_{12})}{4 - \theta_{21}\theta_{12}} \text{ 和 } p_2^{ind} = \frac{2 + \theta_{12}(1 - \theta_{21})}{4 - \theta_{21}\theta_{12}}$$

---

① 注意这一基准模型也适用于本章最后讨论的关于信用卡协会的现实情形。

由于假设 $\theta_{12}\theta_{21}<1$，所以，两家企业的价格均大于零。将 p_1^{ind} 和 p_2^{ind} 代入到利润函数，便可得到企业的均衡利润：

$$\pi_1^{ind} = \frac{(2+\theta_{21}(1-\theta_{12}))^2}{(1-\theta_{21}\theta_{12})(4-\theta_{21}\theta_{12})^2} ; \pi_2^{ind} = \frac{(2+\theta_{12}(1-\theta_{21}))^2}{(1-\theta_{21}\theta_{12})(4-\theta_{21}\theta_{12})^2}$$

二、服务市场两边的平台

本节转向单一平台服务市场两边参与人的情况。在这种情况下，企业通过选择两边参与人的价格 p_1 和 p_2 以最大化其总利润，即：

$$\max_{p_1,p_2}\prod(p_1,p_2)=p_1y_1(p_1,p_2)+p_2y_2(p_1,p_2)$$
$$=p_1\frac{1-p_1+\theta_{21}(1-p_2)}{1-\theta_{21}\theta_{12}}+p_2\frac{1-p_2+\theta_{12}(1-p_1)}{1-\theta_{21}\theta_{12}}$$

由一阶导数可以得到"最优定价关系"，$p_1(p_2)$ 和 $p_2(p_1)$。这些函数说明了平台对市场上双边参与人收取的价格之间的相互关系。

利润函数 $\prod$ 分别对 p_1 和 p_2 求导数，便可得到最优定价关系：

$$p_1(p_2)=\frac{1+\theta_{21}-(\theta_{12}+\theta_{21})p_2}{2} \text{ 和 } p_2(p_1)=\frac{1+\theta_{12}-(\theta_{12}+\theta_{21})p_1}{2}$$

$$(4.3)$$

上述两个方程的斜率都是负的，强调了价格 p_1 和 p_2 的战略互补性。例如，当平台增加 p_2 时会发生什么。这将会减少 y_2，同时由于交叉网络外部性的影响，降低了组 1 消费者的支付意愿。因此，随着 p_2 的增加，平台将会降低 p_1，这就解释了式（4.3）斜率为负的原因。

最优定价策略

本章开头提供的例子表明，平台通过收取非常低的价格（甚至低于生产成本）来补贴一边参与人通常是有利可图的。在我们的框架中，假设生产成本为零，因而补贴一边参与人相当于企业制定负价格。

通过联立求解式（4.3），可以得到平台的均衡价格：

$$p_1^* = \frac{1-\theta_{12}}{2-\theta_{12}-\theta_{21}} ; p_2^* = \frac{1-\theta_{21}}{2-\theta_{12}-\theta_{21}} \qquad (4.4)$$

上述方程表明，均衡价格的大小取决于交叉外部性的强度，分为以下三种情形：a) 网络外部性强度相当（$\theta_{12}<1$，$\theta_{21}<1$）；b) 从组 2 到组 1 的网络外部性强度远大于从组 1 到组 2 的网络外部性强度（$\theta_{12}<1$ 和 $\theta_{21}>1$）；c) 从组 1 到组 2 的网络外部性强度远大于从组 2 到组 1 的网络外部性强度（$\theta_{12}>1$ 和 $\theta_{21}<1$）。

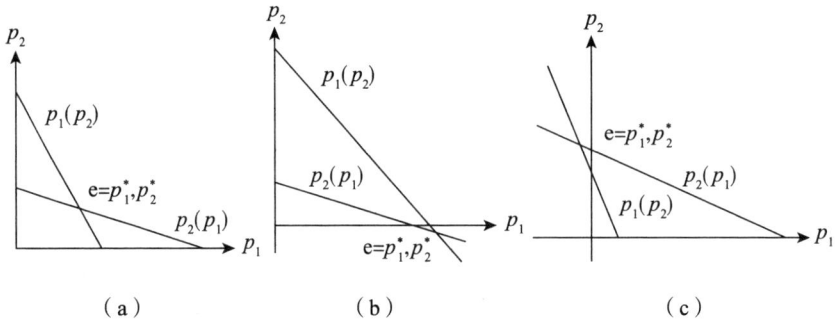

图 4.3　双边市场的定价策略

上述三种情形分别对应图 4.3 中三幅图，其中根据交叉网络外部性强度的不同绘制了最优定价关系。式（4.4）中的均衡价格是通过求解两个最优定价对应关系确定的。

情形 a）介于中间情况，即 θ_{12} 和 θ_{21} 的大小相当。在这种情形下，两个最优定价对应关系的交点（p_1，p_2）位于图的右上方，因此，两个价格都是正的，平台不补贴双边参与人（图 4.3（a））。

在情形 b）下，从组 2 到组 1 的网络外部性强度大于从组 1 到组 2 的网络外部性强度。如图 4.3 的第二个图形所示，两个最优定价关系相交于图的右下方，其中，$p_1>0$ 和 $p_2<0$。在这种情形下，平台对组 2 的定价低于生产成本，因而刺激了在组 2 的销售。由于交叉网络外部性的存在，进而增加了组 1 参与人的支付意愿。最后，平台提高 p_1，使得联合收益的增加大于补贴组 2 参与人的损失。

类似地，在情形 c）下，平台设置 $p_1<0$ 和 $p_2>0$ 是有利可图的，即补贴组 1 而从组 2 赚取利润（图 4.3（c））。换句话说，在情形 b）和情形

c）下，平台补贴了产生更大外部性的一边是最优的。以下结论总结了上述讨论：

结论 1（双边市场的定价策略）：在双边市场中，平台会补贴产生更大外部性的一边，即：如果 $\theta_{ij}>1$ 且 $\theta_{ji}<1$，那么 $p_i^*<0$ 且 $p_j^*>0$。

根据这个结论，当网络外部性的强度不对称时，平台对产生更大外部性的一边进行补贴是有利可图的。平台通过选择最优价格平衡了交叉网络效应；企业以这种方式内部化了网络外部性所产生的一部分价值。

最后，将均衡价格代入函数 $\prod$（p_1，p_2），便可得到均衡利润：

$$\prod{}^* = \frac{1}{2-\theta_{12}-\theta_{21}}$$

三、单一平台 vs 独立企业

当垄断平台服务市场上的参与人时，可能会产生效率问题，理由如下：当平台能够完全控制 p_1 和 p_2 时，它可能会利用市场势力损害消费者的利益，并最终降低社会福利。

然而，通过与基准模型的比较可知，这些担忧是没有道理的。通过比较两个独立垄断者和单一平台企业的均衡价格和利润，可以得到下述结论：

结论 2：考虑对称网络外部性的情况，即 $\theta_{12}=\theta_{21}$。与两个独立垄断者的情况相比，当市场双方由单一平台服务时：

1. 市场双方的价格更低，$p_1^*<p_1^{ind}$ 和 $p_2^*<p_2^{ind}$，因而消费者剩余更大；

2. 产业利润更大：$\prod{}^*(p_1^*，p_2^*) > \pi_1(p_1^{ind}，p_2^{ind}) + \pi_2(p_1^{ind}，p_2^{ind})$。

这个结论意义重大，因为它表明：当由一个平台而不是由两个独立的垄断者服务于双边参与人时，市场效率更高；在前一种情况下，生产者和消费者的剩余都更高。

由于市场一边价格的变动会影响到市场另一边的需求，因而，服务市场双边参与人的平台能够利用 p_1 和 p_2 之间的互补性。相反，独立企业并没有内部化双边参与人的互补性，最终导致对参与人的定价过高。

当交叉网络外部性的强度相等时，结论 2 成立，同时，这一结论也可以推广到交叉网络外部性不对称的情况。如前所述，平台企业基于交叉网络效应的强度来协调价格：对产生更大网络外部性的一边收取更低的价格。这一事实表明，当网络效应不对称时，重要的不是市场一边的价格，而是"价格总水平"，$P = p_1 + p_2$，即通过平台实现互动的双边参与人支付的总价格。依照上述分析，当仅有一个平台服务双边参与人时，价格水平等于 $p_1^* + p_2^* = 1$，而当存在两个独立的企业时，价格水平为：

$$P^{ind} = p_1^{ind} + p_2^{ind} = 1 + \frac{\theta_{12} + \theta_{21}(1 - \theta_{12})}{4 - \theta_{12}\theta_{21}}$$

显而易见，$P^{ind} > 1$，因而，无论网络外部性强度如何，独立企业的价格水平都高于单一平台的价格水平。这个事实表明，在单一平台下，双边参与人的总剩余更大[①]。这个讨论清楚地表明，平台企业在市场双边的定价能力能够产生更大的行业利润和消费者剩余，从而了提高了市场效率。

市场一边参与人之间的竞争

到目前为止，我们假设市场一边参与人的效用仅取决于另一边参与人的数量。这一假设适用于很多市场，但不适用于市场的一边由竞争性企业组成的情况。例如，AutoScout24 作为一个平台企业，一边是汽车经销商，另一边是买家，汽车经销商为了把汽车销售给最终用户，相互之间展开竞争（见拓展 2.3）。在这种情况下，每个经销商的效用不仅取决于市场另一边消费者的数量，而且还取决于该边经销商的数量，即竞争程度。

第 2 章中贝恩和摩根（Baye & Morgan，2001）关于信息媒介（看守人）的模型正好属于这一情况。每个企业接入网站获得的效用随着订阅用户数量的增加而增加，同时随着竞争企业在线概率的增加而减少。在本章中，平台的定价策略比前文中讨论的更为复杂。

贝恩和摩根表明，看守人的定价 p_1 和 p_2 使得消费者实现充分参与是有利可图的，在消费者充分参与的情况下，消费者对企业产生的外部性最

---

① 这个结论的证明比较复杂，为简单起见，省略了证明过程。显而易见，即使交叉网络外部性的强度不对称，当市场由单个平台服务时，行业利润也更高。

大。然而，平台刺激企业充分参与并不是最优选择。平台降低对企业的定价，虽然会降低企业的参与成本，但同时也增加了竞争压力，这实际上又降低了企业接入平台的意愿。贝恩和摩根说明，第二种效应使得企业部分参与更加有利于看守人。

拓展 4.1　交叉网络外部性：以黄页为例[①]

在最近的一项研究中，马克·雷斯曼（Marc Rysman）对黄页目录市场进行了实证研究，黄页是典型的双边市场，市场双边的参与人分别为消费者和广告商。雷斯曼的研究目的是验证黄页目录市场是否如经济理论预测的那样与交叉网络外部性密切相关，换句话说，作者想通过实证来评估：i）某一给定目录用户数量的增加是否以及在多大程度上可以转换为零售商对广告的支付意愿以及 ii）有多少广告是消费者重视的。

雷斯曼使用了 1996 年美国近 500 种不同版本黄页的广告分布和数量的数据。

作者同时估计了市场中双边参与人的需求函数，就用户而言，估计的需求函数为：

$$\log(x_j) = \alpha_1 \log(y_j) + Z_j^x \beta^x + \xi_j$$

其中，x_j 和 y_j 分别表示黄页卷 j 在个人之间的扩散和黄页中发布的广告数量，α_i 表示交叉网络外部性的强度，即给定目录中的广告数量以何种方式以及在多大程度上影响黄页在消费者中的传播，Z_j^x 是几个控制变量的向量，包括给定目录下，该地区人口的数据分布和各种其他特征（如教育水平、收入等）。

关于广告的需求函数，Rysman 估计如下：

$$\log(p_j) = \gamma \log(y_j) + \alpha_2 \log(x_j) + Z_j^p \beta^p + v_j$$

其中，p_j 是在卷 j 发布广告的价格，Z_j^p 是一组控制变量。参数 α_2 是消费者产生的交叉网络外部性的强度，即卷 j 的传播以何种方式以及在多大

[①]　摘自雷斯曼（2004）。

程度上影响同一卷上的广告价格。

估计结果与本章讨论的结果一致，特别是估计参数和两个交叉网络外部性都是正的而且统计显著。

更具体地说，雷斯曼发现，消费者对广告商所产生的外部性强度几乎是广告商对消费者产生的外部性的四倍（反向）还要多（$\alpha_1 = 0.154$ 和 $\alpha_2 = -0.565$）。

由上述讨论可知，这一结果证明了在黄页目录市场上所观察到的典型定价策略是正确的，这些策略是指黄页通常将目录免费提供给消费者。

四、平台竞争与效率

本章的前几节假设中介服务是由垄断平台提供。本节研究市场中存在多个平台情况下的社会福利。换言之，本节的重点是从市场效率层面考察提供中介服务的平台之间的竞争效应。

从微观经济学的角度而言，竞争能够降低价格，增加社会福利。然而结论 2 表明，在双边市场中，单一平台服务市场双边参与人却是社会最优的。因此，研究平台竞争对社会福利的影响是非常有必要的。

然而，分析双边市场的平台竞争是非常复杂的。因此，本节只比较两种极端的情况：垄断和完全竞争。此外为简单起见，假设在完全竞争的情况下，平台是完全兼容的。兼容性意味着，不论平台是否为其提供访问权限，i 组参与人的效用取决于 j 组参与人的总数量。因此，在完全兼容性的情况下，竞争平台拥有同等规模的网络。以互联网上网市场为例，互联网服务供应商（ISP）在市场双边展开竞争：一边他们向消费者出售宽带上网服务，另一边他们向内容提供商和应用提供商收取费用。ISPs 遵守通用标准（基于 HTML 和 TCP／IP），以便每个用户都可以访问任何在线内容，而不论由哪个 ISP 提供对网站和门户的访问，反之亦然。

在完全兼容的情况下，平台服务是完全同质的，消费者只能依据所收取的价格选择平台，竞争促使市场双边的价格下降到边际成本，行业利润降至为零。正如预期的那样，完全竞争情况下的行业利润小于垄断平台的利润，$\prod^*$。那么，消费者会怎么样呢，他们在完全竞争下的境况是否比垄断下的更好？

为了解决这个问题，我们需要比较两种情况下的消费者剩余。在图 4.2 中，消费者剩余由需求曲线以下、均衡价格以上的面积表示；用 CS_i 表示 i 边消费者的消费者剩余：

$$CS_1 = \int_{p_1^*}^{1+\theta_{21}(1-p_2)} y_1(p_1, p_2) dp_1 = \frac{(1-p_1+\theta_{21}(1-p_2))^2}{1-\theta_{21}\theta_{12}}$$

$$CS_2 = \int_{p_2}^{1+\theta_{12}(1-p_1)} y_2(p_1, p_2) dp_2 = \frac{(1-p_2+\theta_{12}(1-p_1))^2}{1-\theta_{21}\theta_{12}}$$

总消费者剩余等于市场中两边消费者剩余之和：$CS=CS_1+CS_2$。

在完全竞争的情况下，均衡价格等于零，即生产的边际成本，把 $p_1=0$ 和 $p_2=0$ 代入 CS_1 和 CS_2，可以得到完全竞争情况下的消费者总剩余：

$$CS_{PC} = \frac{1}{2} \frac{(1+\theta_{21})^2 + (1+\theta_{12})^2}{1+\theta_{21}\theta_{12}}$$

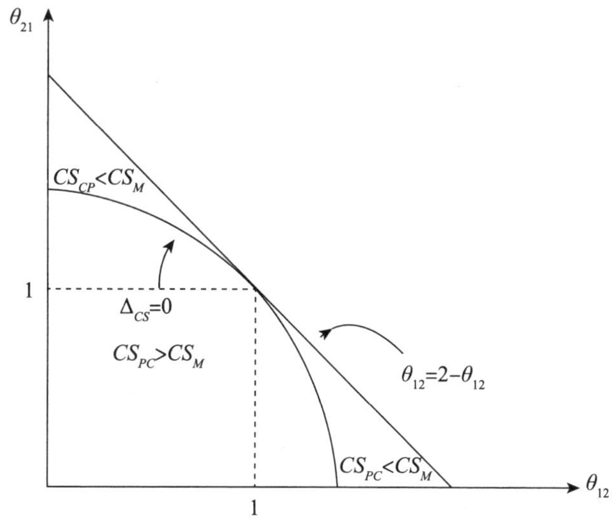

图 4.4 消费者剩余：完全竞争与垄断

在垄断平台的情况下，均衡价格由式（4.4）决定，将均衡价格代入

CS_1 和 CS_2，可以得到总消费者剩余：

$$CS_M = \frac{1 - \theta_{21}\theta_{12}}{(2 - \theta_{21} - \theta_{12})^2}$$

为了比较这两种情况下的消费者剩余，定义下述方程①：

$$\Delta CS = CS_M - CS_{PC}$$

ΔCS 的大小取决于交叉网络效应的强度，并且可以表示在 $(\theta_{12}, \theta_{21})$ 平面上。由于假设 $\theta_{21} + \theta_{12} < 2$，所以研究集中在直线 $\theta_{21} = 2 - \theta_{12}$ 以下的区域。在图4.4中，曲线 $\Delta CS = 0$ 代表所有使得 $\Delta CS = 0$ 的 $(\theta_{12}, \theta_{21})$ 组合，也就是使得消费者剩余在垄断与完全竞争情况下相等的网络外部性强度。曲线 $\Delta CS = 0$ 下方（上方）的 $(\theta_{12}, \theta_{21})$ 组合，表示完全竞争情况下的消费者剩余大于（小于）垄断情况下的消费者剩余。

图4.4的结论非常有趣。当交叉网络效应的强度极其不对称时，垄断情况下的消费者剩余大于完全竞争情况下的消费者剩余。图中存在两个这样的区域：第一个是图的左上角区域（其中，θ_{21} 较大 θ_{12} 较小），第二个区域是图的右下方区域（其中，θ_{12} 较大 θ_{21} 较小）。因此，在双边市场中，竞争市场有利于消费者的标准结论可能不再适用。下述结论总结了我们的讨论：

结论3：由于交叉网络效应强度高度不对称，垄断情况下的消费者剩余大于完全竞争情况下的消费者剩余。

竞争压力的增加将产生两方面的影响。一方面，它会诱导企业降低价格，显然，消费者会从中受益。另一方面，企业不能适当平衡市场双边的价格；更具体地说，平台不能一边定价低于边际成本，而通过增加另一边的价格来补偿损失。当交叉网络效应对称时，第一（竞争）效应占主导地位，因此在完全竞争时，消费者剩余更大。反之亦然，当交叉网络效应不对称时，企业能够平衡市场双边的价格，从而产生更大的价值。垄断者可

---

① 正式地，

$$\Delta CS = \frac{1}{2} \frac{\theta_{12}^4 + \theta_{21}^4 - 2(\theta_{12}^3 + \theta_{21}^3) - 2(\theta_{12}^2 + \theta_{21}^2)(1 - \theta_{21}\theta_{12}) + 2\theta_{21}\theta_{12}(\theta_{21} + \theta_{12} - 4) + 6}{(\theta_{21} + \theta_{12} - 2)^2(\theta_{21}\theta_{12} - 1)}$$

以实施这一策略，而完全竞争市场下的平台却不能；在后一种情况下，竞争压力导致平台向市场双边收取等于边际成本的价格，从而阻止他们对产生更大外部性的一边进行补贴。

结论 3 成立的条件是，交叉网络效应的强度不对称使得垄断者可以补贴市场的一边。图 4.4 表明，垄断情况下消费者剩余更大的必要条件是 $\theta_{12}>1$（补贴边 1）或者 $\theta_{21}>1$（补贴边 2）。

结论 1 到结论 3 引出了一系列有争议的反垄断问题。近年来，反垄断当局已经裁定了涉及双边市场的若干案例，例如美国在线（AOL）和时代华纳（互联网门户和宽带接入）的合并案以及 HotJobs 与 Monster. com（在线职业介绍所）的合并案以及众所周知的微软案。通常情况下，反垄断机构有如下两个标准：i）竞争能够提高市场效率；ii）非常低的价格（价格低于生产的边际生产）意味着主导企业的掠夺意图。

然而，这些论点可能不适用于双边市场。由结论 3 可知，在某些情况下，激烈的竞争实际上可能会伤害消费者。除此之外，适当平衡市场双边的价格是平台企业实现利润最大化的典型策略，因此价格低于边际成本并不一定意味着任何掠夺意图。

上述研究表明，反垄断当局应该充分考虑双边市场的特点以便做出正确的决定。我们将在第 8 章中详细地讨论这些问题。

拓展 4.2　主导地位和多属[①]

如第 3 章所述，网络外部性诱导市场倾向于以一个大型企业为主导的高度集中的市场结构。由于交叉网络外部性的存在，市场倾斜可能发生在双边市场中。

雷斯曼（Rysman，2009）强调了影响市场倾斜可能性的两个关键因素。一方面如果竞争平台能够相互区分对方的标准，从长期来看，不同的标准更有可能并存（在这种情况下，不会发生倾斜）。例如，微软和苹果

①　摘自 Rysman（2009）。

操作系统能够相互区分。Windows 和 Mac OSX 不兼容；PCs 主要用于商业和游戏，而 Mac 则拥有大量娱乐和强大的媒体功能，如 iMove 和 iTunes。

另一方面，Rysman 表示，当个人同时接入多个平台（即所谓的多属）时，倾斜不太可能发生。例如，在信用卡的案例中，商家通常接受多种信用卡/储蓄卡（VISA 或美国运通）付款；类似地，在视频游戏机市场中，开发商经常为多个平台编写游戏以避免与其中一个平台签订独家交易合同。很显然，在这些市场中，多属至少在市场一边是一种普遍存在的现象，所以，不兼容平台更容易共存。

第二节　案例分析：信用卡行业

本节介绍双边市场中最有趣的例子之一，信用卡支付系统[①]。近年来，支付系统一直是大家关注的焦点，尤其是在欧洲和美国的竞争管理机构进行的一系列调查之后。

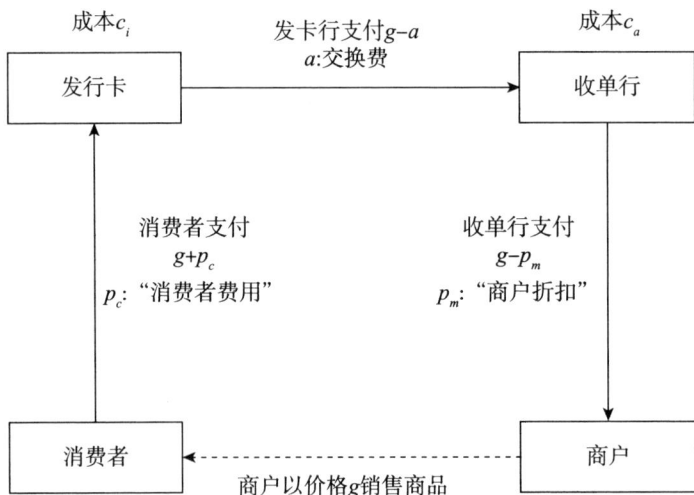

图 4.5　信用卡协会

---

① 除了信用卡，本节的观点还适用于一般的支付系统。

　　信用卡支付系统由银行和金融机构组成，并向商家和消费者（市场的双边）提供中介服务。消费者只有在大量商户接受信用卡付款时才会受益，即该信用卡被商户广泛接受。类似地，只有当大量消费者使用信用卡购买商品和服务时，商家接入信用卡支付系统才是有利可图的。信用卡支付系统的目的在于通过适当制定市场双方的中介服务费以平衡交叉网络外部效应的影响。

　　在介绍信用卡平台模型之前，首先介绍支付系统的主要特征。由于同时涉及多个代理商，支付系统的特性比较复杂。一般情况下，支付系统有两种主要类型，信用卡协会，如 VISA 或 Mastercard，以及专有系统，如美国运通卡或大来卡。

　　信用卡协会基于银行或金融机构之间的协议而运作。通过信用卡进行的每笔交易都涉及多个代理商：商家——受理信用卡支付，收单行（Acquirer）——代表商家接受和处理信用卡支付，持卡人——通过信用卡购买商品，发卡行（Issuer）——向消费者发放信用卡。在信用卡协会中，市场双边由相互独立的代理人提供服务：为商家提供中介服务的收单银行和为消费者服务的发卡行。相反，在专有系统中，收单行和发卡行的任务都是由系统执行，因此系统可以直接与双边参与人互动。

成本c_i+c_a

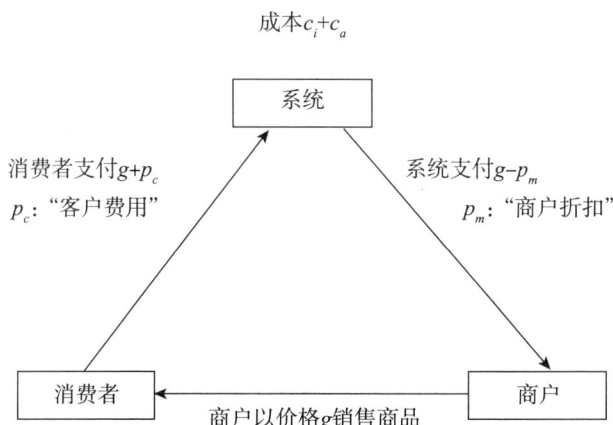

图 4.6　专有系统

有趣的是，信用卡协会和专有系统之间的区别与本章第一部分，即不同的平台企业服务双边参与人的基准模型与同时服务双边参与人的综合平台的区分类似。正如我们以后看到的那样，这个区别对于解释下文中的研究结论非常重要。

为了正常运作，信用卡协会需要银行成员之间相互协调，这种协调是通过交换费实现的。图 4.5 展示了信用卡协会的工作原理。假设消费者以价格 g 通过信用卡购买商品。消费者向发卡行支付 $g+p_c$，商品价格加上消费者费用（p_c），即消费者支付的中介服务费。然后，发卡行支付 $g-a$ 给收单行，即商品价格减去交换费 a，最后收单行支付 $g-p_m$ 给商户。

针对信用卡协会，需要强调以下三个方面：

——针对每笔交易，p_c 和 p_m 是消费者和商户支付的中介服务费它们等价于基本模型中的 p_1 和 p_2。在信用卡协会中，这两个价格由发卡行和收单行单独制定。

——商户通过对使用信用卡付款的消费者收取 $g+p_m$ 的费用，把折扣 p_m 传递给了消费者。由于"无附加费规则"（no surcharging rule），这一做法无法实施，原因在于，附加费会阻碍信用卡的使用并不利于卡平台的发展。

——交换费是每笔交易中，发卡行向收单行支付的费用。我们稍后详细分析 a 的特点；值得一提的是，交换费是由协会中的发卡行和收单行共同制定的。

接下来考虑专有系统的情况。如图 4.6 所示，发卡行和收单行的任务都由系统本身执行。这种做法具有两方面的影响：一方面，整个交易由系统内部处理，因此，不需要交换费；另一方面，系统直接服务双边参与人并分别收取费用 p_c 和 p_m 以最大化总利润。

如上一节所述，控制双边价格的能力是相互联系的，因为它允许系统适当地平衡双边的费用，从而利用交叉网络效应。显然，在信用卡协会中，相关费用由发卡行和收单行分别制定，因而，市场双边的互补性未能得到充分利用。正如我们在下一节所看到的，交换费是协会用来平衡市场双边价格的工具。

深入了解交换费在支付系统中的作用对于评估信用卡行业的若干反垄断案件也很重要。欧洲、美国和澳大利亚的竞争管理机构曾经调查过交换费的决定方式。这一问题可以追溯到 1984 年，当时国家银行协会（NaBanco）指控 VISA 在交换费上存在反竞争做法。2007 年 12 月，欧盟委员会指控万事达卡在交换费上存在反竞争行为。[1]

交换费

交换费是收单行付给发卡行的费用，事实上，发卡行的成本通常会比收单行的成本高，因此，他们需要获得补偿。发卡行不仅需要承担处理银行卡交易的费用，而且要承担与客户信用风险相关的费用；除此之外，发卡行通常要确保客户防范银行卡的欺诈性使用。

除了用于补偿发卡行的服务成本，交换费在市场的双边性方面也起着重要的作用。假设信用卡协会增加交换费 a，这将产生两方面的影响：一方面，收单行的交易成本增加，反映在较高的商户折扣中；另一方面，交换费 a 的增加降低了发卡行的边际成本，即 p_c 的降低。因此，交换费的增加具有两方面的影响：诱使收单行增加 p_m 以及发卡行降低 p_c。

为了更好地理解交换费的作用，我们介绍了施马兰西（Schmalensee，2002）中的一个简化模型，正如我们所看到的，这个模型与独立企业分别服务市场双边参与人的基准模型类似，在此分别用商户（边 m）和消费者（边 c）表示。

如前所述，信用卡协会基于银行间的协议而运转。为简单起见，我们集中分析存在两家银行的情况：一家是与商家进行互动的收单行，而另一家则是向消费者提供支付卡的发卡行[2]。

---

[1] 关于万事达卡案件的详细介绍，请参阅 Bolt（2008）。

[2] 实际上，信用卡协会中的银行既是收单行也是发卡行。在同行交易的情形（消费者和商户是同一家银行的客户）中，发卡行和收单行是同一家银行，并在银行内部处理整个交易。显然，在这种情形中，不存在交换费。然而，由于银行数量非常多，同行交易的概率非常低，因而通常假设发卡行和收单行是独立的。我们在本节坚持这一假设。

拓展 4.3　VISA 信用卡网络：有多少交易？[1]

埃文斯（Evans, 2003）估计了 VISA 卡交易量的决定因素。用 Y 表示 VISA 网络处理的交易总数，y_c 和 y_m 表示加入网络的用户数量和接受 VISA 卡作为付款方式的商户数量，Evans 估计了下述方程：

$$Y(y_m, y_c) = y_c^\alpha y_m^\beta, \ \alpha, \ \beta > 0$$

根据这种关系，Y 随着接受 VISA 卡的商户数量和持有相同类型信用卡的用户数量的增加而增加。参数 α 和 β 并分别表示信用卡交易量对于 y_c 和 y_m 的弹性。

分析的目的是估计弹性 α 和 β 的大小。

时间跨度是 1981 年至 2001 年期间，数据来源于美国市场。作者估计了对数线性函数 $Y(.)$，并得到下述结论：$\log Y = -8.49 + 0.84\log y_c + 1.73\log y_m$.

我们感兴趣的两个参数的估计值是 $\alpha = 0.84$ 和 $\beta = 1.73$；这些系数采用预期形式，从而证实了通过 VISA 处理的交易量随着 y_c 和 y_m 的增加而增加。

有趣的是，β 的估计值是 α 的估计值的两倍以上。这意味着，与个人数量相比，接受 VISA 的商家数量对交易次数的影响要大得多。

交换费由两家银行共同制定：在模型中，假设银行制定 a 以最大化信用卡交易总数。博弈时序如下：

$t = 1$：银行共同制定交换费 a 以最大化总交易量。

$t = 2$：给定 a 交换费，收单行和发卡行分别决定 p_c 和 p_m。发卡行和收单行的成本分别为 c_i 和 c_a[2]。

$t = 3$：商户和消费者决定是否加入信用卡协会。

---

① 摘自 Evans（2003）。

② 管理支付系统的费用以及其他费用，如欺诈或消费者违约保险，都包括在 c_i 和 c_a 中。

$t = 4$：持卡人从从商户购买商品。

通过逆向归纳法求解模型。从博弈的最后阶段开始，给定 p_c 和 p_m，求解信用卡交易量。通过使用 VISA 支付系统提供的数据，伊万斯（Evans，2003）研究了加入 VISA 系统的商户和消费者数量与信用卡支付交易金额之间的关系。拓展 4.3 总结了伊万斯的主要成果；按照这一分析，假设信用卡交易量（Y）是信用卡所有者数量（y_c）和接受信用卡支付的商户数量（y_m）的增函数，假设：

$$Y = y_c^{\alpha} y_m^{\beta}，其中 \alpha, \beta > 0$$

α 和 β 分别表示与消费者和商户的数量有关的交易量的弹性，即表示 y_c（或 y_m）的变化如何影响信用卡的交易量。[1] 我们可以把这些弹性看作是交叉网络效应的强度，在分析中发挥重要作用。

根据伊万斯的估计，β 是 α 的两倍多，换言之，商户数量的增加对于整体交易量的影响远远大于消费者数量的增加对于整体交易量的影响；因而，对于 VISA 而言，商户是产生更大价值的一边。

现在考虑阶段 $t = 3$，此时消费者和用户决定是否加入信用卡网络。如施马兰西所示，假设消费者和商户的决定取决于单笔交易价格，p_c 和 p_m。为简单起见，假设加入信用卡系统的消费者数量和商户数量是单笔交易价格的线性函数：

$$y_c(p_c) = A_c - p_c ; y_m(p_m) = A_m - p_m \qquad (4.5)$$

其中，A_i 衡量 $i = c, m$ 边的需求量。

现在考虑阶段 $t = 2$ 中的两家银行；按照上述观点，以及回顾收单行向发卡行支付交换费的事实[2]，所以，两家银行的利润最大化问题是：

$$\max_{p_c} \pi_i(p_c) = (p_c - c_i + a) y_c(p_c)^{\alpha} y_m^{\beta}(p_m)$$

$$\max_{p_m} \pi_a(p_m) = (p_m - c_a - a) y_c(p_c)^{\alpha} y_m^{\beta}(p_m)$$

---

[1]　正式地，$\dfrac{\partial Y}{\partial y_c} \dfrac{y_c}{Y} = \alpha$，$\dfrac{\partial Y}{\partial y_m} \dfrac{y_m}{Y} = \beta$。

[2]　在两家银行中，具体哪一家银行支付交换费用实际上取决于 a 是正值还是负值。原则上，$a < 0$ 的情况是可能发生的，在这种情况下，发卡行向收单行支付费用。

其中，$y_c(p_c)^{\alpha} y_m^{\beta}(p_m)$ 表示信用卡交易量是处于这一支付体系中的消费者和商户数量的函数。给定 a，联立并求解一阶条件可以得到两家银行的最优价格：

$$p_c(a) = \frac{A_c - \alpha(a - c_i)}{1 + \alpha} \text{ 和 } p_m(a) = \frac{A_m + \beta(a + c_a)}{1 + \beta}$$

正如我们所期望的，由于交易费是收单行的成本，同时也是发卡行的收入，因而，p_m 是 a 的增函数，p_c 是 a 的减函数，即 $p'_m(a) > 0$ 和 $p'_c(a) < 0$。

现在回到模型的第一阶段，我们来确定交换费的大小。由于假设两家银行共同决定 a 以最大化信用卡交易量；把 $p_c(a)$ 和 $p_m(a)$ 代入式（4.5），可以得到总交易量是交换费的方程：

$$Y(a) = \left(\frac{\alpha(A_c - c_i + a)}{1 + \alpha}\right)^{\alpha} \left(\frac{\beta(A_m - c_a - a)}{1 + \beta}\right)^{\beta}$$

可以看出这一函数是凹函数。该函数对 a 求导数，然后解出一阶条件，便可得到最大化交易量的交换费为：

$$a^* = \frac{(A_m - c_a)\alpha - (A_c - c_i)\beta}{\alpha + \beta} \tag{4.6}$$

这个表达式强调了交换费在平衡市场双边交易量的作用：a^* 取决于交叉网络效应的强度（α 和 β）、需求规模（A_m 和 A_c）以及银行的成本（c_a 和 c_i）。

现在考虑最优交换费与交叉网络效应强度之间的关系；对 a^* 求导数，可以看出交换费是 α 的增函数，β 的减函数，即

$$\frac{\partial a^*}{\partial \alpha} = \frac{\beta((A_c - c_i) + (A_m - c_a))}{(\alpha + \beta)^2} > 0$$

$$\frac{\partial a^*}{\partial \beta} = -\frac{\alpha((A_c - c_i) + (A_m - c_a))}{(\alpha + \beta)^2} < 0$$

按照上文的分析，很容易解释这两个导数的符号。α 的增加意味着消费者对 $Y(a)$ 产生更大的影响。在这种情况下，a^* 增加将刺激交易量增

加，两家银行由此受益。随着交换费的增加，发卡行降低 p_c 进而刺激更多的消费者加入信用卡网络。与之类似，可以解释为什么 a^* 是 β 的减函数。

如上所述，交换费不仅可以用于平衡交叉网络效应的强度，从式（4.6）可知，a^* 还可以弥补市场双边的成本和需求状况的差异。为了清除地解释这一点，同时为简单起见，假设 $\alpha = \beta = 1$，此时，最优交换费是：

$$a^* \big|_{\alpha = \beta = 1} = \frac{(A_m - A_c) + (c_i - c_a)}{2}$$

从这个表达式可以看出[1]：

1. 交换费是市场双边需求量规模差异（$A_m - A_c$）的增函数。例如，如果只有少数消费者愿意加入信用卡系统（A_c 相对 A_m 较小），银行的境况就会因为设定较大的 a^* 而变好。通过种方式，发卡行降低 p_c 使得更多的消费者加入网络，从而刺激信用卡交易量的增加；

2. a^* 是用于补偿发卡行和收单行之间的成本不对称。假设 c_i 远远大于 c_a，这意味着 p_c 远远大于 p_m。通过增加交换费，银行可以调整其边际成本；双方之间的价格更为相似，也就意味着更大的信用卡交易量。

这些结论强调了交换费在信用卡系统中的关键作用，需要注意的是，与结论 2 类似，消费者受益于平衡不同交叉网络外部性的价格以及平衡不对称的需求规模和生产成本的价格。因此，适当的交换费可以达到帕累托效率。

回到前面提到的反垄断问题，这个模型的含义是什么？如前所述，因为 a^* 是由信用卡系统中的银行共同制定，所以欧洲和美国高度关注交换费可能存在的反竞争使用问题。对此，经济学文献尚未得出明确的结论[2]。文中提出的模型并没有直接解决这个问题，我们也不打算使用它得出一般的解决方法，然而，它表明了交换费在平衡市场双边价格中的重要性。根据本章第四节中的结论，平衡价格的机会可能会改善社会福利。

---

① 该讨论也适用于 $\alpha > 0$ 和 $\beta > 0$ 的一般情况。

② Manenti & Somma（2011）表明，在信用卡协会和专有系统之间存在竞争的情况下，前者并不会使用交换费与后者竞争。关于交换费的作用以及相关的反垄断问题的详细介绍，参见 Verdier（2011）。

第五章　电信接入与互联互通

电信（缩写为"TLC"）无疑是最重要的高技术部门之一。最新数据显示，高技术市场所产生的经济价值的70%最终可归结于电信服务，包括语音电话（涵盖固定电话和移动电话）、无线和电视广播以及互联网接入等①。此外，电信是发展最快和最具动态性的高技术部门之一。过去20年欧洲固网通信领域的自由化进程，就是技术进步横扫整个产业的明确证据。事实上，这些技术进步大幅度地降低了提供电信服务的成本，并由此促使某些产业部门引入竞争成为可能。

为粗略了解放松规制过程的重要性，我们收集了图5.1中的数据。在考察的所有国家中，提供固网通信服务的企业都非常多。过去几年里在德国、奥地利、英国等国家，有超过100家电信企业进入了市场。如果考虑到如下事实，这些数据会更加令人震惊：在短短几年之前，固定电话服务还是由垄断企业提供的，且大部分情况下是国有企业。

但是，在解读这些数据时必须非常谨慎。事实上，如图5.2所示，新电信运营商的大量进入并未明显侵蚀在位者的市场份额。在考察的所有国家中，先前垄断者的市场份额仍然高于50%，在一些国家甚至接近70%。总之，尽管图5.1表明放松规制成功地刺激了电信市场进入，但是图5.2也说明竞争并未显著削弱在位企业的市场支配地位。

---

① 数据来自于《AssInform Report 2010 on ICT》。

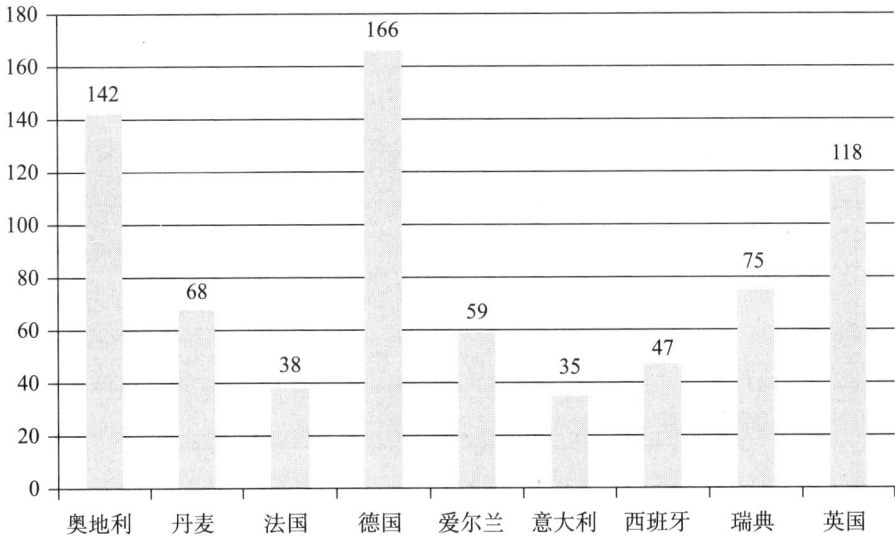

图 5.1　2008 年欧洲固网运营商的数量①

　　为了解释这些相互矛盾的结果，我们需要了解电信产业的更多细节。事实上，电信网络的物理结构是自由化的主要障碍。特别地，扮演关键角色的是所谓的本地环路，也即客户房屋到电话公司骨干网之间的有线连接。

　　本地环路既是不可复制的，也是非常必要的：前者是因为发展替代基础设施将承担巨额成本；后者则在于，新进入者需要通过接入已有的本地基础设施来到达终端用户。在大部分国家，本地环路仍然由在位者控制，它们在提供电信服务方面与进入企业（即所谓的其他有牌照的运营商，简称为"OLOs"）竞争。其中，最重要的是：当决定接入本地环路的条款时，在位企业可能采取策略性行动。所以为了保护新进入者免遭可能的反竞争行为的侵害并确保市场公平竞争，接入本地环路的条款通常由独立的

---

　　①　本章所用数据均来自于欧盟委员会的报告《Progress Report on the Single European Electronic Communications Market – 2008/2009》，该报告的在线获取地址是：ec. europa. eu/information _ society/policy/ecomm/doc/implementation_ enforcement/annualreports/15threport/comm_ en.pdf。

监管机构来制定①。

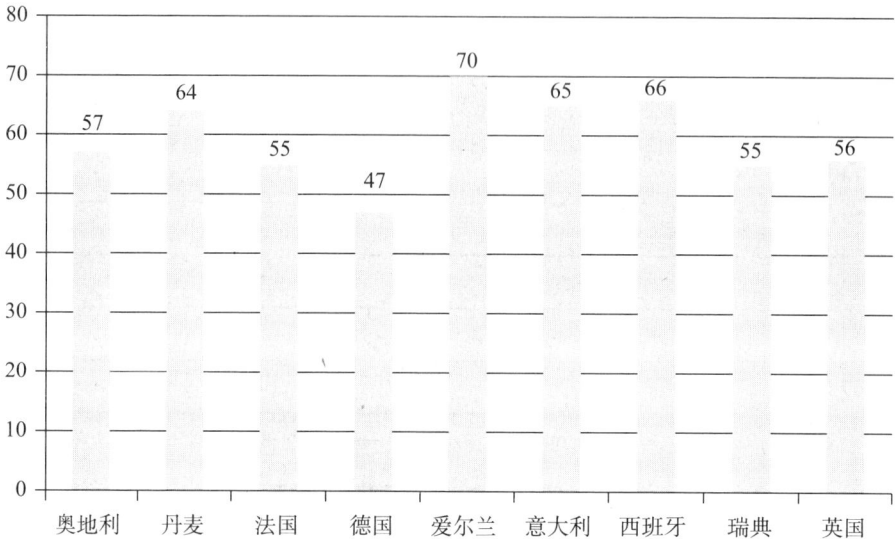

图5.2　在位者的市场份额（2008年，单位:%）

　　现在，我们可以为图5.1与图5.2之间的冲突提供一个合理解释。一方面，新运营商被授权接入已有的本地环路，而无须发展自有的基础设施，这一事实激发了市场进入。但与此同时，进入企业并未能成功地获取较大的市场份额：在位者通过直接或间接影响监管程序来设法固定本地环路接入条款，而这些条款对新进入者相当不利。

　　在位者的本地环路在电信服务的提供中起着核心作用，这一情况在过去几年发生了根本性的变化。最新的技术进步，尤其是无线电信的到来与替代性接入技术的发展，完全重塑了电信业的产业结构。无线技术使得OLOs无须接入本地环路就可以提供电信服务。以移动电话为例，每家运营商可以以远低于替代性有线网络的成本铺设自己的网络（由无线电塔和天线组成）。与只存在单一本地基础设施的固网通信不同，移动电话的运

────────────

　　① 在电力、燃气和自来水等网络市场中，情况也都类似。与电信业一样，整个欧洲都放松了对这些产业的规制并引入了市场竞争机制。典型地，在位者拥有物理基础设施（即交通/传输网络），其他竞争对手需要实现接入以提供服务，而接入条款对于放松规制的有效性而言至关重要。

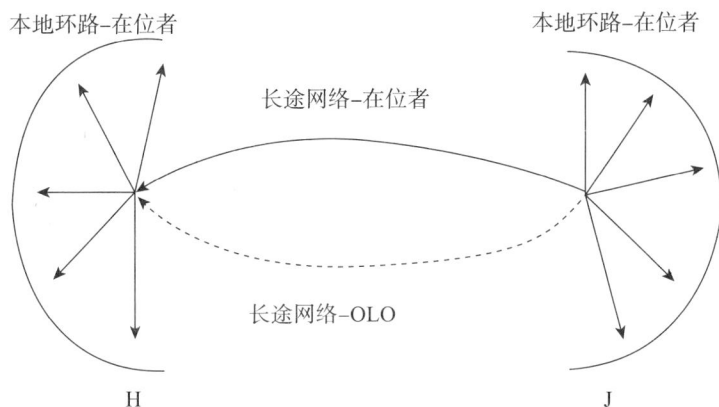

图 5.3　单向接入

营商控制其自有网络，因此竞争更加有效，因为此时的竞争发生在"拥有基础设施的运营商"之间。在这一完全不同的情境中，关键问题不再是接入在位者的本地环路，而是大量不同运营商各自网络之间的互联互通。移动电话网络必须相互连通，以允许不同运营商的客户彼此之间进行呼叫。用技术行话来说，我们从由所谓单向接入问题（即接入在位者的本地环路）主导的情境转向了基于双边接入（即竞争性网络之间的互联互通）的情境。

第一节　单向接入

可以将电信服务（包括语音和数据通信）视为若干要素的结合。以图5.3 为例，住在 H 镇的用户 h 与住在 J 镇的用户 j 通过长途固定电话进行联络。为了实现这一通话，两位用户需要通过一条专用线路进行连接，该线路涉及多个物理网络要素：两个镇各自本地环路的线路，连接两个本地环路的长途网络线以及联络所需的各种电话交换机。所有这些要素是互补的，并且都是实现 h 与 j 之间通话所必需的。

如前所述，本地环路的不可复制性是大部分国家的电信自由化未能产生预期结果的主要原因。几乎在欧洲的每一处，本地基础设施都处于前期垄断者的控制之中，这确实在很大程度上削弱了本地电话服务领域市场竞争的有效性。市场成本条件中更有利的其他部分，则实现了更有效的自由化，同时竞争也产生了更大的影响。图 5.4 展示了欧洲国家 10 分钟本地和长途电话平均费用的变化情况。尽管长途电话的平均费用呈现出稳定下降的趋势，但是本地电话费用在所考察的整个时期中仍然保持稳定。

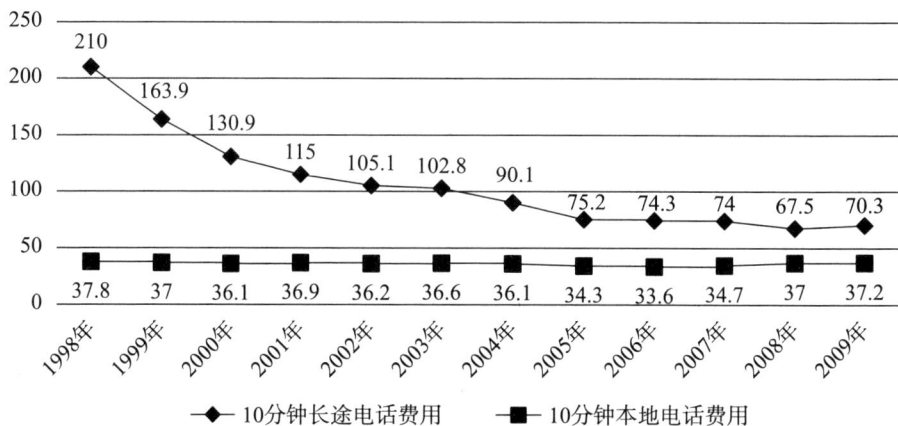

图 5.4　欧洲固定电话费用变化趋势①

　　根据图 5.4，在本地电话市场中，在位者凭借其基于本地环路控制权的支配地位极大地抑制了自由化对价格的相应影响。但在长途电话市场，竞争似乎发挥了更重要的作用。为了更好地理解这一趋势，我们回过头来看看图 5.3，该图阐释了 H 和 J 两镇之间的典型长途电话市场。这一服务由一家在位企业和一家 OLO 来提供，其中，在位者不仅拥有 H 镇和 J 镇的本地环路，而且还掌握有长途基础设施。与之不同，OLO 只拥有连接两个本地环路的长途网络。因此，为了向终端用户提供服务，替代性运营商必须接入在位者的本地环路。

　　对于实现有效竞争来说，在位者网络接入条款（即所谓的单向接入）的确定至关重要。在位者可能阻止竞争对手接入基础设施，或者更温和地通过收取非常高的接入费以大幅提高竞争对手的成本。换句话说，在位者

① 图中的平均费用是对欧盟 27 个国家相应价格的加权平均。

可能策略性地使用本地环路接入条款来打击竞争对手[①]。为此，在欧洲的大部分国家，接入条款的决定权被收归规制机构。拒绝授权其他企业接入提供服务必不可少且在可维持经济条件下不可复制的基础设施的行为，被视为滥用市场支配地位并被竞争法所明令禁止（具体为《欧盟运行条约》第 102 条）。大量文献关注由规制机构负责的本地环路接入条款的确定问题，即所谓的接入定价问题[②]。在下一部分，我们使用一个简单理论模型来考察接入定价最相关的方面。

一、不完全下游市场竞争下的接入定价

考虑一个由两个纵向关联部门组成的产业，具体如图 5.5 所示[③]。在上游部门有一个垄断的在位者，用 M 表示。M 同时也活跃在下游部门中，这里它面临着来自 n 家运营商（即所谓的 OLOs）的竞争。因此，下游部门总共有 $n+1$ 家企业参与竞争。

简单起见，我们假设对电信服务的需求（例如，用通话时长（分钟）来衡量）是线性的：

$$P = 1 - q_M - \sum_{i=1}^{n} q_{O,i}$$

其中，q_M 表示在位者生产的数量，$q_{O,i}$ 则是替代性运营商 $i = 1, \cdots, n$ 生产的数量。贯穿本节内容，我们假设企业之间进行古诺竞争，也即它们选择生产数量。

在电信业中，上游部门是指本地环路，由企业 M 所有并进行管理，而 OLOs 需要实现接入以提供服务。我们假设对于每一单位产品（例如每一

---

①　在美国等一些国家，为了减少采取反竞争行为的激励，本地基础设施所有者被禁止提供长途电话服务——即所谓的剥离（break up）。相反，欧洲国家采取了不同方法。在位者可以进行纵向一体化，以充分获取价值链不同服务间互补性所产生的效率收益。同时，由独立的监管者来制定接入费，以防止在位者策略性地使用接入服务。

②　其中，Laffont & Tirole（2000）与 Vogelsang（2003）对电信领域接入费确定的相关文献进行了全面评述。

③　本部分的分析以 Vickers（1995）为基础，我们建议读者阅读原作，以了解关于信息不对称下接入费规制与产业纵向结构之间关系的详细内容。

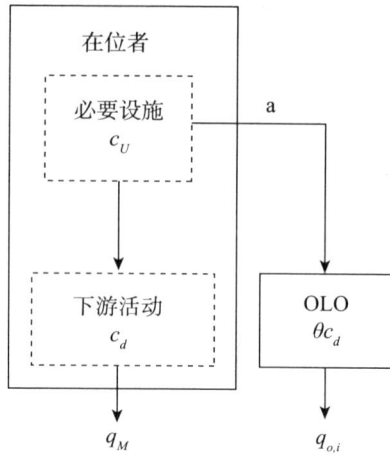

图5.5 产业的纵向结构

分钟通话）都需要单独一单位的接入。令 a 表示接入价格，即 OLO 为对本地网络的每一单位接入而向垄断者支付的费用。因此，$aq_{O,i}$ 是下游运营商 i 向企业 M 支付的总费用，以接入本地环路并向顾客提供 $q_{O,i}$ 分钟的通话服务。在位者提供一分钟通话所承担的成本为 c_u+c_d，其中：c_u 是与本地网络管理有关的上游成本，而 c_d 是向终端用户提供电信服务的相关成本，我们假设 $c_u+c_d<1$[①]。

另外，每家 OLO 的边际成本为支付给在位者的每分钟通话接入价格 a，加上与下游部门活动有关的其他成本。我们假设 OLOs 比在位者更有效率，即 OLOs 参与下游活动的边际成本为 θc_d，且 $\theta \leqslant 1$。

假设：OLOs 比在位者更有效率，它们参与下游活动的边际成本为 θc_d，且 $\theta \leqslant 1$。

参数 θ 衡量替代性运营商的效率：θ 越小，表明 OLOs 相比于在位者越有效率。因此，每家竞争对手的总边际成本为 $a+\theta c_d$。假设 OLOs 更有效率是基于如下实际观察：政策制定者放松电信市场规制的一个主要原因是刺激更有效率的企业进入市场。

---

① $c_u+c_d>1$ 并无意义，因为此时在位者的边际成本大于需求函数的截距，于是对在位者来说在市场中继续运营是无利可图的。

最后，假设所有企业进行生产都需承担固定成本 F。这一成本可能与进行运营所需的装备与基础设施有关，或者甚至是开展市场营销和投放广告的费用。基于以上各点，我们可以得到垄断者和 OLOs 的利润函数：

$$\pi_M(a,\ q_M) = \underbrace{(P - c_u - c_d)q_M}_{\text{下游利润}} + \underbrace{(a - c_u)\sum_{i=1}^{n} q_{O,i}}_{\text{接入利润}} - F,$$

$$\pi_{O,i}(q_{O,i}) = (P - a - \theta c_d)q_{O,i} - F$$

注意，当每分钟接入费 a 大于运营上游网络的边际成本 c_u 时，企业 M 从出售本地网络接入服务中获利。很明显，"接入利润"与 OLOs 的顾客所产生的总通话时长 $\sum_{i=1}^{n} q_{O,i}$ 成正比。

不受规制的接入费。正如前文所预期的，接入条款一般由独立的规制机构来负责制定。尽管如此，首先考虑在位者不受规制这一情形仍然很有意义。换句话说，我们通过提供一个基准框架开始分析，其中假设企业 M 可以自由选择接入条款。这一基准框架十分重要，因为它可以帮助我们理解在位者可能如何策略性地使用接入价格。我们从短期分析开始，其中下游企业数目 n 是外生给定的。随后，我们考虑长期视角来拓展分析，其中 n 是内生的并且随市场条件的变化而改变。

作为参照，我们首先考虑当企业 M 在市场的下游部门也进行垄断运营时（即不提供接入）的具体结果。此时，市场属于标准的垄断情形，企业 M 的边际成本为 $c_u + c_d$，均衡价格和均衡利润分别等于：

$$P_{mon} = \frac{1 + c_u + c_d}{2},\ \pi_{mon} = \frac{(1 - c_u - c_d)^2}{4} - F$$

现在，考虑 n 家运营商在下游市场与在位者竞争。如前所述，我们假设企业进行产量竞争。为了界定均衡，我们采用逆向归纳法进行推导：首先，给定接入价格 a，确定下游部门的均衡；随后，逆向推导，我们求解能够最大化在位者利润的 a。

通过求 $\pi_M(a,\ q_M)$ 和 $\pi_{O,i}(q_{O,i})$ 关于产出的偏导数，并求解一阶条件系统，我们可以得到给定 a 时每家企业的产量以及其向终端用户收取的均衡价格[①]：

$$q_M(a) = \frac{1 - (n+1)(c_u + c_d) + n(a + \theta c_d)}{n+2}$$

$$q_O(a) = \frac{1 + c_u + c_d(1 - 2\theta) - 2a}{n+2} \quad (5.1)$$

$$P(a) = \frac{1 + c_u + c_d + n(a + \theta c_d)}{n+2}$$

注意，企业 M 生产的产量关于 a 递增。相反，OLOs 的产出则关于接入价格递减。如果考虑到接入价格对每家替代性运营商而言是成本的一部分，则这一结果就并不令人惊讶。随着 a 提高，OLOs 将倾向于减少产出，而这会转换成在位者更大的市场份额。同时，还可以证明总产出 $q_M(a) + nq_O(a)$ 关于接入费递减，这也解释了为什么 $P(a)$ 关于 a 递增。

通过将式（5.1）代入在位者的利润函数，可以将 $\pi_M(a, q_M)$ 重写为关于接入价格 a 单个变量的函数：

$$\pi_M(a) = (P(a) - c_u - c_d)q_M(a) + n(a - c_u)q_O(a) - F$$

该函数是关于 a 的凹函数，因而有最大值：

$$a^* = \frac{1 + c_u}{2} - \frac{(n + 4\theta)}{2(n + 4)}c_d$$

这一表达式表示不受规制的接入价格，即当可以自由选择本地网络的接入条款时在位者将设定的最优价格。结论 1 强调了 a^* 的两个有趣特征：

结论 1：当本地网络接入条款不受规制时，1）在位者将选择高于上游基础设施运营边际成本的接入费，即 $a^* > c_u$[②]；2）OLOs 越有效率，接入费越高，即 $da^*/d\theta < 0$。

结论 1 强调了接入费的策略性作用。它表明对于在位者而言，通过设

---

① 均衡数量的求解需要用到这一事实：n 家替代性运营商是对称的，这意味着它们将生产相同的产量，即 $q_{O,i} = q_O$，$\forall i$。

② 如果条件 $(1-c_u)/2 > c_d(n+4\theta)/(2(n+4))$ 成立，就有 $a^* > c_u$。注意，不等式的右边关于 θ 递增。因此，如果不等式在 $\theta = 1$ 时成立，则必然对 θ 的任意取值都成立。当 $\theta = 1$ 时，该条件可以重写为 $(1-c_u)/2 > c_d/2$，这在 $c_u + c_d < 1$ 时恒成立。

定高于 c_u（提供上游服务的成本）的 a^* 来提高竞争对手的成本是最优选择，这无疑使得 OLOs 在与 M 竞争时处于不利位置。除此之外，OLOs 越有效率（即 θ 越小），在位者会设定水平越高的接入费。

将 a^* 代入 $P(a)$，可以得到在位者的均衡价格和均衡利润：

$$P^* = \frac{1 + c_u + c_d}{2} - \frac{n(1-\theta)}{n+4}c_d \ , \ \pi_M^* = \frac{(1-c_u-c_d)^2}{4} + \frac{n(1-\theta)^2}{n+4}c_d^2 - F$$

将 π_M^* 与 π_{mon} 进行比较，可以得到一个令人惊讶的结论：在位者可以从市场下游部分的竞争中获益。尽管这似乎有些荒谬，但是我们可以很容易地给出解释。一方面，下游竞争倾向于减少在位者的利润。但另一方面，因为竞争对手在服务于终端用户方面比在位者更有效率（$\theta \leqslant 1$），是以如下选择对在位者来说是有利可图的：在位者将长途服务供应部分"委托"给竞争对手，并通过制定合适的接入费来攫取竞争对手产生的剩余。换句话说，这就好像企业 M 将生产外包给更有效率的 OLOs，并通过接入费 a 向其征税。这里，后者的正面效应较大，足以抵消竞争产生的负面效应。显然，当 $\theta = 1$（即 OLOs 的效率与在位者相当）时，在位者的最优选择是封锁下游市场。正式地，当 $\theta = 1$ 时，接入费的最优值 a^* 将使得 $q_{0,i}(a^*) = 0$。当且仅当能够将生产"委托"给效率更高的企业时，在位者才能够从下游部门的竞争中获益。

最后，消费者并不能够从下游竞争中获取较大利益。P^* 仅稍小于 P_{mon}，且两个价格之间的差异将随着替代性运营商效率的降低（即 θ 增大）而越来越小。因此，从对未受规制接入情形的分析中，我们能够得到的信息是：在位者策略性地使用接入条款，以利用 OLOs 的更高效率；竞争对手和消费者只能从自由化中享受微小的收益。

受规制的接入费与竞争。前一部分的分析表明，在位者可能策略性地使用接入费来从 OLOs 处攫取利润，或者更极端地，实现对下游市场的封锁。这就是在一些国家本地环路接入条款交由规制机构制定的原因。

因此，在本部分我们将模型进行拓展，以考察受规制的接入费这一情形。在分析中，我们假设规制机构通过设定 a 来最大化社会福利（即消费者剩余与生产者剩余之和）。我们首先分析短期视角，即 OLOs 的数目是固定的。对于给定的 n，降低 a 的唯一作用是减少 OLOs 的边际成本。这时，规制机构的最优选择是选择适当的 a，使得 $P^* = c_u + \theta c_d$。换句话说，社会最优接入费用将使得下游市场价格等于提供电信服务的最低边际成本①。

现在，我们转向更有趣的长期情形，其中 n 是内生的。随着时间推移，企业不断进入和退出下游市场，n 由所谓的自由进入条件内生决定：下游企业的数目将使得它们的利润等于零。这时，在决定 a 时，规制机构面临着比短期情形中更加复杂的权衡，因为 a 同样影响进入者的数量。通过设定较低的接入费，规制机构可以降低 OLOs 的边际成本，这将激励下游市场的进入。在这种方式下，a 越低进入市场的企业越多，同时价格越低、市场更有效率。尽管如此，更多数量的企业同样也意味着每个进入者都会承担的固定成本 F 的无效重复。

当给定 n 和 a 时，表达式（5.1）仍然可以表示现有情形中的均衡产量与价格。在长期中，下游市场中运营企业的数目由自由进入条件来决定：只要利润为正（或为负），新的 OLOs 就会进入（或退出）市场。这一进入/退出过程将一直持续，直到活跃企业获得零利润；当这一情况发生时，市场中将不再有额外企业进入的空间，该过程就会结束。因此，结合式（5.1）和自由进入条件 $\pi_{O,i} = 0$，我们可以得到长期中的均衡产量、价格与 OLOs 数量，它们是关于 a 的函数：

$$q_M(a) = f + a - (1 - \theta)c_d - c_u, \quad q_O = f, \quad P(a) = a + f + \theta c_d$$

$$n^{fe}(a) = \frac{1 - 2(f + a) + (1 - 2\theta)c_d + c_u}{f} \tag{5.2}$$

其中，$f \equiv \sqrt{F}$。注意，如前面所强调的，$n^{fe}(a)$ 关于 a 递减：接入费

---

① 注意在分析中，我们并未考虑受规制的接入费必须确保在位者有非负利润这一事实。为了引导出 $P^* = c_u + \theta c_d$，规制机构必须设定低于 c_u 的 a。在这种接入费水平下，企业 M 在提供接入服务时将遭受损失。而且，下游市场价格（$P^* = c_u + \theta c_d$）将小于在位者的总边际成本（$c_u + c_d$）。因此，企业 M 将不愿意为任何消费者提供服务。我们假设在位者遭受的损失将从非扭曲的补贴中得到补偿。

越高，OLOs 的边际成本越高，因此在其他条件不变时市场进入者的数量就越小。

现在我们来求解社会最优水平的 a。规制机构选择接入费 a，以最大化社会福利 $W(a)$，即消费者剩余与生产者剩余之和。正式地，$W(a) = CS(a) + \pi_M(a) + \sum_{i=1}^{n^{fe}(a)} \pi_{O,i}(a)$，其中 $CS(a)$ 表示消费者剩余，它等于需求函数 $P = 1 - q_M(a) - \sum_{i=1}^{n} q_{O,i}$ 以下和均衡价格以上的面积：

$$CS(a) = \frac{(1 - P(a))\left(q_M(a) + \sum_{i=1}^{n^{fe}(a)} q_{O,i}(a)\right)}{2}$$

通过求解社会福利函数关于 a 的最大化问题，可以推导出如下结论[①]：

结论 2：当下游市场可自由进入时，社会最优接入费为：$a_W = c_u + f - (1-\theta)c_d$。

正如前文所强调的，接入费影响下游市场的进入，后者又反过来对社会福利产生相反影响。更低的 a 将促使更多 OLOs 进入市场，因此将因为两个原因增加社会福利：1）下游市场变得更有竞争性；2）下游市场的成本更低，因为 OLOs 比在位者更有效率。θ 越小（也即 OLOs 相对于在位者来说越有效率），则后一种作用越强。更多市场进入的负面影响是，每个进入者承担的固定成本 F 将存在无效重复。

图 5.6 阐释了在 (θ, f) 空间中的社会最优接入费。当 f 和 θ 较小时，规制机构的最优选择是通过补贴本地网路接入（设定接入费 a_W 低于上游边际成本，即 $a_W - c_u < 0$）来鼓励市场进入。在该情形中，固定成本无效重复所产生的负面影响在数量级上较小（f 较小），而 OLOs 的效率比在位者高出很多（θ 较小）[②]。相反，当 f 和 θ 较大时，固定成本重复所导致的无

[①] 社会福利函数的计算是将式（5.2）代入到 $W(a)$。正式地，有：$W(a) = \frac{f^2}{2} + (a - 1 - 2c_d)f + \frac{3\theta^2 c_d^2}{2} + (a - 1 - 2c_d)c_d\theta + \frac{1 - a^2}{2} - c_u(1-a)c_d(c_u + c_d - a)$。可以证明，$W(a)$ 是关于 a 的凹函数。

[②] 在该情形中，同样与短期分析一样，我们假设在位者所遭受的任何损失都可以从非扭曲的补贴中得到补偿。

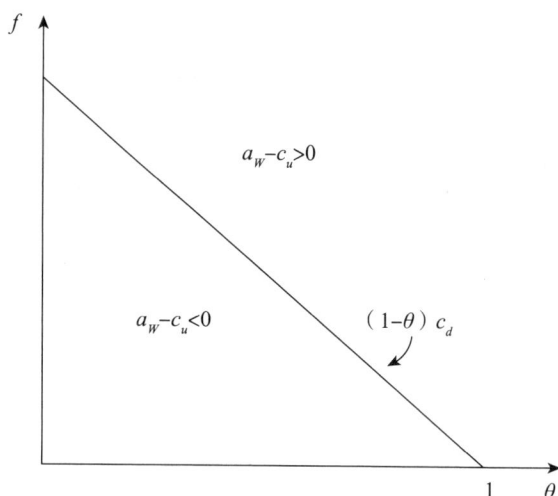

图 5.6　自由进入下的社会最优接入费

效率将大于市场进入所产生的正面影响，此时规制机构将偏好于通过设定高于上游边际成本的接入费（$a_w - c_u > 0$）来限制下游企业的数目。

二、本地环路开放

如前所述，接入必要设施是燃气和电力等许多网络产业中的一个重要问题。但是，在电信业中它起着更加关键的作用。由于电信领域快速的技术进步，接入本地基础设施成为新的和先进服务供应的核心。例如，近年来 xDSL 等新数据传输技术的发展使得通过在位者的本地环路提供宽带服务成为可能。换句话说，得益于新技术的出现，原本仅为传输固线电话设计的传统铜线网络如今可以被用来提供更加先进的服务①。

因此，更紧密地关注与电信本地环路接入有关的一些技术问题十分必要。从技术上讲，接入本地网络（用产业行话为"本地环路开放"）意味着在位者向 OLOs 出租在顾客住宅与本地交换机之间运行的铜电缆。最初，

---

① 最近，被称为"vectoring"的一项新技术可以大幅度升级铜线网络，使其能够以可比于光纤网络的速度在传统电信网络上提供互联网接入服务。关于 vectoring 及其对新基础设施发展影响的分析，可参见 Bourreau et al.（2013）。

本地环路开放是一个允许 OLOs 向其顾客提供语音电话服务的工具。随后，由于技术发展，本地环路开放使得进入者可以提供更加先进的服务，例如基于 DSL 的互联网接入。OLOs 可以提供的服务类型（包括语音电话、宽带网络接入、IP 语音电话等）取决于进入者对租用线路的控制程度。于是，惯常做法是：根据进入者对开放铜线的控制程度，来区分不同类型的开放：

第一，比特流接入；

第二，共享访问；

第三，完全开放。

比特流是最低级的接入形式，即在位者保持对铜线的完全控制，而进入者被允许增加任何附加设备到在位者的 DSL 上，同时只能提供由在位者指定的服务。在这种接入类型中，OLOs 必须利用在位者的 DSL 服务来获利。同时，OLOs 可能无须投资任何设备或者基础设施就可以进入市场，但它们不能实现自身服务与在位者之间的差异化。

本地环路开放稍微高级一点的形式，是共享访问。其中，在位者与 OLO 共享铜线。通常而言，在共享访问下，消费者可以在保持在位者语音服务的同时获取替代性运营商的数据/互联网服务。同时，进入者需要投资自己的基础设施以提供服务。特别地，OLO 必须安装设备（即语音分离器）来实现语音与数据流的分离。

最后，完全开放是本地环路接入的最高级形式。进入企业租用在位者的铜缆，由此可以获得对铜线的完全控制权。在完全开放下，OLOs 同时向终端用户提供语音和互联网服务，因而终端用户只与一家运营商交易。完全开放赋予进入者对本地线路的完全控制权，但是其要求进行大规模的投资。事实上，OLOs 必须拥有范围足够广的骨干基础设施，以连接在位者的本地交换机。而且，为了通过本地线路传输语音和数据包，OLOs 必须投资辅助设备。因为 OLOs 拥有对线路的完全控制权，它们能够实现与在位者之间服务的充分差异化。

据一些评论家所言，完全开放是更胜一筹的本地环路接入形式，因为它给 OLOs 提供了建设自身基础设施的适当激励。同时，OLOs 还可以提供差异化服务。相反，相对低级的开放形式（特别是比特流接入）在自由化进程的早期阶段非常有效，因为它们允许 OLOs 无须任何基础设施就可以进入市场。

图 5.7 显示了欧洲在位者出租的比特流线路和完全开放线路的数量，其中反映了一个非常明显的模式：尽管比特流线路的数量在过去保持稳定，但是完全开放线路的数量在持续增加。对这一模式可以进行非常有趣的解释，我们将在后续段落中加以探讨。

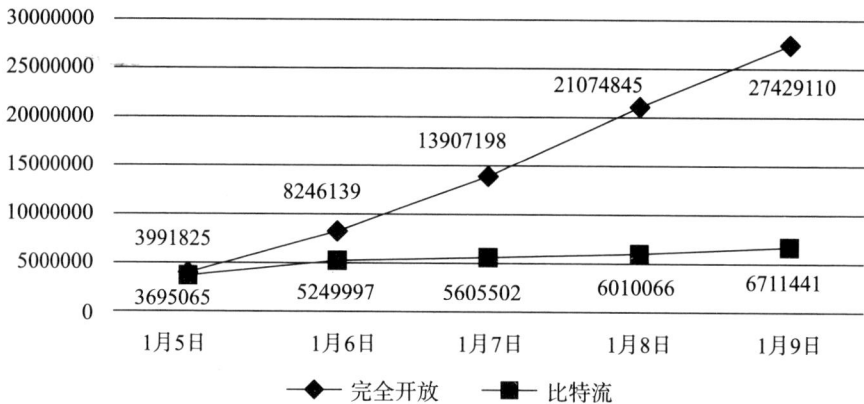

图 5.7　欧洲比特流线路与完全开放线路的数量

接入和投资：梯度投资理论

过去 20 年中，发生在欧洲电信业的自由化进程具有短期和长期目标。在短期，自由化的目的是刺激竞争和降低终端用户面临的价格。在这一视角上，正如前文分析所表明的，对本地环路接入条款的适当规制是促使进入者有效竞争的必要条件。前文已经讨论过的，图 5.4 实际上说明自由化进程已经实现了一些与短期目标相关的重要成果。

在长期视角中，自由化的目标是刺激进入者投资，以建设其自身的基础设施。只要进入者依赖在位者的网络来提供服务，那么它们就无法与在位者进行平等竞争。有效竞争可能只会在均具有基础设施的运营商之间才会出现。除此之外，替代性网络的发展（例如光纤网络）经常被视为加快创新性/先进互联网服务创造的最佳方式。关于最后这一观点，经验证据表明宽带互联网接入事实上在有替代性传输网络可以使用的国家更加普遍①。

因此，问题在于如何促使进入者投资于基础设施？从前文讨论来看，就本地环路开放的各种形式来说：在比特流接入下，无须相关投资就可以实现市场进入；通过完全开放形式进入市场需要进入者进行一定程度的投资，或者在更极端的情形中，OLOs 可能通过自有的基础设施进入市场。很明显，后一种情形要求巨额投资，而这在短期内不太可能出现。因此，进入可能逐步地发生：最初采用比特流接入，随后通过转向完全开放以允许进入者提供差异化服务；在后期阶段，进入企业可能最终倾向于建设自己的本地物理网络。

这些考虑阐明了本地环路开放的作用，可以将其视为通往所谓基于设施的竞争（也即具有基础设施的运营商之间的竞争）的桥梁。朝着这个方向，马丁·科威（Martin Cave）教授提出了关于本地环路开放的一种最新理论方法，即"梯度投资理论"（Cave，2004）。该方法得到了欧洲规制机构和政策制定者的普遍认可，因而值得我们进行详细讨论②。

简而言之，根据马丁·科威教授的理论，对本地环路接入条款的规制应当随时间进行调整。同时，应优化规制设计以便向 OLOs 提供适当激励，促使其建设自己的网络基础设施。梯度投资理论背后的机制极其简单。在市场自由化的早期阶段，规制机构应当通过设定非常低的网络要素接入价格来鼓励市场进入（对于新进入者来说，这些网络要素太昂贵，因而不能复制）。只要新进入者巩固了它们的市场地位并且获得了品牌认可和顾客基础，规制机构就应当提高接入价格，且从最容易复制的网络要素开始（也即提高比特流接入的价格）。这些网络要素接入价格的提高将促使新进入者进行投资，以便迁移至更高的投资梯度，最后将从比特流接入转换至

---

① 更多细节可参见 Distaso et al.（2006）和 Maldoom et al.（2003）。

② 关于该主题以及梯度投资理论的实证效度，可参见 Distaso et al.（2009）、Cave（2006）和 Cave & Vogelsang（2003）。

更高级的开放形式。最终，只要新进入的运营商获得了足够多的收益和技术知识，它们就可以挑战梯子的最后一个阶梯，即投资自有的基础设施。

图 5.7 似乎支持梯度投资理论，它表明：随着时间推移，在欧洲通过比特流接入的数量仍然较为稳定，但通过完全开放线路接入的数量正在稳步增加；事实上，与科威的理论一致，这一情况表明进入企业通过从比特流接入转向完全开放的攀爬投资阶梯。

关于本地环路接入价格，梯度投资理论建议采取动态和差异化的方法。更具体地，正如科威教授所强调的，最低级开放形式的价格应当：a）随时间推移递增；b）与完全开放的价格负相关。按照这种方式，OLOs 将获得投资自有设施的正确激励：只要比特流接入的价格提高且完全开放接入的价格降低，企业将自然倾向于增加投资，以便从前者转换到后者。

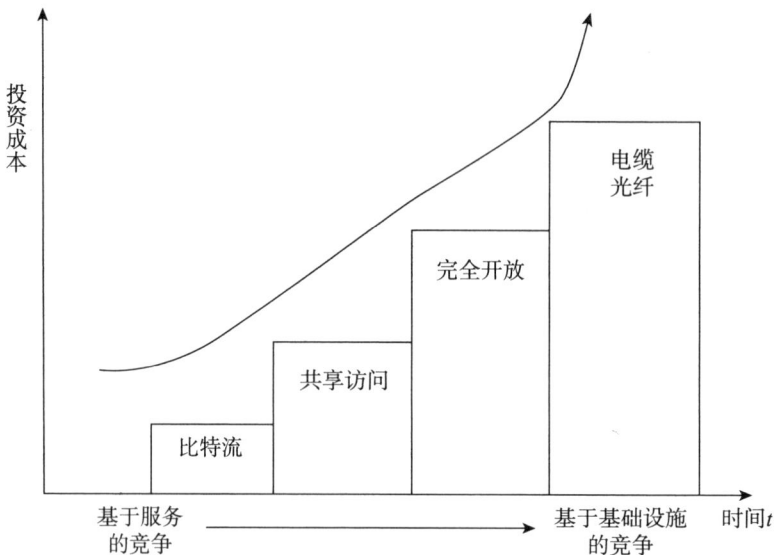

图 5.8　投资阶梯

图 5.8 提供了对梯度投资的简单图示化解释。正如人们可能注意到的，完全开放并不是梯子的最后一个阶梯。规制机构的最终目标是引导 OLOs 发展它们自有的接入网络，以完全独立于在位者。例如，OLOs 将通过光

纤、电缆等替代性平台提供通信服务。

大量提供电信服务的竞争性平台的出现，代表着产业结构的一次根本性转变，这将对运营商的行为产生重大影响。当竞争发生在均具有基础设施的运营商之间时，市场将从由单向接入问题（接入在位者的网络）主导的状况转变为所谓双向接入问题（独立网络需要实现彼此之间的互联）主导的情形。其中，双向接入问题将是后一节讨论的主题。

拓展 5.1　为什么企业要实现网络互联？

对于我们来说，一个有趣的问题是：为什么经常在通信服务供应市场中激烈竞争的电信企业会合作实现彼此网络的互联互通？为什么电信企业可以从互联互通协议中获利？这一问题的答案在于物理通信网络的一个主要特征，即较强网络外部性的存在。

直到著名的梅特卡夫定律（Metcalfe Law）被提出后，网络外部性在通信网络中的作用才开始广为人知。其中，梅特卡夫定律以共同创造以太网的一位电气工程师的名字命名。根据该定律，个体 i 从加入可使 n 个个体彼此通信的网络中获得的价值/收益 v^i（也即对进入网络的支付意愿），将随着其通过网络能够接触的个体数量（即网络规模）的增加而增大。简单起见，我们假设个体 i 从加入网络中获得的收益仅取决于网络外部性，正式地有：$v^i = n$。

假设市场中有两个网络在运营：其中一个属于企业 A，其规模为 n_a；另一个属于企业 B，其规模为 n_b。我们想要回答的问题是：两家企业必须使属于不同网络的用户彼此通信的激励是什么？或者换句话说，互联互通的激励是什么？

如果两个网络并未实现互联互通，则每个个体都只能与属于相同网络的用户通信。因此，每个个体从归属于网络 A 中可获得的收益等于 $v_a^i = n_a$，而其从归属于网络 B 中可获得的收益为 $v_b^i = n_b$。这意味着两个网络的总价值（即所有个体收益的总和）为：

$$V_a^N = \sum_{i=1}^{n_a} v_a^i = n_a^2 , \quad V_b^N = \sum_{i=1}^{n_b} v_b^i = n_b^2$$

上述表达式是梅特卡夫定律的数学表达式：电信网络的总价值与加入网络的个体数量的平方成正比。

现在，我们考虑网络互联互通情形：不管加入哪个网络，每个用户都可以与其他所有用户通信。因此，一个用户加入两个互联互通网络之中任意一个可以得到的收益为：

$$v_a^i = n_a + n_b , \quad v_b^i = n_a + n_b$$

因此，当实现互联互通时，两个网络的总价值为：

$$V_a^I = \sum_{i=1}^{n_a} v_a^i = n_a^2 + n_a n_b , \quad V_b^I = \sum_{i=1}^{n_b} v_b^i = n_b^2 + n_b n_a$$

通过观察 V_a^I 和 V_b^I，我们可以看到在互联互通时两个网络的总价值都有增加。正式地，$V_a^I - V_a^N = n_a n_b$，$V_b^I - V_b^N = n_a n_b$。

当存在网络外部性时，两家企业都能从互联互通中受益。两个网络的规模都会因为互联互通而扩大，即属于网络 i 的个体可以与属于网络 j 的个体通信，这会使得所有用户可得价值增加。

第二节　双向接入和互联互通

正如前文所提及的，梯度投资理论的基本思想是：电信业的规制机构应当刺激企业投资网络基础设施。在一段时间后，竞争将在具有基础设施的运营商之间展开。这一情况在移动电话领域已经发生，其中多家运营商相互竞争，它们拥有自己的由天线和电台组成的基础设施。

多家拥有基础设施的运营商的存在，显著改变了市场结构。与固定电话不同（其中 OLOs 需要接入在位企业以接触终端用户），在各自拥有基础设施的运营商相互竞争这一情形中，每家运营商同时购买和出售接入服务。企业之间的策略依存性从一个单向接入问题转变成双向接入问题。不管属于不同网络的用户是否彼此呼叫，这一情况都会发生：呼叫方的运营商需要接入被叫方运营商的网络，以允许用户进行通信。因此，每家运营商从竞争对手处购买接入服务，并出售自身网络的接入服务，这具体取决于其用户是执行呼叫还是接听呼叫。在两个方向进行接入这一形式，被称为互联互通。

如前文所强调的，由于网络外部性的存在，运营商从基础设施互联互通中受益。这意味着对于运营商来说，达成确保网络互相联通的协议是有利可图的。在下一节中，我们着重关注互联费（也即运营商为互联而彼此支付的费用）的决定[①]。

一、互联费与合谋

在双向接入下，每家运营商既需要支付互联互通服务费用（即需要接入竞争对手的网络），也可能因提供互联互通服务而获得回报（即提供对自有网路的接入）。在本节中，基于拉丰等人（Laffont et al., 1998a），我们提供一个关于电信网络竞争与互联互通的简单理论模型[②]。

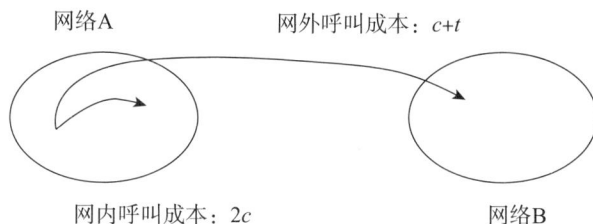

網絡A　　　　　　　　　　　网外呼叫成本: $c+t$

网内呼叫成本: $2c$　　　　　　　　　　　网络B

图 5.9　网内与网外呼叫

简单起见，我们考虑双寡头情形：假设市场中存在两家企业，分别为A和B，它们均有自己的基础设施。两家企业进行价格竞争，并提供差异

---

①　值得强调的是，有许多互联互通情形并不涉及运营商之间的竞争。对此，可用国际通信为例加以说明。如果在法国的某人（法国电信公司用户）想要呼叫在意大利的某人（意大利电信集团用户），法国电信公司需要接入意大利电信集团的网络。同时，如果两位用户间发生反向呼叫，则意大利运营商需要付费以接入法国网络。这是双向接入情形，其中运营商之间并不存在相互竞争。关于该主题的更多细节，可参见 Carter & Weight（1994）、Weight（1999）和 Manenti（2001）。

②　关于互联互通的文献综述，可以参见 Laffont & Tirole（2000）。

化服务。其中，产品差异化主要与所提供服务的质量、消费者的支持度以及用户的契约安排有关。正式地，我们通过一个标准的 Hotelling 模型来阐述企业之间的竞争，其中两家企业分别位于单位区间的端点。

每次电话呼叫都由两个单独服务结合而成，即主叫和被叫。因此，如图 5.9 所示，我们将呼叫分为两种不同类型：其一，网内呼叫，即同一网络用户之间的呼叫（主叫和被叫属于同一网络）；其二，网外呼叫，即涉及两个不同网络用户的呼叫（主叫和被叫属于不同网络）。

我们假设电话呼叫的价格由主叫方的运营商制定，并且企业不能对网内呼叫和网外呼叫进行价格歧视（即两种呼叫的价格相同）。

很明显，对于主叫方运营商而言，网内呼叫与网外呼叫涉及不同的成本。在网内呼叫情形中，企业同时承担主叫和被叫成本。简单起见，我们假设两种服务有相同的边际成本 c，因此一次网内呼叫的总成本为 $2c$。而在网外呼叫情形中，企业承担主叫成本，并支付互联费（用 t 表示）以接入竞争对手的网络。于是，一次网外呼叫的总成本为 $c+t$。

为了防止市场领导者实施反竞争行为，许多规制机构（例如英国的 Ofcom、美国的 FCC 以及意大利的 AgCom）都强加所谓的"互惠规则"：不管呼叫来自于哪个方向，两家运营商均被迫收取相同的被叫服务费用。因此，在下文中，我们假设接入费是互惠的。而且，互惠接入条款通常都由竞争性网络之间的谈判来决定。因此，我们假设 A 和 B 合作选择互联费。

基于上述所有论点，我们使用一个三阶段博弈来说明两家运营商和消费者之间的策略性互动（参见图 5.10）：在第一阶段，A 和 B 协商互联费 t；一旦 t 确定，第二阶段每家企业决定各自的单次电话呼叫价格，即 p_a 和 p_b；在最后的第三阶段，消费者选择订购企业 A 或企业 B，并决定电话呼叫的数量。简单起见，我们假设遵循一个两步决策程序：他们首先根据两家企业的价格（p_a 和 p_b）来选择网络，随后决定要进行多少电话呼叫。

首先，我们确定在给定的 p_a 和 p_b 下，有多少消费者将订购企业 A 或者企业 B。正如前文所提及的，我们使用产品差异化下的 Hotelling 模型来

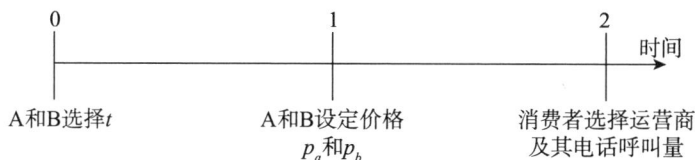

图 5.10 互联互通博弈时序

考察双寡头竞争。我们假设两家企业分别位于区间 [0, 1] 的两端（不失一般性，假设企业 A 位于 0，而企业 B 位于 1）。关于两家企业提供的服务，消费者的偏好是异质的，并且每个消费者在区间上的位置代表他们的偏好：位置越靠近原点的消费者越偏好企业 A 提供的服务，而位置越靠近 1 的消费者对企业 B 有更强的偏好。我们假设消费者的总量为 1，且在区间 [0, 1] 上均匀分布。

令 $\tilde{x}$ 表示消费者的位置，对该消费者而言，购买企业 A 和企业 B 的服务是无差异的。由此，对于这一消费者来说，如下条件必须成立：

$$p_a + d\tilde{x} = p_b + d(1 - \tilde{x}) \tag{5.3}$$

其中，$d\tilde{x}$ 和 $d(1-\tilde{x})$ 表示理想产品为 $\tilde{x}$ 的消费者必须在企业 A 与企业 B 所提供服务间进行选择时遭受的效用损失[①]。参数 d 衡量消费者加入非理想网络时的成本。

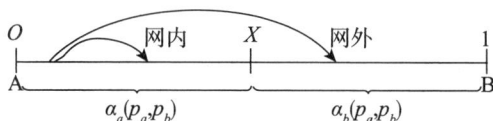

图 5.11 互联互通与市场份额

明显地，所有位于 $\tilde{x}$ 左侧的消费者偏好于订购企业 A，而所有位于 $\tilde{x}$ 右侧的消费者则倾向于订购企业 B。因此，我们可以计算每家企业的订购需求：

---

① 我们同样可以假设市场是被完全覆盖的，即：$\alpha_a + \alpha_b = 1$。

$$\alpha_a(p_a, p_b) = \frac{1}{2} - \frac{p_a - p_b}{2d} , \quad \alpha_b(p_a, p_b) = 1 - \alpha_a(p_a, p_b) = \frac{1}{2} - \frac{p_b - p_a}{2d}$$

$$(5.4)$$

在推导出订购需求之后,下一步便是确定企业的利润。为此,我们需要明确做出订购决策后每个消费者的电话呼叫量。这时,还需要两个加以简化的假设:

1)线性需求函数。一旦消费者选择了订购企业 $i=A$,B,他的电话呼叫量为 $q(p_i) = 1 - p_i$,其中 p_i 表示企业 i 设定的价格。

2)平衡呼叫模式。进行网内或网外电话呼叫的可能性与网络规模(即订购者数量)成比例。例如,如果用户进行一个使用企业 A 网络的呼叫,则该呼叫属于网内与网外类型的概率分别是 α_a 和 α_b(参见图 5.11)[①]。

基于假设 1 和假设 2,可以得到企业 A(企业 B 类似)的利润函数如下:

$$\pi_a(p_a, t) = \underbrace{\alpha_a q_a(p_a)\alpha_a(p_a - 2c)}_{\text{网内利润}} + \underbrace{\alpha_a q_a(p_a)\alpha_b(p_a - c - t)}_{\text{网外利润}} + \underbrace{\alpha_b q(p_b)\alpha_a(t - c)}_{\text{互联互通利润}}$$

对这一表达式的解释非常直观。企业 A 的订购者发起的主叫数量为 $\alpha_a q_a(p_a)$,其中:有份额 α_a 的呼叫是通往同一网络的订购者(即网内),且每次呼叫产生单位利润 $p_a - 2c$;剩下份额为 α_b 的呼叫通往企业 B 的订购者(即网外),且每次呼叫产生单位利润 $p_a - c - t$。最后,在网络 B 的主叫数量 $\alpha_b q_b(p_b)$ 中,被叫方为企业 A 用户的比例为 α_a。对于这些进来的呼叫,企业 A 从单次呼叫互联互通中获得的利润为 $t - c$。

将式(5.4)代入 $\pi_a(p_a, t)$(以及类似的 $\pi_b(p_b, t)$),可以将企业 A 的利润改写为:

$$\pi_a(p_a, t) = \left(\frac{1}{2} - \frac{p_a - p_b}{2d}\right)(1 - p_a)(p_a - 2c) +$$

---

① 最后一个假设在文献里得到了普遍使用,它能够较好地简化分析,可参见 Laffont & Tirole(2000)。尽管如此,这样处理并不会丧失一般性,具体参见 Armstrong(2004)和 Dessein(2004)。

$$\left(\frac{1}{2} - \frac{p_a - p_b}{2d}\right)\left(\frac{1}{2} + \frac{p_a - p_b}{2d}\right)(t - c)(p_a - p_b)$$

根据博弈时序，接下来使用逆向归纳法来推导互联费 t 给定时企业 A 和企业 B 设定的价格。通过分别求利润函数 $\pi_a(p_a, t)$ 和 $\pi_b(p_b, t)$ 关于 p_a 和 p_b 的偏导数，并求解一阶条件系统，可以得到作为互联费 t 的函数的均衡价格[①]：

$$p_a(t) = p_b(t) = p(t) = \frac{1}{2} + c + d - \frac{1}{2}\sqrt{(1 - 2c)^2 + 2t(c + 2d - t)}$$

$$(5.5)$$

正如我们所预期的，均衡价格取决于互联费 t、服务成本 c 以及代表消费者偏好的参数 d。特别地，注意 $dp(t)/dt > 0$，即互联费越高，均衡价格也越高。这一考察至关重要：互联费是边际成本的组成部分，因此 t 越大，两家企业承受的边际成本越大，因而它们将收取更高的价格。

在推导出博弈第二阶段的均衡价格之后，我们继续考察第一阶段，即企业联合决定互联费。我们假设企业设定 t 以最大化联合利润。正式地，通过将 $p_a(t)$ 和 $p_b(t)$ 代入 $\pi_a(p_a, t)$ 和 $\pi_b(p_b, t)$，可以得到企业将选择 t 以最大化：

$$\pi_a(t) + \pi_b(t) = \frac{d\left(2\sqrt{1 - 4c + 4(d^2 + c^2) - 2d(t - c)} - 4d - c + t\right)^2}{2}$$

注意，该函数是关于 t 的凹函数。通过求解一阶条件，可以推导出最优互联费：

$$t^* = c + \frac{(1 - 2c)^2}{2d}$$

$$(5.6)$$

根据式（5.6），两家企业设定的 t^* 高于终端成本。企业选择较大的互联费以减少价格竞争的激励，并更好地吸引消费者（我们已经强调过 $p(t)$ 关于 t 递增）：如果一家运营商降低价格以吸引新的订购者，则网外呼叫的数量将增加，而这明显要求企业支付更多的互联费。为此，较大的 t 会减

---

① 因为企业是对称的，所以在均衡中它们的定价相同。

少企业激烈竞争以增加订购者数量的激励。换句话说，这意味着企业将互联费作为一种合谋机制以确保较高的价格。

结论 3：互联费是一种合谋机制。通过设定 $t^* > c$，企业间的竞争强度将减弱。

二、互联互通与通话费率

前一部分分析所基于的假设是，企业收取线性和非歧视的价格。但是在这一点上，可以通过拓展分析以回答如下问题：当企业采取更复杂的定价策略时，市场将会有怎样的状况？在移动服务情形中，对于企业来说，制定非线性价格或者根据电话呼叫目的地对顾客进行价格歧视非常普遍。因此，一件有趣的事情是：检验互联费在这些情形中是否仍然可以作为一种合谋机制而得到使用。

非线性定价 对于电话呼叫来说，非线性定价是一种被普遍使用的策略。非线性定价的一种简单形式是所谓的两部定价，即用户被收取每分钟费率 p 和固定费率 F。其中，后者的支付与呼叫数量无关。从标准的产业组织理论模型中，我们知道对于一个垄断者而言最优两部定价的形式是：设定每分钟费率 p 等于生产的边际成本，以刺激用户使用电话呼叫；同时，费用的固定部分 F 被用来攫取价格 p 下的消费者剩余。拉丰等（Laffont et al., 1998a）证明，即使是在企业收取非线性价格的双寡头垄断情境中，均衡时的每分钟费率同样等于边际成本。这一事实意味着：1）企业仅从费用的固定部分获取利润；2）企业之间通过降低 F 来开展竞争。最后一个结果对互联费的作用有非常有意思的影响。正如结论 3 所强调的，当企业收取线性价格时，t 将被作为一种合谋机制，以减少围绕 p 展开激烈竞争的激励。相反，在两部定价情形中，企业围绕 F 展开竞争。结果，当价格非线性时，影响每分钟价格但不影响固定部分的互联费将不再扮演合谋机制的角色。

网内/网外价格歧视 电话公司经常根据呼叫属于网内还是网外，而对其收取不同的价格。按照经济学术语，这是一种基于电话呼叫目的地的价格歧视。

此时，会产生如下问题：根据呼叫目的地进行价格歧视的企业是否仍然通过互联费的联合决定来实现默契合谋？拉丰等（Laffont et al. 1998b）同样证明，在这种情形中，互联费不再是一种合谋机制。为了理解他们的观点，需要强调的是互联费仅仅影响网外呼叫的价格：因为网内呼叫发生在相同运营商的订购者之间，企业无须接入竞争对手的网络以连接被叫方。

拓展 5.2　网络电话

网络电话，即人们熟知的 VoIP（基于互联网协议的语音），被许多人视为电信业的杀手级应用。VoIP 是一种允许用户通过互联网进行电话呼叫的技术，它并不必然需要接入传统的电话网络。得益于 xDSL 等高速宽带互联网接入的普及，VoIP 变得越来越流行。如今，由于 VoIP，我们可以在世界上的任意地方以非常低的费率（相比于传统运营商收取的费用）拨打电话。

VoIP 技术涉及语音信号的数字化，随后被解码、打包并作为 IP 数据包通过互联网传输。在被叫方一边，类似的步骤以相反的顺序进行：接收 IP 数据包、解码、将数字信息再转换为原始语音流。现今，得益于宽带互联网连接使得 IP 数据包无须延迟就被发送，VoIP 的质量达到了可比于固线电话呼叫的标准。

对网络电话的使用迅速增加，这同样得益于新技术的可得性，它允许 VoIP 无须使用计算机就可以通过宽带互联网连接来传输。图 5.12 说明了在一些欧洲国家中 VoIP 电话流量的份额。我们可以看到，在法国、丹麦、德国等国家中，VoIP 的渗透非常惊人：2008 年，根据欧盟委员会收集的数据，VoIP 流量在欧洲的平均比重甚至高于 14%。

但是，相互竞争的最有效方式是降低网内呼叫价格。相反，通过降低网外呼叫价格来吸引订购者，这将引致更多的呼叫量以及随后更大规模的

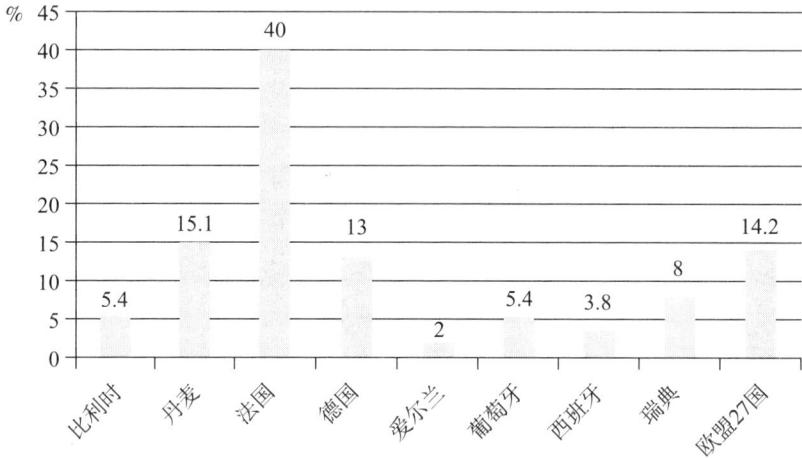

图 5.12　VoIP 流量的份额（2008 年）

被叫服务费用支付。与此不同，可以降低网内价格以吸引新的订购者，且不会承担更大规模的互联互通成本。

因此，尽管企业可以就 t 进行默契合谋，即提高互联费以削弱针对网外呼叫价格的竞争，但是合谋所得收益将会被网内呼叫价格方面的竞争所侵蚀。换句话说，通过提高互联费在网外呼叫部分合谋中获得的可能收益将会因为网内呼叫部分的激烈竞争而消失。因此，当企业根据电话呼叫目的地进行价格歧视时，它们并没有合谋制定 t 的激励[①]。

三、互联互通与"被叫方付费"制度

在前面所展示的模型中，我们假设一次电话呼叫的所有成本均由主叫方承担，即呼叫者支付能够覆盖所有主叫服务与被叫服务成本的价格。这一支付制度，即"主叫方付费"（缩写为"CPP"），被许多欧洲电信公司普遍使用。值得注意的是，CPP 制度与本节所讨论的双向接入问题密切相

[①]　尤其是 Gabrielsen & Vagstad（2008）证明在一些特定环境下，即使是在存在网内呼叫与网外呼叫的价格歧视的情形中，互联费同样可能作为一种合谋机制而被再次使用。该结论所基于的事实是：用户大部分倾向于呼叫有限数量的人（即朋友和亲属），此时将产生俱乐部效应和交易成本（当更换网络时将出现转换成本），这决定了互联费合谋的可能性。关于更多的细节，请阅读原文。

关。在网外呼叫情形中，主叫方的运营商通过向被叫方的网络支付互联费来承担被叫服务成本。反过来，该运营商向呼叫者收取一定价格，该价格能够补偿互联费。正如前文模型所表明的，基于双向互联互通的 CPP 制度意味着存在抬高呼叫价格的合谋风险①。

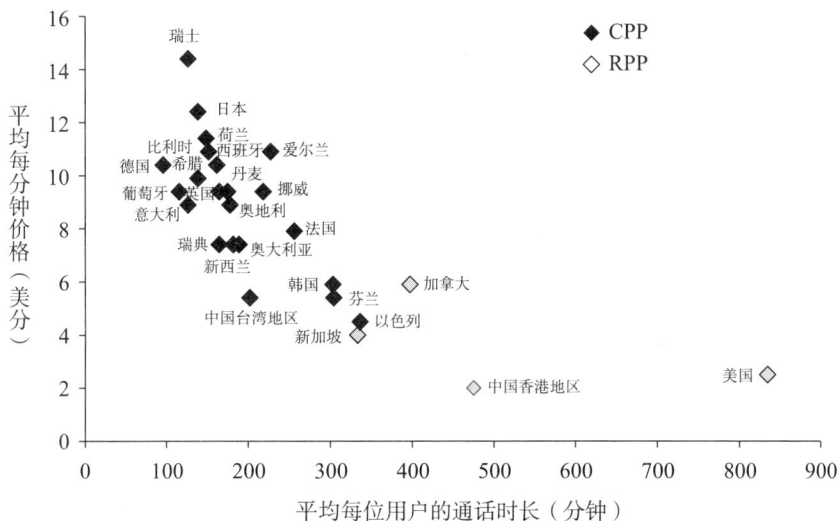

图 5.13 主叫方付费 vs 被叫方付费（2007）②

但是，CPP 并不是电信服务中唯一可行的支付制度。在美国和加拿大，电信运营商采取所谓的"被叫方付费"（缩写为"RPP"）制度，即接听者支付呼叫相关的所有费用。RPP 背后的经济原则是，接听者从被呼叫中获得了收益，为此他应当愿意为服务付费。

与 CPP 制度不同，在 RPP 情形中被叫服务的成本将不再从互联费中得到补偿，而是由被叫方承担。因此，在 RPP 制度下，实际情况从双向接

① 即使是在有规制机构决定采取措施应对合谋的情形中（例如，在英国，移动运营商之间的互联费被施加了上限规制），仍然会有进一步的困难产生。正如 Littlechild（2006）所强调的，针对互联费的成本导向型价格上限规制的引入，要求规制机构持续监控企业的行为。这可能成为一项成本极其高昂的任务。Littlechild 估计，在英国，针对移动终端服务的成本导向型价格上限规制的引入，给规制机构所造成的额外负担累计超过 2500 万英镑。

② 数据来自于 Merrill Lynch-Global Wireless Matrix，2007 年 6 月。

入转变为所谓的互免模式互联互通：每家运营商（包括主叫方和被叫方的运营商）各自为自己提供的服务（分别是主叫服务与被叫服务）坦单，并享有其顾客（分别是主叫方和被叫方）的全部支付，这时不再需要互联费。

很明显，互联费的缺失消除了关于 t 合谋的可能性。结果，预期在实行 RPP 的国家市场价格应当更低。在移动通信领域中，图 5.13 的数据似乎支持这一假设。该图描述了一些国家中，平均每分钟通话的价格与平均通话时长之间的关系。我们可以看到，在美国、加拿大、中国香港、新加坡等实施 RPP 制度的国家或地区，价格相对较低且通话时间更长。

第六章　动态产业的累积创新

一般而言，ICT 部门的产品与服务都极其复杂，因为它们包含了多个技术组件。我们以移动电话或者 MPEG 格式（即动态图像专家组，Motion Picture Expert Group）为例加以说明，其中后者是著名的语音和数字视频资料数据压缩技术。使用移动电话，我们不仅可以进行呼叫，而且能够拍摄照片、听音乐或者像个人数字助理（简称为"PDA"）一样来安排会议等。现代智能手机的特点是拥有先进的计算能力，因而可以实现高速的互联网接入。由于通信服务融合、信息数字化等技术进步，如今可以将过去在大量不同技术平台（如 PDAs、照相机、MP3 播放器等）上开发的服务汇集到移动电话等单个产品上。类似地，MPEG 实际上是多项创新的组合，其基本版本覆盖有从哥伦比亚大学到 LG 电子、飞利浦等大公司在内的 20 多家公司和机构所拥有的一系列专利。

这两个简单例子非常有代表性，足以说明创新过程在现代经济特别是信息与通信技术领域是如何发展的。在这些产业中，跟进发明是以早期创新为基础的，因而整个过程的特征是存在渐进步骤序列，其中后期创新代表着对前期发明的改进。

创新过程的累积性对市场效率有重要影响。初始发明，也即创新序列前期阶段产生的发明，对社会而言极其重要：它们不仅直接贡献于社会福利，而且还通过加快跟进创新的出现而间接增进社会福利；如果没有它们，跟进创新的发展可能会延迟甚至不可能出现。

而且，累积性的另一特征是：在前期创新的基础上跟进，创新者通常需要协商许可协议以便获得相关技术。在电子和其他 IT 部门中，这一情况特别明显，因为这些部门的产品通常嵌入了大量其他公司开发的技术组件。回到我们的第一个例子，智能手机生产商不太可能同时成为保护PDA、照相机、数据传输协议技术等专利的所有者。这时，只有在与全部相关技术所有者签订许可协议之后，生产商才能够运营。

本章和下一章将致力于讨论与创新过程累积性有关的一些重要问题。特别地，在本章中，我们关注申请专利的作用。正如我们在后续部分中所阐述的，现代经济中的企业并不仅仅将专利用来保护它们的创新并获取R&D 投资回报，实际上它们还会策略性地使用专利。对于创新具有高度累积性的产业来说，专利的策略性作用至关重要。如前所述，在这些产业中，企业通常需要商谈许可协议以获取相关技术。此时，拥有庞大的专利组合能够增强企业的谈判势力，并增加它们结束"好交易"的机会。一些评论家认为，对专利的策略性使用在很大程度上能够解释 20 世纪 80 年代以来世界各地均有发生的专利申请剧增现象。

后续部分，在提供关于申请专利的一些数据后，我们接着对存在累积创新情形下的最优专利政策进行正式分析。也就是说，剩余部分着重考察与不同代发明者之间许可谈判有关的一些最有趣的问题。在第 7 章中，我们通过关注开放创新来进一步深化讨论。其中，开放创新是创新的一种替代方式，目前在一些前沿产业中变得越来越流行。企业通过这一方式将顾客、供应商、敌对企业、研究机构等第三方纳入创新过程中，最终实现更快更有成效的创新。

第一节　专利与其他独占机制

在考察与累积创新过程有关的最重要问题之前，我们首先讨论企业可能用以获取其 R&D 投资回报的替代机制。本章关注的焦点是专利，因此我们从简要回顾申请专利的基本法律和经济问题开始分析。

一、通过专利局进行的导览

我们首先简单描述专利的主要法律特征。我们并不对专利系统进行全面讨论，而是仅关注对本章后续分析有用的一些方面。

　　一项专利授予其持有者在发明利用上的暂时性垄断地位。特别地，专利持有者获得了可防止其他主体使用、私有化或者进口专利产品/方法的专有权。得益于专利保护，持有者可以阻止第三方未经授权就使用其发明。因此，专利通常被视同为一种"谈判权"。在 ICT 部门中，这一点特别重要。如前所述，ICT 部门的产品与服务极其复杂，在一些情形中它们被大量重叠专利所覆盖。每一个专利持有者都有否决权：通过否决对其所控制的单个组件的获取，专利持有者可能制止所有技术的共同使用。因此，对获取多种相关技术感兴趣的跟进发明者需要与所有不同的专利持有者签订许可协议。

　　在检验与专利有关的这些策略性方面之前，我们首先回顾一个创新者需要做些什么事情方可获得对其发明的专利保护。第一步是向专利和商标局（缩写为"PTO"）提交专利申请。申请文件包含一系列信息，特别是对发明的描述（即所谓的说明书）以及专利权利要求书。专利说明书阐明发明的工作机理，它必须足够详细以至相关技术领域的专家可以复制创新。相反，专利权利要求书决定了授予专利持有者的保护范围。因此，权利要求最为重要，因为它们界定专利宽度（也即专利授权的保护程度）。

　　PTO 评估一项发明是否符合被授予专利的要求。特别地，PTO 审查者检查发明是否符合如下要求：

　　——主题资格

　　——新颖性

　　——非显而易见性

　　——工业适用性

　　根据国际专利法，并不是所有主题都能被授予专利。特别地，发现、科学理论和数学方法等通常没有被授予专利的资格①。新颖性和非显而易

---

　　① 根据欧洲专利法，其他不具有可专利性的主题包括软件、人与动物治疗方法、植物或动物品种及其生产的生物过程。

见性是最难以评估的要求。如果一项发明代表着超越已有知识的进步，则它将被视为新颖的/新的。为了核实这一要求，审查者需要继续进行所谓的现有技术检索：他们通过复查可能包含在专利、专利申请书或者科学和技术出版物中的相关主题的所有可得信息，来检验已有知识库。反过来，一项发明将被视为非显而易见的，如果其满足所谓的独创性标准，即要求该创新并不是对现有技术的简单拓展。最后，工业适用性简单要求发明在一些工业（广义上也包括农业）中易于使用。

PTO 的审查程序通常非常长，从申请提交到最终决议（专利授予或拒绝）可能历经三年之久[1]。在此期间，PTO 审查者可能决定与发明者会面，或要求其修改申请书，特别是修改专利权利要求书[2]。一旦被授予专利，发明将在自申请提交日期起的 20 年内得到保护，当然前提是专利权人支付续期费用。如前所述，专利赋予了持有者阻止其他人未经授权使用发明的权利。如果发明者相信其专利被侵犯，则他/她可以诉诸法院以终止对发明的非法使用或者要求赔偿。诉讼可能非常冗长，而专利权人同样可以向法院申请预先禁令，以及时制止第三方继续进行专利侵权。法院可能判定存在专利侵权（此时将要求侵权者支付赔偿金），或者可能得出专利未被侵犯的结论。但是，有趣的事情是，法院的判决并不局限于简单侵权/未侵权。当评定发明并不满足可专利性要求时，法院同样可以否决 PTO 的决定并判定专利无效。

拓展 6.1 欧洲思想市场

正如 Athreye & Cantwell（2005）所强调的，20 世纪 90 年代后技术许可已经大幅增加。在发表于 *Research Policy* 上的一份最新研究中，Gambardella et al.（2007）分析了欧洲企业进行的许可协议谈判。该研究所依托的数据来自于一次调查，调查对象是位于法国、德国、英国、意大利、

---

① 关于欧洲专利局审查程序的详尽说明，可参见 Harhoff & Wagner（2009）。
② 在 PTO 较长的审查阶段，专利申请同样可能给持有者带来显著的经济价值。关于"未决专利"的近期经济学分析，可参见 Peitz & Koenen（2012）。

新西兰以及西班牙的企业样本（即所谓的 PatVal-EU 调查）。

该研究分为两部分。在第一部分中，作者估计一个 probit 模型，以确定影响专利实际被许可的主要决定因素。得到的结论与理论预示一致，即许可的可能性关于专利宽度（由每个专利中列举的权利数目来指代）正相关，且关于专利持有人的规模负相关（因此，大规模企业更不可能许可它们的技术）。而且，作者证明专利的经济价值（可通过不同方式测度，例如专利持有人申请 IP 保护的所在国家数目）与技术交易的可能性之间存在正相关关系。

第二部分可能更有趣。作者观察到 11% 的专利实际被许可，而有 7% 的专利未被许可（即使专利所有者愿意进行许可）。为什么这些技术未被交易？对此，有两个可能的解释：1) 专利所保护的技术并不具有独特吸引力，因而市场中不存在对它们的实际需求；2) 许可协议谈判因为交易成本的存在而受阻，其中交易成本的产生源于难以发现被许可人或者可能存在的信息不对称。为了验证两个解释哪个更具有说服力，作者考察了专利持有者许可意愿的决定因素。在企业许可意愿的决定因素与许可事件实际发生的影响因素之间，作者并未发现明显差异。这一结果表明，创新者愿意许可的专利与实际被交易的专利在特征上并不存在明显差异。根据这一证据，作者认为：许可专利失败并不是因为其质量不高，而是因为存在高额交易成本。作者的结论是：如果不存在这些市场摩擦，则市场将扩大将近 70%，相应地被许可的专利所占份额将从 11% 提高至 18%。

二、专利的作用

专利保护赋予专利持有者为期 20 年的垄断地位。在这种方式下，发明者能够获取利润以回报自己的 R&D 活动。传统观念认为，如果不存在专利保护，发明将被竞争对手轻易模仿，这一事实不可避免会减少发明者可以获取的利润，因而会削弱其投资研究项目的激励。因此，根据传统观念，专利制度的存在增加了社会福利，因为它引导企业投资 R&D。

仍然从社会立场来看，专利可能因为其他原因而同样有益：它们鼓励有关创新的相关信息的扩散。事实上，在提交专利申请时，发明者必须准确描述其创新。他必须解释创新的本质、运作机理及其可能用途。这些信息可能非常有用，因为它能够激发后续产品/工艺创新。除此之外，一旦专利到期，创新将进入公共领域，任何一个人都可以加以利用。

但是，专利同样会因为另一些原因而非常有用。专利是一项发明的产权，因而它可以被转让给其他企业或个人。很明显，原则上即使是未被授予专利的发明也可能被出售或许可。但是，正如阿罗（Arrow，1962）所观察到的，出售发明是非常复杂的事情。在进行购买前，潜在买家想要确切知道创新的实质及其工作机理。但是，发明者可能不愿意提供这些方面的详细信息。如果他这样做，其将面临被模仿的风险：一旦潜在买家对创新有所了解，就可以轻易地进行复制，且无须支付发明者任何费用。专利实际上是对阿罗独占性问题的一种解决方法。发明者可以详细地描述其申请专利的创新，而无须担心被法律所禁止的模仿。因此，一些评论家认为，专利有利于所谓"思想市场"（即创新和技术进行交易的市场）的出现。

繁荣思想市场的存在非常重要，因为它可能能够促成更有效的劳动分工。企业可以专业从事研究项目的开发，随后将其发明出售或者许可给其他在生产和商业化阶段运营的企业。这种企业就是所谓的非实体企业，以化学和半导体产业为例，这类企业没有自己的制造厂，它们仅在出售或者许可创新成果的市场上经营（参见阿罗拉和福斯瑞（Arora & Fosfuri，2000）和霍尔和兹罗斯（Hall & Ziedonis，2001））。

最后，专利在发送信号方面也同样十分有用。正如苏维亚·祖尼加和盖耶克（Pluvia Zuniga & Guellec，2009）所讨论的，大规模专利组合的所有权提高了企业从银行获得信贷的可能性。换句话说，当存在信息不对称时，专利可起到显示企业信誉的作用，这对于 ICT 领域声誉一般且营利性难以评估的新创企业而言尤其如此（可参见 Cockburn & MacGarview，2009）。

三、其他独占机制

尽管在本章中我们主要关注专利，但是值得强调的是：企业还可能使用其他机制来获取 R&D 投资收益。

关于这一点，讨论科恩等（Cohen et al.，2000）的研究内容非常有趣。该研究的基础是针对美国制造业部门 1478 家实验室的问卷调查。分析得到的最惊人结果是，R&D 实验室的管理者并不将专利视为获取创新利润的最有效机制。

特别地，科恩等人检验了企业可能用来获取 R&D 活动收益的六种可能机制：商业机密、专利、其他法律机制、生产周期、互补性服务销售与互补性产品销售。在调查时，调查者会让 R&D 实验室的管理者"报告在他们的产品和工艺创新中每种独占性机制有效保护企业竞争优势的比例"。

表 6.1 展示了这次调查的结果，其中作者根据所属产业部门将企业分组。该表展示了一些有趣的发现。每行加总之后均大于 100%，这一事实表明企业依靠不止一种机制来保护相同的创新。而且，考虑到所有部门（即表中最后一行），专利在独占有效性中居于倒数第二位。生产周期（也即发明者是最早能够实现创新商业化的企业）与商业机密似乎是保护 R&D 活动收益的最有效机制，互补性服务或产品销售居于其次。产业层面的数据证明，只有在药品和医疗设备制造业中，专利才在超过 50% 的创新中被认为有效①。

---

① 在关注英国注册公司的一份最新研究中，Hall et al.（2013）报告：1998—2006 年，参与 R&D 活动的企业仅有 4%（向英国或欧洲专利局）提交了一项专利申请。如果只考虑高技术部门，则相应比例为 16%。

表 6.1 独占性机制的有效性–产品创新①

产业	商业机密	专利	其他法律	生产周期	互补性服务销售	互补性产品销售
食品	58.54	18.26	21.18	53.37	39.83	51.18
纺织	63.7	20	25.87	58.26	55.22	58.26
造纸	55	36.94	26.45	47.1	40	39.84
印刷/出版	32.5	12.08	21.67	48.33	66.25	60.42
石油	62	33.33	6.33	48.67	40.33	35.67
化学制品（必需品）	52.77	37.46	21.62	48.62	44.92	41.31
基础化学品	48	38.86	11.57	38.29	45.86	44.71
塑料树脂	55.93	32.96	18.15	38.33	44.63	46.11
药品	53.57	50.2	20.82	50.1	33.37	49.39
其他化学品	70.69	39.66	25.52	55.52	55.17	48.97
橡胶/塑料	56.86	32.71	10.14	40.86	34.29	37.31
矿产品	46.11	21.11	12.22	39.72	37.78	40
玻璃	46.67	30.83	11.67	50	62.5	70
混凝土、水泥、石灰	45	30	17.5	38	45.5	40
金属（必需品）	65.83	20	5	50.83	58.33	61.67
钢铁	37	22	11.5	61.5	34.5	42
金属产品	43.07	39.43	18.18	48.18	37.05	40.11
通用机械（必需品）	49.19	38.78	20.88	52.23	41.15	43.65
专用机械（必需品）	45.08	48.83	23.05	59.69	46.33	51.09
机床	61.5	36	9	61	43	34.5
计算机	44.2	41	27.2	61.4	40.2	38
电子设备	39.09	34.55	15	33.41	32.27	31.82
发动机/发电机	50.91	25.23	19.09	48.86	47.27	45.23
电子组件	34.04	21.35	20.19	45.58	50	51.15
半导体	60	26.67	22.5	53.33	42.22	47.5

---

① 数据来源：Cohen et al.（2000）。

续表

产业	商业机密	专利	其他法律	生产周期	互补性服务销售	互补性产品销售
通信设备	47.21	25.74	20.15	65.59	42.06	41.18
电视/收音机	50	38.75	35.63	53.75	24.38	38.75
医疗设备	50.97	54.7	29.03	58.06	52.31	49.25
精密仪器	47.29	25.86	20.86	54.14	49.57	45.57
搜索/导航设备	48.95	28.68	24.08	46.84	32.89	40.53
汽车/货车	42.22	38.89	19.44	65.56	41.67	42.22
汽车配件	50.83	44.35	15.65	64.35	44.84	53.06
航空航天	55.1	32.92	16.15	58.02	34.58	46.88
其他制造业	49.29	33.81	26.61	63.51	42.56	45.3
全部	51	34.83	20.71	52.76	42.74	45.61

四、专利的策略性作用

图 6.1 描述了提交至美国专利与商标局（USPTO）的专利申请数的变化趋势。如图所示，自 20 世纪 80 年代以来专利申请数出现了非常显著的增长。即使在许多部门中申请专利的增长很一般，但是 ICT 和制药等新兴产业中的增长却十分强劲。例如，20 世纪 80 年代初期，在提交至美国专利与商标局的全部专利申请中，信息与通信技术领域的专利申请仅占 5%，而这一数值到 20 世纪 90 年代后期已经提高至 20%。

专利申请数的快速增长似乎与科恩等人所提供的证据相互矛盾。如前所述，管理者认为：在获取创新回报方面，商业机密、生产周期和互补性服务/产品销售比专利更加有效。但是，根据科恩等人所述，这一矛盾只是表象，它可以从专利在现代经济中所发挥的策略性作用中得到解释。正如引言中所提及的，技术复杂性意味着在一些部门中，企业并非对所有所需相关技术组件都有专有控制权。此时，为了实现运营，企业必须与这些技术的所有者商谈许可协议。大型专利组合是非常重要的资产，因为企业可以用其来增强自己的谈判势力。在许多情形中，企业诉诸交叉许可协议，其中要求各方确保对各自专利技术的互惠获取①。大规模专利组合的所有权可能被企业用作达成合意协议的策略手段。

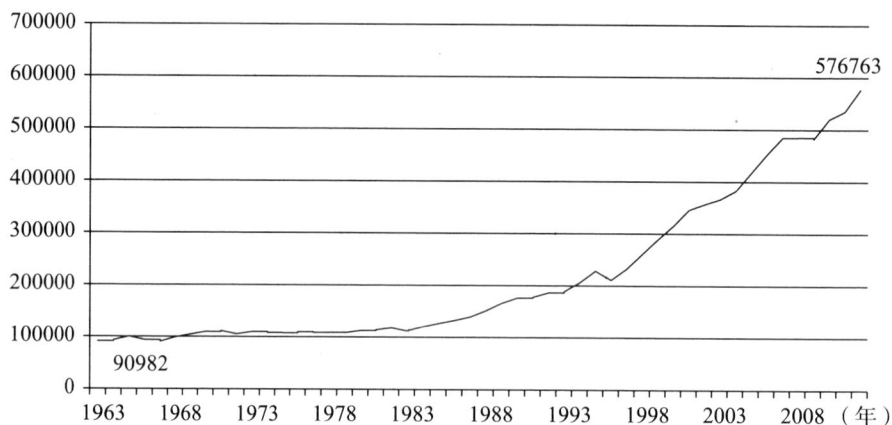

图 6.1　提交至美国专利与商标局的专利申请数②

除提高交叉许可谈判中的谈判势力之外，企业可能出于防守或者进攻动机而储备专利。大型专利组合可能代表着重要的防御能力，以消除敌对企业采取法律手段进行专利侵权的可能性。而且，专利还可以被激进地用以封锁竞争对手，或者更一般地损害竞争对手③。

专利具有越来越重要的策略性作用，这一观点得到了大量经验研究的支持。其中，贝森和洪特（Bessen & Hunt）针对美国专利与商标局授予的软件专利的研究特别有趣。图 6.2 显示，1976 年至 2002 年间软件领域授予的专利权出现了惊人增长。在 1976 年，与软件有关的专利占比为 1.1%，到 2002 年这一数值提高至 14.9%。

表 6.2 显示了每个行业中软件专利的分布。3/4 的软件专利属于在

---

①　关于交叉许可协议的经济学分析，请阅读第 8 章。

②　数据来源：www.uspto.gov。

③　发表在 *The Wall Street Journal* 上的一篇最新文章宣称，奥巴马政府计划采取一系列措施，以抵制策略性滥用专利制度和扰乱竞争的专利持有企业。在 2013 年 2 月的一次公开演讲中，奥巴马总统警告所谓的"专利流氓"，并认为"这些企业自身并没有生产任何东西，它们本质上只是试图影响和劫持其他人的思想，以查看是否可以从中获利"（《奥巴马反对"专利流氓"》，*The Wall Street Journal* 2013 年 6 月 4 日）。

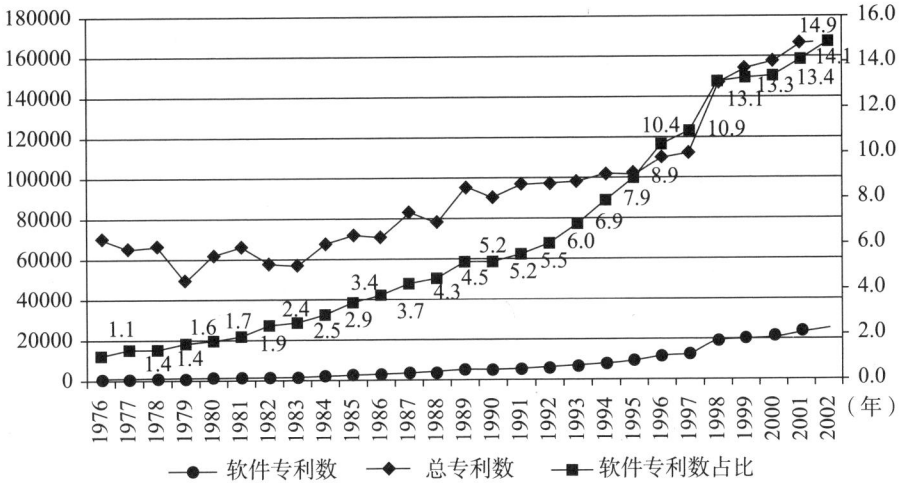

图 6.2　USPTO 授予的软件专利①

制造业中运营的企业（其中，28% 属于电子产业，24% 属于机械制造业）。软件发行商，也即那些最可能参与软件项目开发的企业，它们所拥有的专利只占软件专利总数的 5%。相反，程序员和工程师（即参与软件代码编写的人员）所占有的份额显著大于软件发行商和（更一般地）非制造业部门所占有的份额。制造业部门雇用的程序员只占程序员总数的 11%，而其雇用的程序员和工程师占总数的 32%。这些数据表明，软件开发和专利所有权之间的关联性并不大。因此，表 6.2 证实了专利的策略性作用：除了只雇用较小部分的程序员和工程师之外，电子产业和机械制造业中的企业更偏好于获取专利并积累大规模的知识产权组合②。

---

① 数据来源：Bessen & Hunt（2007）。

② Bessen & Hunt（2007）提供了全面的计量分析，以进一步论证专利策略性作用的相关性。两位作者证明，R&D 投资以及所雇用程序员和工程师数目的增加，只是提供了对授予软件专利迅速增加的部分解释。这种增长的更大部分可以从策略性动机中得到了解释。

表6.2　软件专利分布①

	软件专利 (a)	发行商 (b)	程序员和工程师 (c)
制造业	75%	11%	32%
化学制品	5%	1%	2%
机械	24%	3%	7%
电子	28%	2%	7%
设备	9%	1%	4%
非制造业	25%	89%	68%
软件发行商和其他软件	7%	33%	18%

　　一些学者认为，还存在对专利申请快速增长的其他解释。例如，在美国可接受的主题有所增加：除了软件，生物技术、甚至是商业方法发明也都有资格申请专利②。此外，一系列新程序和制度变迁使得申请专利更加方便③。事实上，如今PTOs更有可能授予专利。而且，专利保护和执行在过去几年变得更加严格。总之，如今对于企业来说为其发明申请专利更加有利可图。

　　一个自然而然的问题是：专利申请的这种增长有何影响呢？一些学者认为，授权专利的质量在过去几年中严重降低。正如我们后面在6.5节中会看到的，许多人相信专利通常被授予PTO无须继续审查就应该立即拒绝的发明。主要的担忧是，专利保护的加强与授权专利的较低质量实际上可能会降低企业投资R&D活动的激励。其背后推理非常直观：当今，由于流转中的专利数量非常多，一家企业侵犯其中某种专利的可能性显著提升。因此，不管是必须支付大额许可费的风险，还是牵涉耗时较长且耗资较多的诉讼中的风险，如今都已经变得非常实际。矛盾的是，在现代经济中，相比于刺激创新，专利实际上可能会损害企业投资R&D项目的激励。

---

　　①　数据来源：Bessen & Hunt（2007）。

　　②　关于商业模式专利的一个最醒目例子，是亚马逊的"一键购物"（参见拓展6.4）。

　　③　我们特别推荐美国联邦上诉法院针对处理关于专利诉讼的上诉而进行的创新，具体细节参见Gallini（2002）。

拓展 6.2 申请专利的策略性作用

在 ICT 部门中，专利的策略性作用得到了大量轶事证据的支持。

苹果公司的风险游戏。长期以来，苹果公司因在法律纠纷中表现非常强硬而著称。从 2011 年以来，它参与了同三星公司的争端，后者是其在台式计算机和智能手机部门的主要竞争对手。所有事情开始于 2011 年 4 月 15 日，当时三星公司被起诉至美国加利福尼亚州地方法院，缘由是侵犯了苹果公司在触摸屏技术方面的知识产权专利且在应用程序包装和图标上有相似之处。三星公司的应对非常及时。七天之后，作为回应，这家总部位于韩国的企业在首尔、东京和曼海姆提交投诉，声称苹果公司侵犯其移动通信技术专利。自此，两家企业之间的法律斗争拉开序幕，全球一共发生了超过 50 起诉讼，双方所要求的赔偿金高达数十亿美元。这场法律战的最终成本及其如何影响消费者，至今仍然不可得知，因为它仍在继续。目前唯一可以确定的事情是，不管对企业还是消费者来说，该成本都是不容忽视的。

2009 年 10 月，苹果公司刚在与诺基亚公司的另一场著名法律纠纷中成为主角。其中，诺基亚公司是其在智能手机领域的又一主要竞争对手。这家来自艾斯堡的企业起诉苹果公司侵犯十项诺基亚专利，这些专利包括 GSM、UMTS 和 WiFi 协议中的必要部分。苹果公司立即采取针对诺基亚公司的应对措施。在数个月内，苹果公司提交了指控诺基亚存在 13 项专利侵权的诉讼。两家企业在多个法院进行了长达将近两年的诉讼，直到 2011 年 6 月双方达成交叉许可协议，且苹果公司支付基于 iPhone 销售量的一笔专利许可费（数额未曾披露，资料来自于维基百科）。

IBM vs 太阳微系统公司。在 2002 年发表在 *Forbes* 的一篇文章中，加里·里巴克（Gary Reback）讨论了专利怎样被用于勒索竞争对手。其中的故事可以回溯至 20 世纪 80 年代，主角是当时的一家小企业——太阳微系统公司与 IBM 公司。根据里巴克的报道，IBM 公司指控太阳微系统公司侵犯其七项专利。在回应太阳微系统公司关于指控不实的观点时，IBM 公司强调："那好，你可能没有侵犯这七项专利。但是，我们拥有 10000 项美国专利。你真的想要我们回到阿蒙克（IBM 公司在纽约的总部）去寻找你确实侵犯的七项专利吗？或者，你愿意简单处理并赔偿我们 2000 万美元？"在经过适度谈判后，太阳微系统公司给 IBM 公司开具了支票，而后者的专利诉讼目标转移到黑名单上的下一家企业（参见《显然荒唐》，《福布斯》杂志 2002 年 6 月 24 日）。

在阁楼上的伦勃朗。根据杰夫和勒纳（Jaffe & Lerner, 2004），在美国采取一系列有利于专利的政策之后，如今企业在保护它们的知识产权上变得更加激进。企业针对它们从未使用的技术提交专利侵权诉讼。2000 年，英国电信公司（缩写为"BT"）发现它拥有一项关于超文本交叉引用的美国专利。尽管 BT 实际上并未使用该项专利，但是它决定通过起诉 Prodigy（一家互联网服务提供商）侵犯专利来加以利用。类似地，得州仪器公司多次采取法律手段来打击几家企业，而理由是它们侵犯了保护自己集成电路设计的一些专利。这种企业试图从并未使用的技术中获利的情形，被称之为"伦勃朗从阁楼上收集灰尘"并想要从中获利。

Oracle 公司的策略。据 Oracle 公司副总裁杰瑞·贝克（Jerry Baker）所说，在无专利侵权风险下开发软件产品几乎是不可能的，而这就是为什么 Oracle 公司谨慎设计专利申请策略的原因。贝克对其公司策略的描述如下："作为一种防御策略，Oracle 公司付出了大量资金和努力，通过选择性地申请专利来保护自己，而这些专利代表着 Oracle 公司与其他企业（可能指控 Oracle 公司侵犯专利）之间交叉许可的最好机会。如果这种索赔者同时也是软件开发商和销售者，则我们希望能够使用我们即将申请的专利来实施交叉许可，并确保我们的业务不受影响。"

第二节　站在巨人的肩膀上

在已有文献中，创新通常被当作一劳永逸发生的事情来对待，即：创新是一个孤立的事件，它与过去可能已经发生的任何创新毫无关联，并且也不会对未来可能的发明产生影响。对于我们的分析来说，这无疑是一个非常方便的起点。但是，如此并不能捕获界定前沿产业创新动态性的若干相关特征。

事实上，在高技术产业中，创新过程是高度累积的，不同代创新者都对知识创造有所贡献。一般而言，ICT 领域的创新沿着渐进步骤进行：创新者对别人开发的技术进行改进或者修改，使之适用于新应用或用途。我们以计算机产业为例加以说明。一个新的软件应用通常需要提供已有软件包所具有的功能。在这些情形中，程序员可能通过"重复使用"（即将已有源代码的部分片段直接放到新项目中）来避免低效重复。类似地，正如引言中所提到的，由于技术复杂性不断提高，电子和半导体产业中的企业需要与可能使用到的必要技术的所有者商谈许可协议。

创新过程的累积性与现代技术的复杂性一道，使得设计旨在刺激 R&D 投资的产业政策变得极其困难。不同代的发明者可能有着相冲突的利益。例如，考虑一项加强专利权的政策（例如，延长专利长度）：尽管早期发明者会从其发明所享受的更强保护中获益，但跟进创新者（即使用这些专利技术的人）可能会因为这样一种政策而受到严重损害。

让我们进行更详细的探讨。在孤立创新情形中，专利保护一方面刺激 R&D 投资，但另一方面也授予了创新者以垄断势力。因此，社会最优的专利政策需要平衡增加 R&D 激励的正面效应与产生无谓损失的负面效应。当创新具有累积性时，则需要考虑两种附加影响。

早期发明为进一步技术改进创造了基础。借用牛顿先生的话，就是"我们看得更远，是因为我们站在巨人的肩上"。换句话说，跟进创新者的命运在很大程度上取决于更早期的发明者[①]。因此，一项创新的社会福利并不仅仅局限于其自身的独立价值，而且还取决于其为未来创新所做的贡献。当创新过程具有累积性时，早期发明者的 R&D 努力产生了正的外部性，这将造福于跟进创新者。

---

① 我们也可以说，本节内容和后续部分事实上是累积创新过程的一个结果。我们所站立的巨人的肩膀实际上非常宽阔。关于这些主题的全面讨论，请参见 Scotchmer（2004）。

补偿早期创新者所做贡献的一种方式，是施加更强的专利保护。在这种方式下，为了获得必要技术，未来创新者必须与专利持有者商谈许可协议，因而会为它们所产生的正外部性提供回报。回到引言部分所提及的MPEG例子，将数字压缩技术嵌入自己产品中的企业必须为使用这种基础技术组件而与专利持有者达成许可协议。

这个例子引入了累积创新过程第二个重要的方面，即针对初始创新的专利保护可能损害跟进创新者的 R&D 激励：考虑到支付给专利持有者的许可费，跟进创新者可能不会有进行投资的足够激励。按照经济学术语，这一现象被称为套牢未来创新。正如我们在下一部分中看到的，最优专利政策关键取决于未来创新被套牢的可能性。在下文中，我们提供了对最优专利政策的正式分析。我们从孤立创新情形开始，然后转至累积创新这一更加有趣的情形。

一、孤立创新情形中的专利政策

考虑一个企业，它决定是否投资一个研究项目。该项目由两个参数 $\{v, c\}$ 来界定，其解释如下：通过在 R&D 上投资资金 c，企业可以获得价值为 v 的一项创新[①]。我们假设创新是可授予专利的且是"孤立的"，也就是它既不是基于以前的发明，也不是未来改进或创新的基础。

在创新实现后，紧接着就是生产/商业化阶段：创新被用于生产销售给消费者的新产品。图 6.3 描绘了新产品的市场，其中：曲线 MC 代表边际（和平均）生产成本，曲线 D 是消费者的需求函数。简单起见，我们将商业化阶段（也即新产品的生命周期）的长度标准化为 1。

定义最优专利政策的第一步，是确定创新产生的社会福利。我们需要根据创新是否得到专利保护（也即根据专利是仍然有效还是已经到期），来将产品生命周期分为两个阶段。假设创新未受专利保护。此时，竞争对手可以仿制产品，因而市场将趋于完全竞争，且均衡价格和数量分别为

---

① 后面我们会区分，v 是生产完全竞争时创新的社会价值。

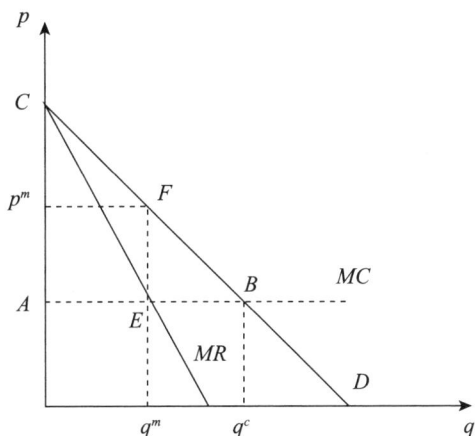

图6.3 孤立创新的利润和社会福利

MC 和 q^c。在均衡中，包括创新者在内的所有企业都获得零利润，同时社会福利（即消费者剩余与生产者剩余之和）将达到最大值。在图 6.3 中，社会福利等于三角形 ABC 的面积。这一面积等于 v，即定义研究项目特征的两个参数中的一个。

现在，考虑当创新得到专利保护时的情况。此时，模仿不会发生，因而创新者是市场垄断者：它生产 q^m（在该产量下边际生产成本等于边际利润 MR），且收费 p^m。因此，正如图 6.3 所示，创新者的利润等于矩形 $AEFp^m$ 的面积。单独生产者的存在，使得社会福利降低至面积 $AEFC$，因此三角形 EBF 的面积代表无谓损失。

为简化分析，有效做法是引入下列符号。当专利有效时，可以将创新者的利润视为总价值 v 的一个比例 $x \in [0, 1]$。因此，vx 就是矩形 $AEFp^m$ 的面积。类似地，无谓损失占总价值 v 的比例为 $d \in [0, 1]$，于是 vd 表示三角形 EBF 的面积。

现在，我们确定与受专利保护（长度为 $T \in [0, 1]$）的创新有关的社会福利①。正如上文所强调的，产品生命周期包含两个独立的阶段：在 T

---

① 正如前面所提及的，当不存在专利保护时，将发生模仿且创新者获得零利润。因此，专利制度的存在是刺激创新者投资 R&D 的必要条件。于是，我们以专利存在为前提条件来确定创新的社会价值。

和 1 之间，专利到期，且发明变成公共知识；同时，市场是完全竞争的，社会福利达到最高水平 v。在 0 和 T 之间，专利有效，市场中只存在一个生产者，社会福利降低至 $v-vd$。在这些界定下并考虑到创新者承担 R&D 的成本 c，与创新有关的社会福利等于：

$$T(v-vd) + (1-T)v - c = v(1-dT) - c \tag{6.1}$$

直到时间点 T，也即在得到专利保护的时期中，企业获得收益 vx。之后，企业所得回报为零。因此，该研究项目产生的利润等于[①]：

$$vxT - c \tag{6.2}$$

专利应当持续多长时间？为了确定社会最优专利长度，我们需要找到能够最大化社会福利（式 6.1）的 T 值。此时，约束条件是 R&D 项目必须是可盈利的，即式（6.2）大于或等于零[②]。

式（6.1）和式（6.2）强调的是在孤立创新情形中，我们权衡的是无谓损失和创新激励。一方面，T 增大延长了无谓损失导致社会福利减少的时期。另一方面，创新者获取收益的时期也将延长。正式地，社会最优专利政策（即最优专利长度）的确定非常简单。从社会角度来说，最优做法是设定 T，使得创新者获取的收益 vxT 等于 R&D 成本 c。较小的 T 值并不是最优的，因为这不足以刺激 R&D 投资。同样地，较大的 T 值也不可取，因为这会延长"垄断时期"的长度，同时又不影响 R&D 投资决策。

总结以上观点，可以得到如下结论：

结论 1：在孤立创新情形中，社会最优专利长度等于 $\bar{T}=c/vx$，在该 T 值下有 $vxT-c=0$。

拓展 6.3　累积创新

在许多高技术部门中，创新过程的特征是有较高水平的累积性。一个

---

① 简单起见，我们假设未来价值不存在折旧。

② 下面，我们基于如下假设来推导社会最优的 T 值：1) 项目的实现是社会所需的（即式（6.1）在任意专利周期 T 下都大于零）；2) 给定一个足够大的专利长度，创新者能够获得的收益足以弥补其初始投资 c（正式地，我们假设式（6.2）在某些 $T\in[0,1]$ 下为正）。注意，这是我们所关注的最有趣情形。例如，如果创新不可盈利，则不管专利长度是多少，我们都将得到如下不重要的结论：创新者根本不会投资 R&D。

典型例子是微软公司的 Excel，即最受欢迎的电子制表应用。Excel 的基础是它的前身 Lotus 1-2-3，而后者又主要来源于 VisiCalc，即第一个为个人计算机设计的电子制表软件（关于 VisiCalc 的历史，可参见拓展 8.2）。毫无疑问，Excel 是比 VisiCalc 更强大的应用。尽管如此，在微软产品上可以使用的一些功能是 VisiCalc 的创建者在 20 世纪 70 年代后期就已经开发了的。

累积创新的另一个例子是激光，这可能是 20 世纪最重要的发现之一（关于激光的历史，可参见 Scotchmer（2004））。Charles Townes 和他的同事 20 世纪 50 年代发明激光，而其理论基础可追溯至 1917 年，当时爱因斯坦发表了关于辐射量子理论的一篇著名文章。随后，第二次世界大战期间所出现的关于雷达技术的一系列研究对该理论进行了补充。得益于"自动刺激"，Townes 和他的科学家小组发现了创造能量的方法。一开始，他们发明了镭射，即激光的前身。在解决了一系列技术困难且有可得新材料之后，开发激光最终成为可能。

正如 Scotchmer（2004）所报告的，镭射和激光都是"搜寻应用中的发现"：尽管发明者意识到了这些新技术的潜力，但是他们无法识别一项即时应用。如今，激光技术被用于从医疗到通信、从音频（CDs）到视频系统（DVDs）的许多领域。正如网站 www.patentweb.de/laser/ 所记录的，过去几年提交的一些专利应用都是以激光技术为基础的。在 1997 年至 2002 年间，美国专利与商标局授予的这类专利超过 1000 项。

二、累积创新情形

在本部分，我们通过考虑一个累积创新过程来拓展前面的分析[1]。假设有两个创新者，即企业 A 和企业 B，它们各自决定是否承担一项研究项目。两家企业先后做出自己的决策，且企业 A 优先选择。如果企业 A 选择投资，则企业 B 有机会承担自己的项目。相反，如果企业 A 不投资，则企

---

[1] 我们提供了 Green & Scotchmer（1995）模型的简化版本，该文发表于 *The RAND Journal of Economics*。

业 B 也不会投资。因此，两个项目是先后进行的，且被相互捆绑在一起：对于企业 B 开发第二代项目而言，企业 A 的投资是必要的。

两个研究项目与孤立创新情形中描述的项目有着相同的特征，即每个项目可以通过一对参数 $\{v_i, c_i\}$ 来界定，其中 $i=A$，B 表示企业 A 或企业 B 的项目。在创新 i 被开发后，紧接着是生产/商业化阶段，即创新被用于生产新产品。我们假设创新 i 可以申请专利，且一旦专利到期，其他企业将会模仿，商业化将在完全竞争的环境中进行。最后，我们将产品 i 的生产周期标准化为 1。

简单起见，我们假设新产品是在不同市场或不同国家中被商业化的。这意味着企业 A 和企业 B 之间并不存在竞争关系①。

除专利长度 $T \in [0, 1]$ 外，当创新具有累积性时，专利宽度同样起着相关作用。专利宽度区分了一项给定专利所覆盖的范围，换句话说，它界定了其他发明者要开发一项非侵权创新所必须实现的最小改进规模。因此，我们用 β 表示宽度，并将其解释为第二项创新侵犯第一项创新之专利的概率：β 越大，说明发生侵权的可能性越大。

在侵权情形中，企业 B 需要与第一个创新者签订许可协议，以便合法销售自己的产品②。如果双方未能达成协议，则相应情形将转变为由法院决定许可费。我们假设法院设定的许可费等于第二个创新者所得收益的一半。

与孤立创新情形一样，创新者只有在专利有效期内（即时期 [0, T]）才能够获取收益。一旦专利到期（即时期 [T, 1]），模仿将会发生且市场从垄断转向完全竞争。总之，企业 $i=A$，B 所获得的总收益等于 $v_i x T$。

两项创新的社会价值。可以按照孤立创新情形中的相同方式，来确定第二项创新的社会价值。我们根据保护企业 B 创新的专利是有效还是到

① 我们所提供的结果同样可以拓展到两家企业相互竞争的情形，具体参见 Green & Scotchmer（1995）。

② 我们假设两项创新都是可以申请专利的，并且在概率 β 下第二项创新将侵犯保护第一项创新的专利。此时，如果没有第一个创新者的许可，则第二项创新将无法实现商业化。这一情境通常被称为阻碍性专利。

期，将时期分为两个阶段。在专利到期情形中，生产在完全竞争产业中进行，且社会福利等于 v_B。而在专利有效期中，生产由垄断者——企业 B 来实现，相应产生的无谓损失将使社会福利降低至 v_B-dv_B。因此，第二项创新的社会福利等于：

$$T(v_B - dv_B) + (1 - T)v_B - c_B = v_B(1 - dT) - c_B \qquad (6.3)$$

现在考虑第一项创新。正如式（6.4）所示，企业 A 创新的社会价值由两个独立部分组成：其一是独立的社会价值（与第二项创新一样），其二是"外部性"。后一部分可以解释的事实是，第一项创新为第二个创新者"铺平了道路"：只有当第一项创新得到开发时，企业 B 才有机会承担起 R&D 项目。因此，式（6.4）中的外部性部分等于第二代发明的社会价值[1]。正式地，有：

$$\underbrace{v_A(1 - dT) - c_A}_{\text{独立价值}} + \underbrace{v_B(1 - dT) - c_B}_{\text{外部性}} \qquad (6.4)$$

博弈时序。将之前所有观点加以整合，可以总结两家企业之间的博弈将按照如下时序动态进行：

$t=1$：第一家行动的企业是 A，它决定是否实施研究项目 $\{v_A, c_A\}$。如果项目得以开发，则企业 A 将申请专利保护；如果项目未被开发，则博弈终止。

$t=2$：如果企业 A 实现了创新，则企业 B 开始行动并决定是否实施项目 $\{v_B, c_B\}$。在知道创新是否侵犯企业 A 专利的情况下，企业 B 进行决策。在前一种情形中，即创新侵犯企业 A 的专利，第二个创新者在投资 c_B 前必须签订许可协议并向企业 A 支付许可费 $L(T)$（具体定义见下文）。一旦开发出其创新成果，企业 B 就会申请专利保护。

遵照格林和斯科奇姆（Green & Scotchmer, 1995），我们假设许可协议在信息对称情况下发生：两个项目的价值和成本（即 $\{v_A, c_A\}$ 和 $\{v_B,$

---

[1]　在该设定中，我们的考虑是外部性的价值有最大值的可能：没有第一项创新，第二项创新将无法实现。更一般地，第一项创新的实现可能简单增加第二项创新得到开发的概率，或者它可能降低其所需的 R&D 支出。在这些情形中，外部性部分等于第二项创新发生概率的提高或者 R&D 成本的减少。

c_B｝）都是共有知识①。如果双方并未达成协议，则争议将由法院来处理。我们假设法院将强制企业 B 支付 $L(T) = v_B xT/2$，即从创新商业化中所得收益的一半。

后续内容的目的，是决定社会最优专利政策，即明确专利长度 T 和专利宽度 β 的取值②。

信息对称下的专利政策

确定 T 和 β 的社会最优值的第一步，是定义两家企业的行为。

首先，我们考虑第一项创新得到开发后可能发生的情况。结论 2 给出了企业 B 投资 R&D 的条件，同时也表明了发生侵权时需要支付给第一个创新者的许可费。图 6.4 提供了该结论的图形展示③。

结论 2：当且仅当商业化的收益大于（或者等于）研究项目的成本时（即 $v_B xT \geq c_B$），企业 B 才投资 R&D；在专利侵权情形中，企业 B 支付给企业 A 的许可费等于：

$$L(T) = \begin{cases} \dfrac{v_B xT - c_B}{2}, & \text{如果 } c_B \leq v_B xT \leq 2c_B \\[3mm] \dfrac{v_B xT}{2}, & \text{如果 } v_B xT \geq 2c_B \end{cases}$$

根据结论 2，当且仅当商业化阶段产生的总收益大于或等于 R&D 成本（即 $v_B xT \geq c_B$）时，企业 B 才会承担其研究项目。在没有专利侵权的情形中，该结论十分直观：企业 B 从商业化的总收益中获利，因此假如该利润不小于 c_B，它将承担研究项目。更有趣的是，根据结论 2，在专利侵权情形中条件 $v_B xT \geq c_B$ 也足以确保跟进项目的发生，此时企业 B 获利为 $v_B xT - L(T)$，即商业化收益减去支付给企业 A 的许可费。该结论的直觉来自于如下事实：未能达成许可协议对两家企业来说都可能是最糟糕的情形。一方

---

① 正如在第六章中所区分的，信息对称假设对于模型结果至关重要。

② 与孤立创新情形一样，在分析中我们假设两项创新的实现都是社会所需的，如此就有可能得到使得两个研究项目都可盈利的 T 和 β。

③ 相应的正式证明，可参见数学附录。

面，企业 B 不能实现其创新，且获得零利润。另一方面，第一个创新者不能得到许可费。这意味着只要 $v_B x T \geqslant c_B$，两家企业将从赞成足够低的许可费中获益，该许可费使得跟进项目的实现有利可图。

结论 2 极其重要。正如本节开始所提到的，累积创新过程的一个最相关的方面是，保护强度过高的专利可能会损害未来创新，因此产生所谓的套牢问题。结论 2 意味着，在我们考察的设定中，许可谈判是有效的且它们能够消除套牢风险。使得跟进项目有利可图所需的条件仅仅要求商业化收益能够覆盖 R&D 成本。如下推论是对这些讨论的总结：

推论 1：许可谈判是有效的，且不存在套牢跟进创新的风险。

结论 2 之所以重要，另一个原因是它强调了专利长度与专利宽度的不同作用。条件 $v_B x T \geqslant c_B$ 是确保第二项创新得以开发的充分必要条件。因此，企业 B 的投资决策仅受专利长度的影响。相反，专利宽度仅影响企业 A 和企业 B 分享第二项创新所产生收益的方式：较大的 β 将提高专利侵权的可能性，并因此会增加企业 A 收取的许可费。总结这些讨论可以得到如下推论：

推论 2：专利宽度影响利润在两家企业之间的分成，但并不影响开发跟进创新的决策。

之前的结论对社会最优专利政策同样有一些有趣的含义。首先，专利宽度并不影响企业 B 的项目的实现（推论 2）。这意味着，如果我们仅关注第二项创新，则 β 的任意值都是社会最优的。其次，专利长度 T 对第二项创新的开发起着关键作用：仅当 T 足够大并确保 $v_B x T \geqslant c_B$ 时，企业 B 才会承担其研究项目。遵循孤立创新情形中所使用的相同术语，当我们仅关注第二项创新时，社会最优专利长度是 T 取使得 $v_B x T = c_B$ 的值。为便于分析，将该值定义为 $T = \overline{T}_B$。

定义 1：$\overline{T}_B$ 是使得 $v_B x T = c_B$ 的专利长度 T 的取值。

第一个创新者的决策与社会最优专利政策。现在，考虑第一个创新者。企业 A 所得利润有两个来源：1）从其创新成果的商业化中获利，即式（6.5）中的"直接利润"；2）如果第二个项目得到开发，则企业 A 得到专利侵权情形下的许可费支付，即式（6.5）中的"许可利润"。因此，第一个创新者的总利润为：

$$\underbrace{v_A x T}_{\text{直接利润}} + \underbrace{\beta L(T)}_{\text{许可利润}} - c_A \tag{6.5}$$

很明显，式（6.5）关于专利长度 T 和专利宽度 β 均递增。正如前文所讨论的，当创新具有累积性时，从社会福利的视角来看第一项创新的实现是极其必要的。当且仅当企业 A 承担其项目时，创新序列才会发生。换句话说，除了其独立价值外，第一项创新能够产生有助于企业 B 开发项目的正外部性。因此，专利长度与专利宽度的设定必须确保企业 A 的研究项目可以盈利。

为了确定社会最优专利政策，我们需要考虑两种情形：Ⅰ. 第一项创新产生较小的直接利润（即 v_A 较小）；Ⅱ. 第一项创新产生较大的直接利润（即 v_A 较大）。图 6.5 提供了社会最优专利政策的图形表述①。

情形Ⅰ：第一项创新产生较小的直接利润。假设第一项创新有较小的独立价值，因而产生较小的直接利润（v_A 较小，因而 $v_A x \bar{T}_B < c_A$）。该创新的价值主要取决于，它为未来创新铺平了道路②。在较小的直接利润下，当且仅当能够获得足够多的许可费 $\beta L(T)$ 时，企业 A 才愿意承担其研究项目。反过来，许可费取决于专利宽度与长度。因此，这时的问题是：从社会福利视角来看，这两个专利维度中哪个更容易操作，从而增加 $\beta L(T)$ 并引导企业 A 投资？

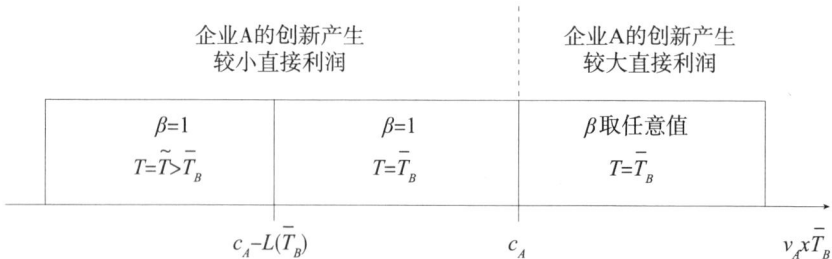

图6.5 社会最优专利政策

---

① 在数学附录中，我们提供了社会最优专利政策的正式证明。

② 例如，第一项创新可能是一种仅对开发跟进创新有用的基础研究工具，因而从商业化中只能产生较小的收益。

专利宽度影响两家企业分享第二项创新所得收益的方式，但它既不影响无谓损失的规模也不影响企业 B 创新的实现（参见推论 2）。换句话说，β 的增大仅有扩大 $\beta L(T)$ 的有益作用。结果，社会最优选择是将 β 设定在尽可能的最高水平（也即 $\beta = 1$），以刺激第一个项目的实现。相应地，正如在孤立创新情形中所描述的，拓展专利宽度引致了对投资 R&D 激励与无谓损失进行标准权衡的需要。因此，与前一小节中已经讨论的结果类似，将专利长度 T 设定在可引导第一个创新者投资 R&D 的最低水平是社会最优的。

正如图 6.5 所显示的，有两种需要考虑的可能子情形：a）直接利润"非常小"；b）直接利润略小。考虑情形 a，该情形在即使专利保护非常强第一项创新也无利可图时出现，正式表述为：即使 $\beta = 1$ 且 $T = \overline{T}_B$（也即专利长度足以刺激跟进创新）。此时，引导企业 A 投资的唯一方式，是将专利长度延长至 $\overline{T}_B$ 以上。如图 6.5 所示，最优专利长度为 $\tilde{T}$，即允许企业 A 收回其 R&D 成本的 T 值：$v_A x \tilde{T} + L(\tilde{T}) - c_A = 0$ 且 $\tilde{T} > \overline{T}_B$。

现在，考虑子情形 b：直接利润较小但不是非常小。正式地，当给定 $\beta = 1$ 且 $T = \overline{T}_B$ 时第一项创新有利可图，此时将出现子情形 b。如果 $T < \overline{T}_B$，企业 B 不会投资，结果第一个投资者不能获得任何许可费。很明显，$T > \overline{T}_B$ 也不可取：在该条件下，与第一个创新者垄断地位有关的无谓损失将在不提高 R&D 激励的情况下持续更长时间（即使当 $T = \overline{T}_B$ 时两家企业都投资）。观察 3 是对这些讨论的总结：

观察 3： 当第一项创新产生较小直接利润时，所设计的专利政策必须确保较大的许可利润。社会最优专利政策是：专利宽度最大（$\beta = 1$），而专利长度足以引导第一个创新者进行投资。

情形 II： 第一项创新产生较大的直接利润。假设第一个项目产生较大的直接利润：v_A 较大，因而有 $v_A x \overline{T}_B \geqslant c_A$。此时，当 $T \geqslant \overline{T}_B$ 时，不管专利宽度如何，两家企业都投资 R&D。因此，社会最优专利政策较容易确定：$T = \overline{T}_B$（两家企业都投资）且 β 可以取任意值（因为它仅影响利润在两个创新者之间的分配比例，不会产生任何福利影响）。

观察 4：当直接利润较大时，不管许可收益有多少，第一个创新者都会投资 R&D。当专利长度可以平衡研究激励与无谓损失时，任意专利宽度都是社会最优的。

最优专利长度：孤立创新和累积创新。在进行总结之前，考察 R&D 过程的累积性如何影响社会最优专利长度非常有趣。

换句话说，现在我们探讨相比于孤立（非累积）创新情形，累积性是否要求有效期更长或更短的专利。为了解决这一问题，我们比较前一节所推导的社会最优专利长度与两个研究项目由同一家企业实施时 T 的社会最优值。后一情形与孤立创新情形类似：单个创新者有可能实施一个研究项目，该项目的价值与成本分别为 v_A+v_B 和 c_A+c_B。从这一比较中可以推导的主要结果是：

结论 3：与单个创新者情形相比，当研究项目由两家不同企业开发时，专利长度的社会最优值更大。

结论 3 背后的直觉如下。考虑单个创新者情形，明显地，企业可以无须支付任何许可费就可以实现第二项创新（自己拥有第一项创新）。企业所收集的总利润等于 $v_A x T - c_A + v_B x T - c_B$。因此，使用结论 1，当两个研究项目由同一创新者实施时，社会最优专利长度是使得 $v_A x T - c_A + v_B x T - c_B = 0$ 的 T 值。

相反，如果研究项目分别由两家不同的企业实施，则第二项创新所产生的部分利润将由跟进创新者享有。结果，企业 A 的利润小于 $v_A x T - c_A + v_B x T - c_B$。因此，如果专利长度 T 使得 $v_A x T - c_A + v_B x T - c_B = 0$，则企业 A 的项目将不再有利可图。这一观察足以说明，如果项目分别由两家不同的企业承担，则专利长度必须比单个创新者情形中的相应长度更长，如此才能引导企业 A 投资创新。因此，结论 3 最有趣的含义是：当创新过程具有累积性时，专利的有效期应当比孤立创新情形中长。

三、信息不对称与套牢问题

根据前文中基于 Green & Scotchmer（1995）的模型，当创新过程具有累积性时，应当拓展专利权利以补偿可以产生外部性的早期创新者。较大的 β 并不意味着无谓损失，且正如推论 1 所示，它也不会套牢未来创新。

在他们的分析中，Green & Scotchmer（1995）假设许可谈判发生在信息对称的环境中：两家企业都知道两项创新的成本和价值，即 $\{c_i, v_i\}$，$i = A, B$。但是，事实上有很多因素可能使许可谈判变得复杂。例如，企业在两个项目的成本和收益上可能存在信息不对称，或者它们对专利侵权发生的可能性有相左观点。在这些情形中，许可谈判可能并不像 Green & Scotchmer（1995）所说的那么顺利，当事双方可能无法成功达成互相可盈利的协议①。在下文中，我们拓展前面部分的分析，以考虑信息不对称的存在②。特别地，我们假设每个项目的 R&D 成本是创新者的私人信息。正如我们将看到的，信息不对称可能会导致无效率的许可协议，因此需要重新考虑前节中推导出来的最优专利政策。

正式地，假设企业 i 的 R&D 成本 c_i（其中，$i = A, B$）在区间 $[0, 1]$ 上服从均匀分布。在决定是否承担研究项目前，企业 i 私下可观察到 c_i 的具体值。而且，我们假设 c_A 和 c_B 的实现在统计上相互独立，这一假设意味着：通过观察自身项目成本的实现，企业 A 不能推断关于企业 B 所承担成本的任何信息；反之亦然。

简单起见，我们假设当专利有效时，创新者能够获取创新的所有社会价值。正式地，到时刻 T 企业获得的利润等于 v_i。与之前的符号一致，我们考虑 $x = 1$ 且 $d = 0$（无谓损失为零）这一情形③。对于社会最优专利政策来说，这一假设有一个非常重要的影响。因为不存在与专利相关的无谓损失，此时从社会福利视角来看，任意能够引导企业投资 R&D 的专利长度 T 都是最优的。因此，不失一般性，在下文中我们假设专利长度是最大的（即 $T = 1$），且主要关注专利宽度的作用。注意当 $T = 1$ 时，企业 i 的产品实

---

① 在最新的论文中，Comino et al.（2011）证明：双方未能签署有效率的许可合同，这仅仅是因为第一个创新者不能观察到跟进创新者对投资的时机掌握。

② 下文分析以 Bessen（2004）为基础。

③ 例如，当创新者对消费者进行完全价格歧视并攫取与创新有关的所有社会福利时，这一情境就会发生。

现商业化所产生的利润等于 v_i。

最后，在专利侵权情形中，我们假设许可谈判程序为：企业 A 提出一个要么接受要么离开的提议，如果企业 B 拒绝该提议，则法院设定等于 $v_B/2$ 的许可费（与前文类似）。

谈判和套牢问题。 在本节中，我们首先考察许可谈判是否能够有效引导企业 B 投资这一问题。如前所述，我们假设第一个创新者提出一个要么接受要么离开的提议，其中跟进创新者可能接受也可能拒绝。企业 A 的提议可以仅以跟进创新的价值 v_B 为基础，而与企业 B 私人可以观察到的创新成本 c_B 无关。特别地，在专利侵权情形中，企业 A 建议企业 B 支付 sv_B，其中 $s \in (0, 1)$。很明显，因为在拒绝情形中法院将强制实行支付 $v_B/2$，因而企业 B 绝不会接受 $s>1/2$ 的提议。因此，第一个创新者将被迫提议 $s \leq 1/2$。

我们继续讨论许可谈判的细节。第一个创新者知道仅当 $(1-s)v_B \geq c_B$ 时企业 B 才会接受提议 $s \leq 1/2$，也即第二项创新产生的收益减去许可费后仍然大于（或等于）创新投资的成本。因此，遵循 c_B 服从 $[0, 1]$ 上的均匀分布这一假设，企业 A 预期：

——提议以 $(1-s)v_B$ 的概率（即事件 $c_B \leq (1-s)v_B$ 的概率）被接受。此时，企业 B 开发其项目并向企业 A 支付许可费 sv_B。

——提议以 $1-(1-s)v_B$ 的概率被拒绝（即事件 $c_B > (1-s)v_B$ 的概率）。此时，企业 B 不会承担研究项目，企业 A 也不能得到任何许可收益。

总之，当提议 $s \leq 1/2$ 时，第一个创新者预期获得的许可利润为 $(1-s)sv_B^2$。通过求解一个简单的最大化问题，可以直观地发现对第一个创新者来说设定 $s=1/2$ 是最优的。

这一结果有两个相关的含义。其一，企业 A 的提议等于无协议情形下法院强加的支付。其二，很容易看到许可谈判是无效率的，且不能消除套牢问题。特别地，当 $c_B \in (v_B/2, 1]$ 时，第二项创新的实现是社会所需的，但却无利可图。总结这些讨论可以得到如下结论：

结论 4： 当存在关于 R&D 成本的信息不对称时，许可谈判是无效率的。如果企业 A 拥有的专利被侵权且 $c_B \in (v_B/2, 1]$，则跟进创新将被套牢。即使为社会所需，企业 B 也不会开发其创新。

与信息对称情形不同，当 R&D 成本是私人信息时，专利宽度在决定第二项创新被开发的可能性上起着重要作用。较大的 β 值提高了第二项创新侵犯第一项创新之专利的概率。因为许可谈判是无效率的（结论 4），较大的 β 值增加了专利套牢的概率：

推论 3： 当存在关于 R&D 成本的信息不对称时，专利宽度影响企业 B 的项目开发决策。较大的 β 值使得套牢问题更可能发生。

在信息不对称下，专利宽度对创新有正反两方面影响。原则上，较大的 β 增加了企业 A 的许可收益，因而会激励其投资；但与此同时，它同样会减少企业 B 的利润，并因此弱化企业 B 承担其 R&D 项目的激励。在下一节中，我们更加详细地讨论专利宽度的作用。

最优专利宽度。为了确定社会最优专利宽度，我们需要更仔细地考察第一个创新者的行为。企业 A 通过两种渠道获取利润：得自发明商业化的直接利润（这些利润等于 v_A）和专利侵权情形中的许可利润。特别地，企业 A 以 $\beta v_B/2$ 的概率（即侵权发生的概率乘以企业 B 实际承担起研究项目的概率）获得许可利润 $v_B/2$。当下式成立时，企业 A 承担其项目：

$$\underbrace{v_A}_{\text{直接利润}} + \underbrace{\beta\,(v_B/2)^2}_{\text{许可利润}} - c_A \geqslant 0 \qquad (6.6)$$

式（6.6）和推论 3 强调了更大专利宽度所产生的相左福利效应。一方面，β 增大会刺激企业 A 的创新：专利宽度越宽，发生专利侵权的可能性越大，第一个创新者期望获得的许可利润也越大。但另一方面，因为许可谈判无效率（推论 3），更宽的专利宽度同样会加剧套牢问题。适当地平衡这两种相反的效应，可以获得社会最优专利宽度。一个简单的数值例子可以帮助我们更好地理解这些观点。

一个简单的数值例子。考虑一个政策制定者，其设定专利宽度以最大化社会福利 $W(\beta)$。与模型的假设一致，我们考虑的情形是：政策制定者并不能观察到两家企业 R&D 成本的实现；唯一可得的信息是 c_A 和 c_B 服从区间

[0, 1] 上的均匀分布。因此，政策制定者需要最大化的社会福利函数为：

$$W(\beta) = I (II + III + IV)$$

其中：

$$I = pr \left(v_A - c_A + \beta \left(\frac{v_B}{2} \right)^2 \geq 0 \right), \quad II = v_A - E \left[c_A \mid v_A - c_A + \beta \left(\frac{v_B}{2} \right)^2 \geq 0 \right],$$

$$III = \beta pr \left(c_B \leq \frac{v_B}{2} \right) \left(v_B - E \left[c_B \mid c_B \leq \frac{v_B}{2} \right] \right), \quad IV = (1 - \beta)(v_B - E[c_B])。$$

式子 I 表示企业 A 开发其研究项目的概率。如前文所讨论的，当式 (6.6) 成立时该事件发生。式子 II 表示第一项创新实现所产生的社会福利：v_A 减去第一个项目的预期 R&D 成本，前提条件是式（6.6）成立。最后，式子 III 和 IV 分别表示专利侵权与无专利侵权情形中与第二项创新实现有关的社会福利。当存在专利侵权时（事件发生概率为 β），如果 $c_B \leq v_B/2$，则第二项创新得到开发，社会福利等于 $v_B - E[c_B \mid c_B \leq v_B/2]$。如果不存在专利侵权，则第二项创新总是得到开发，且社会福利等于 $v_B - E[c_B]$。

现在，我们来决定 β 的社会最优值。简单起见，我们假设 $v_B = 1$。因为 R&D 成本在区间 [0, 1] 上服从均匀分布，我们可以证明最大化 $W(\beta)$ 的专利宽度等于：

$$\beta^W = \begin{cases} 1 - v_A & \text{如果 } v_A \leq 1 \\ 0 & \text{如果 } v_A > 1 \end{cases}$$

该表达式证明，社会最优专利宽度关于第一个创新者的直接利润（v_A）递减。利用我们已经讨论过的内容，可以很容易地解释这一结论。因为不存在与专利有关的无谓损失（$d = 0$），政策制定者需要进行考虑的就是上文所强调的权衡。随着 β 增大，将产生两种方向相反的福利效应：第一个创新者有投资 R&D 的更多激励，但第二项创新被套牢的概率将增大。因此，社会最优专利宽度取决于第一个创新者享有的直接利润量。当 v_A 较小时，即企业 A 参与到产生较少直接利润的基础研究活动之中，此时 β 应该足够大，以确保有充分的许可利润来引导第一个创新者进行投资。

随着 v_A 增大，社会最优专利宽度减小：第一个创新者获得的直接利润越来越多，这使得政策制定者可以降低 β 以减少套牢风险。当 $v_A \geq 1$ 时，企业 A 的直接利润将大于 c_A。因此，企业 A 将承担其研究项目，而不管能够获得多少许可利润。此时，社会最优选择是设定 $\beta=0$，以消除套牢问题。

在对模型的陈述进行总结之前，强调我们讨论的一个重要含义十分有意义。当创新具有累积性且许可谈判无效率时，"越强的专利保护将引致越多的研究活动投资"这一观点并不必然成立。为了理解这一点，可考虑如下情形：v_A 足够大，从而可以保证第一个项目得到开发（$v_A \geq 1$）。通过加强专利保护（也即设定更大的专利宽度），政策制定者明显会减少 R&D 活动的总水平：更大的 β 在不增加第一个创新者所受激励的同时，会降低第二项创新得到开发的可能性。

第三节　专利丛林与反公地问题

正如第二节所讨论的，专利申请数与世界各国专利与商标局授予的专利数在过去数年中出现了大幅增长。这一现象在许多部门都很普遍，但它在生产软件、电子器件和半导体等技术复杂性产品的这些产业中特别明显。在本章引言中我们已经提到，被大量专利覆盖的 MPEG 技术由不同运营商所拥有。另一个有趣的例子是第三代移动电话的相关技术。正如古德曼和迈尔斯（Goodman & Myers, 2005）所报告的，这一技术的必要专利的数量达到 7796 件。技术由大量不同运营商拥有的重叠知识产权来保护这一现象如此显著，以至于学术界提出了一个进行描述的特定术语：专利丛林（Patent thicket）。

大量专利持有者的存在可能阻碍社会最优结果的实现。在 1998 年发表于《科学》上的关于生物医学的一个著名研究中，迈克尔·海勒（Michael Heller）和瑞贝卡·艾森伯格（Rebecca Eisenberg）强调了与专利丛林有关的可能风险。尽管作者并未反对专利，但他们认为重叠知识产权会严重损害 R&D 激励。有兴趣使用得到多个专利保护的技术的创新者需要同所有不同专利持有者商谈许可协议。完成所有这些交易所需的时间和资源可能会随着专利丛林的规模而出现指数式增长。结果，获取技术可能被推迟，甚至被阻止，而创新过程可能在很大程度上被延缓。这就是赫勒和伊斯贝格所定义的反公地悲剧。

利希曼（Lichtman，2006）提出了关于专利丛林影响的一个替代理论。与赫勒和伊斯贝格相反，利希曼认为知识产权碎片化使得许可协议更容易商谈成功。他的观点如下：当所有权高度碎片化时，每一个专利持有者都只控制整个技术的微小部分。因此，单个专利的价值非常小，而这一事实将促使专利持有者较少激进地商谈协议（即他们更愿意签署许可协议）。基于这一原因，更碎片化的所有权意味着更快的谈判和更小的许可支付。

由此所产生的问题是：究竟谁是对的？是赫勒和伊斯贝格还是利希曼？换句话说，专利丛林是延缓还是加速了许可谈判？或者更进一步说，它们是抑制还是增进了企业投资 R&D 的激励？这些问题对 ICT 部门十分重要，因为专利丛林在这些领域非常普遍。为了解决这些问题，下文中我们将展示 Galasso & Shankerman（2010）模型的简化版本。

加拉索和山克曼（Galasso & Shankerman，2010）提出的设定如下。存在一个创新者，他想要承担一项以已有技术为基础的研究项目。该技术被 n 项专利覆盖，而每项专利为不同企业所有。为了实施其项目，该创新者需要与 n 个专利持有者中的每一个都商谈许可协议。因此，n 表示所有权的碎片化：n 越大，则相关技术的碎片化程度越高。加拉索和山克曼研究碎片化如何影响创新者签订许可协议所需的时间。

我们假设如果创新者与所有 n 个专利权人达成一份协议，则其研究项目可以产生数量为 v 的利润。如果仅与 $m<n$ 个专利权人签订了许可协议，则创新者仍然可以通过使用替代性但效率较低的技术来开发研究项目。尽管创新者没有得到使用未签约部分技术的授权，但是他可以使用公共领域可得的过时技术予以替代①。但是，在这种情形中，创新所得利润要低于

---

① 另外，我们可能设想创新者实施了一些（高成本的）创新活动，以开发他自身所需的技术。

签订所有许可协议时创新者所享有的利润。具体来说，创新所产生的利润为：

$$\begin{cases} v & \text{如果签订了 } n \text{ 份许可协议} \\ v\dfrac{m}{n} & \text{如果签订了 } m < n \text{ 项许可协议} \end{cases} \tag{6.7}$$

这些表达式说明，利润关于 m（即已签订许可协议的数量）递增。遵循原有模型，我们假设除与许可协议相关的成本外，没有与创新开发有关的其他成本。

碎片化和单个许可协议的谈判。此时，让我们关注 n 个专利权人中某一个与创新者之间的谈判。双方并不知道创新是否侵犯专利。尽管如此，我们假设相比于专利权人，创新者拥有某种信息优势。特别地，我们假设创新者私下可准确观察到创新侵犯专利的概率 $p \in [0, 1]$。相反，专利权人仅知道 p 服从区间 $[0, 1]$ 上的均匀分布。

创新者与专利权人之间的谈判时序如下：

$t=1$：专利权人提出要么接受要么离开的提议；在支付 L 后，创新者有权使用专利技术。

$t=2$：创新者决定是否接受提议。如果他选择接受，则相应技术将以费用 L 被许可。否则，事情将交由法院处理，法院确认创新者是否侵犯专利。在侵犯专利情形中，法院确定许可费。当双方诉诸法院时，他们都将承担金额为 S 的诉讼成本。

根据我们的假设，当双方未能达成协议时（即创新者拒绝专利持有人的提议），法院确定创新并未侵犯专利的概率为 $1-p$。相反，在概率 p 下，法院发现创新者有侵权责任以及补偿专利权人损失的责任。遵照加拉索和山克曼的结论，我们假设法院基于不当得利原则来决定赔偿金额：创新者被要求支付使用技术片段所得利润与未使用该技术所得利润之间的差额。根据式（6.7），法院所确定的赔偿金等于 $v-v(n-1)/n=v/n$。这一表达式代表该技术片段的价值。注意，该价值关于 n 递减。换句话说，技术碎片化程度越高，n 个片段中每一个的价值越低。

如前所述，加拉索和山克曼模型的目的，是考察碎片化对达成许可协议所需时间的影响。考虑创新者与某个专利权人之间的单次谈判，令 δ 表示签订一份许可协议所需的时间。如果创新者接受专利权人的提议，则谈判进行非常快。在下文中，我们将该情形中的谈判所需时间标准化为 0（即 $\delta=0$）。而在申诉至法院的情形中，谈判持续更长时间，此时 $\delta=1$。

我们从谈判博弈的第二阶段（即 $t=2$）开始分析，此时创新者决定是否接受专利权人的提议。创新者通过比较两种情形下的期望支付来进行决策。如果提议被接受，则创新者支付 L。如果提议被拒绝，则双方诉诸法院：在概率 p 下，创新者被认为有专利侵权责任，法院强加等于 v/n 的许可费；在概率 $1-p$ 下，法院判定不存在专利侵权，创新者被允许免费使用技术片段。如前所述，在法院裁决争端的情形中，创新者承担诉讼费用 S。因此，如果 $L \leq pv/n+S$，则创新者会接受专利权人的提议，即：

$$p \geq (L-S)n/v \tag{6.8}$$

很明显，如果法院确认专利侵权的概率较高，创新者将接受提议。

现在，我们回到谈判博弈的第一阶段（$t=1$）。专利持有者仅知道专利侵权的概率 p 服从于区间 $[0, 1]$ 上的均匀分布。因此，当提议支付 L 时，专利持有者期望获得：

$$\pi(L) = \underbrace{(1 - (L-S)\frac{n}{v})L}_{\text{期望许可收益}} + \underbrace{\int_0^{(L-S)\frac{n}{v}}(p\frac{v}{n} - S)p}_{\text{法院干预下的期望收益}}$$

在概率 $1-(L-S)n/v$（也即条件（6.8）成立的概率）下，创新者接受提议并支付 L。在概率 $(L-S)$ n/v 下，当 p 位于 0 和 $(L-S)n/v$ 之间时，创新者拒绝提议，争议被提交至法院，专利权人获得的收益等于 pv/n 减去诉讼费用 S。

通过求 $\pi(L)$ 关于 L 的微分，经过一些代数计算后，我们可以确定专利权人的最优许可提议：$L^* = v/n - S$。注意，该提议取决于技术所有权碎片化的程度（即取决于 n）。如下结论强调了碎片化对 L^* 的影响。

结论5：技术所有权碎片化程度越高，则专利权人提议的许可费用越低，即 L^* 关于 n 递减。

专利持有者知道，如果提议被拒绝，则争议将被提交至法院。专利持有者承担诉讼费用 S，且在概率 p 下他将获得金额为 v/n 的专利侵权赔偿金。碎片化程度越高，专利权人获得的赔偿金越少。基于这一原因，从"诉诸法院"中得到的收益关于碎片化程度递减。因此，随着 n 增大，专利权人将提议更低的 L^* 以减少创新者拒绝提议的可能性。换句话说，随着 n 增大，专利权人在谈判期间将变得更保守。

一旦 L^* 得到确定，我们可以计算提议被接受的概率，因而可以计算创新者与专利持有者之间谈判的预期时长。更具体地，将 L^* 代入式（6.8），可以得到：给定 $p \geq p^* = 1 - 2Sn/v$，双方将达成一份协议。此时，创新者与专利持有者之间谈判的时长为 $\delta = 0$。当 $p < p^*$ 时，创新者拒绝提议，双方诉诸法院且许可谈判持续时间为 $\delta = 1$。结果，谈判的预期时长为：

$$E[\delta] = 1 \int_0^{p^*} 1 dp + 0 \int_{p^*}^1 1 dp = 1 - 2S \frac{n}{v} \qquad (6.9)$$

从式（6.9）中，可以得到如下结论：

结论 6：技术所有权碎片化程度越高，创新者与单个专利持有者之间的谈判持续时长越短，即 $E[\delta]$ 关于 n 递减。

对该结论的解释非常直观。从结论 5 中，我们知道 n 越大，单次谈判的价值越小。因此，专利持有者表现得更保守，以期降低出现法律纠纷的概率。这也解释了为什么更大程度的碎片化能够加速许可谈判。

加拉索和山克曼使用美国专利诉讼方面的数据检验了结论 6。对于每一项在法院提起过诉讼的专利，两位作者计算了谈判时长，具体为争议提交至法院的日期与诉讼最终得到裁决的日期之间的差。在不同的解释变量中，最令人感兴趣的是相关技术的所有权碎片化。加拉索和山克曼基于仔细的审查专利文本来计算这一变量。有趣的是，作者得到了支持结论 6 的证据：当技术所有权高度碎片化时，谈判更加迅速。

碎片化与总谈判时间。前面的论述似乎支持利希曼的猜想：技术所有权越分散，创新者与单个专利持有者之间的谈判越快。但是，到目前为止，我们仅仅考虑了单次许可谈判。为了确定利希曼的观点与反公地悲剧哪一个正确，我们需要考察总谈判时间。n 增大意味着创新者需要签订的许可协议数量越多。这也意味着，即使单份许可协议的谈判并不会持续较长时间，但创新者与剩余专利持有者谈判所需的时间可能关于 n 递增。

为了计算总谈判时间，我们需要给定关于谈判如何进行的补充假设。更具体地，我们考虑如下两种极端情境：1）创新者同时协商所有 n 份许可协议（最小谈判时长）；2）谈判是序贯进行的，也即同一时间只能商谈一份合约（最大谈判时长）。

在第一种情境中，总谈判时间等于式（6.9）。因此，在该情形中，Lichtman 的猜测成立。现在考虑情形 2，即谈判是序贯进行的。此时，谈判持续时间是单次谈判的 n 倍。因此，通过简单地求 $nE[\delta]$ 关于 n 的导数，可以计算碎片化对谈判总时间的影响：

$$\frac{\partial(nE[\delta])}{\partial n} = \underbrace{E[\delta]}_{\text{丛林效应} > 0} + \underbrace{n\frac{\partial E[\delta]}{\partial n}}_{\text{Lichtman效应} < 0} \qquad (6.10)$$

上述导数的第一项为正，表示所谓的"丛林效应"：随着 n 增大，谈判次数增加，因而会增大谈判总成本。相反，第二项为负，它等于所谓的"利希曼效应"，即结论 6 所强调的影响。哪一个效应占主导并不明确。因此，在序贯谈判下，技术碎片化的影响是模棱两可的。利希曼猜测的支持者与反公地悲剧的信奉者之间的争论仍然未能得到解决①。

第四节 弱专利有多强？

一些评论家强调，过去几年各国专利与商标局（PTO）授予的专利数量的剧增导致了被保护发明/创新质量的大幅降低。专利技术质量降低的一个典型例子，是 1995 年 8 月授予的美国专利 No. 5443036，标题为"训

---

① Galasso & Shankerman 的估计以关于单次许可谈判的数据为基础，因此，这些数据并不完全适合评估式（6.10）的符号。尽管如此，根据他们从对现象的间接评估中获得的理解，他们相信 Lichtman 效应占主导。也就是说，所有权碎片化似乎加速了谈判过程。更多细节可参见 Galasso & Shankerman（2010）。

练猫的方法"。图6.6来自于原始专利文件，它说明了发明是如何工作的。根据其摘要，该发明为：

一种引导猫参与训练的方法，包括：将手持激光装置发出的一束不可见的光打到猫附近的地板、墙壁或其他不透明的表面，随后移动激光以产生明亮的光线图，通过不规则的方式移动来迷惑猫或者有追逐本能的其他动物。

我们至少可以说，这一专利很奇怪。但是，它却并不是"幼稚"专利的唯一代表。我们还可以发现保护花生酱三明治的专利，或者其他关于反重力机器和技术（这些技术能够让人超光速移动）的专利①。

这些例子都昭示着一个非常令人担心的现象：越来越多的专利保护被授予给平淡无奇且无用的技术，而这些都是各国 PTO 应该直接拒绝的。该领域两个杰出的学者——约瑟夫·法雷尔（Joseph Farrell）和卡尔·夏皮罗（Carl Shapiro）将这些专利称为弱专利。

现有专利制度究竟出了什么问题呢？许多学者强调，过去几年中专利申请量迅猛增加。专利局的工作量显著增大，同时 PTO 审查人用来审查每一项申请的总时间也大幅减少②。根据莱姆利和夏皮罗（Lemley & Shapiro，2005），即使授予或者驳回一项专利所需时间平均为 2 到 3 年，但是对每一项申请专利，审查人仅用 18 个小时来搜寻现有技术、与申请人的律师面谈、撰写报告等等。对于详细审查专利申请来说，这些时间明显不够。

授予专利数量剧增的其他原因还包括，专利局从专利申请和续期费用中获得了资金。明显地，这种筹资方式引导各国 PTO 增加申请检查量并减少审查程序所用时间。最后，一些评论家认为，弱专利之所以被授予是因为许多前沿产业存在非常突出的技术复杂性。其中，对于审查人来说，评价一项创新是否新奇可能极其困难。

---

① 参见 Jaffe & Lerner（2004）、Lemley et al.（2005）。

② Caillaud & Duchene（2011）研究了 PTO 中的超负荷问题，结果表明：对于一个较大的参数值集合，多个均衡同时存在。特别地，两位作者证明了低 R&D 均衡的存在，即：企业在研究活动上投资较少，它们也将并无稀奇的创新提交专利申请，而忙碌的 PTO 以较大的概率授予弱专利。

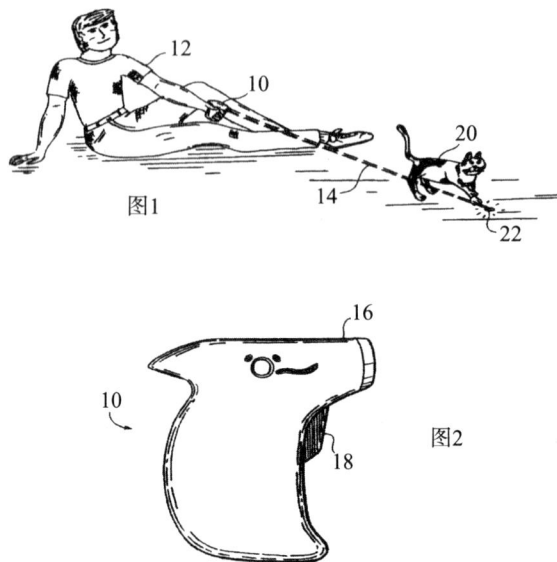

图 6.6　美国专利 No. 5443036

在许多情形中，不管哪项解释最为合理，但存在的一个事实是：可被归类为弱专利的专利数量不断增加。因此，研究弱专利存在的影响与含义并最终找到限制这一问题的方法非常重要。

遵照莱姆利等人（Lemley etal.，2005），保护荒唐技术的专利（例如上文所描述的）并不具有实际效果：这些技术绝不会被用到或者嵌入跟进创新中。根据这一观点，我们可以简单地忽视弱专利。但是，该观点可能过于乐观。除去最为极端的例子，保护无用/荒唐技术的弱专利可能会对市场运行产生很大影响。

例如，考虑弱专利持有者与愿意使用专利技术的（潜在）创新者之间的关系。双方都意识到，在提交法院的诉讼情形中，审查程序非常彻底，因此专利很有可能被判定无效。一些观察者认为，许可谈判脱离诉讼进行这一事实意味着专利持有者不能就使用其技术索要大额许可费。结果，弱专利仅能产生微弱影响，我们也无须太过关注它们的存在。而且，为了减少弱专利数量，各国 PTO 应当花费更多时间和资源以改进整个审查程序。

这些更细致审查所引致的成本增加，可能会超过弱化弱专利所致问题而产生的收益。但是，这种鼓励弱专利的观点在许多现实情境中可能不被认可。例如，亚马逊与巴诺书店之间持续较长时间的法律纠纷就是一个例子（具体描述见拓展 6.4）：保护一种几乎没有创新的商业模式的专利已经产生了非常大的无效率，且主要与两家企业所承受的巨额诉讼费用有关。

拓展 6.4　一键购物 vs 快速通道

1997 年秋季，亚马逊提交了一项专利申请，以保护被称为"一键购物"的创新。该创新是一种通过存储在 Cookie 中的顾客信息（包括独一无二的 ID）以进行即时在线购买的方法。此时，用户可以通过关联他们的 ID 与信用卡信息（已经存储在亚马逊的服务器中）来进行购买。顾客仅需输入一次其信用卡与地址信息，而当他们再次回到该网站时，仅需点击一次鼠标就可以购物。从一开始，这就被视为一种存在争议的商业方法权。在许多专家与评论家看来，该创新与其他在线支付方式类似，且在任意情形中都只有非常有限的技术内容。

尽管如此，1999 年 9 月 28 日（在提交申请两年加一周之后），亚马逊被授予美国专利 No.5960411。仅在一键购物专利发布 23 天之后，亚马逊在西雅图联邦地方法院提交了针对 Barnesandnoble.com（以下简称"B&N"）的诉讼，后者是敌对的在线图书零售商，也是亚马逊最大的竞争对手。亚马逊的目的是以专利侵权为理由，阻止 B&N 继续使用其快速通道购物程序。同时，B&N 给其顾客提供了两种购物选择：其一是虚拟购物卡，其二是快速通道。后一选项允许预注册顾客通过单击鼠标购买一本图书。关键的推动者是 Cookie，它允许 B&N 服务器识别购买者并将其订单与之前存储在公司服务器上的特定信用卡及购物信息关联起来。亚马逊认为，这一行为侵犯了其一键购物专利。1999 年 12 月 1 日，法院站在亚马逊一边，并发布了一项不利于 B&N 的初步禁令，B&N 被命令将快速通道从其公司网站上移除。毫不奇怪，B&N 提起上诉，一次持续时间长且备受关注的法律战开始了。

这一争议最终在两年后方告结束，亚马逊与 B&N 双方达成了一项不公开的协议。

关于弱专利影响的全貌非常复杂。毋庸置疑的是，保护无用或荒唐发明的专利并不具有任何实际影响。明显地，对于这些情形，改进审查程序既不可取也不方便。因此，关键问题是决定哪些申请需要专利局进行仔细审查。改进审查程序的一种可行方法，是利用借助于具有更多参与的这些主题，它们更可能拥有关于相应发明的有关信息。当前人们有所讨论一个提议是双层专利制度，即两个专利制度共存：1）镀金专利制度，其中PTO 对专利申请进行更仔细的审查，以确保被认可创新得到更强的专利权；2）"一般"专利制度，PTO 对申请进行更简单的审查，并提供更弱的专利保护。在这种双层专利制度下，发明者自身在选择所适用的专利制度时会揭示相关信息。例如，如果相信自己的发明十分有价值，则发明者可能申请镀金专利①。

另一个旨在将第三方引入审查程序的提议，是建立更加有效率的异议制度。例如，在欧洲，专利授予 9 个月内，其他主体（例如竞争对手）都可用其提供的一些证据为基础来挑战专利的有效性。专利局将评估反对者的观点，随后决定是证实还是撤销专利的有效性。

最近，约瑟夫·法雷尔和卡尔·夏皮罗提供了关于弱专利影响的有趣理论分析。在后文中，我们展示了其模型的简化版本。两位作者所处理的主要问题是：对专利申请进行更细致的审查何时是必要的（例如针对哪些类型的创新）。

法雷尔与夏皮罗提出的模型来自于本书前文讨论中所提炼的两个典型事实。其中，第一个事实考察 PTO 的行为。审查者投入有限的时间来审查

---

① Atal & Bar（2013）提供了一个理论模型，以分析双层专利制度的作用。作者证明，第二个专利层的引入减少了弱专利的发生率。但是，具有更高经济价值的创新的发明者并不必然申请镀金专利。

每一项申请。结果，将专利授予给平淡无奇申请的风险非常大。具体来说，在以下两种不同情形中一项技术可能会被授予专利保护：

1. 技术是满足新奇性和非显而易见性要求的"真实创新"。很明显，因为没有类似的发明实际存在，申请使得其能够通过 PTO 的审查程序。

2. 技术并不满足新奇性或非显而易见性的标准，因而是"虚假创新"。由于对已有技术的搜索非常粗略，PTO 并未发现任何类似的发明。因此，专利被错误地授予给申请者。

法雷尔与夏皮罗考虑的第二个典型事实是专利诉讼情形中的审查程序。当反对者挑战专利的有效性时，法院实施非常全面的审查，以决定是证实还是撤回专利。结果，法院做出的决定比 PTO 的相应决定更加准确。

真实创新，虚假创新与 PTO 审查。现在，我们回到法雷尔与夏皮罗的模型，并考虑技术可能被授予专利保护的情形。假设技术是"真实创新"的概率为 $\theta \in (0, 1)$。在概率 $1-\theta$ 下，技术复制了一些已有技术的相同/类似功能，因而是虚假创新。

PTO 审查程序是不完美的。真实创新总是被授予专利保护，但是在一些情形中，虚假创新也错误地得到了 PTO 的支持。以后，我们用 $\alpha \in [0, 1]$ 表示 PTO 正确拒绝一项虚假创新的申请的概率。因此，$1-\alpha$ 表示专利局犯错并错误给虚假创新授予专利保护的概率。参数 α 衡量 PTO 审查程序的仔细程度：α 越大，则审查程序越全面。注意到因为 $1-\theta$ 是技术属于虚假创新的概率，因而 $(1-\theta)(1-\alpha)$ 代表 PTO 授予虚假创新以专利的概率。

遵循我们之间的观点，PTO 进行完美审查的结果是以概率 θ 授予专利（即技术属于真实创新的概率）。但是，因为 PTO 的审查程序并不完美，所以专利被授予的实际概率大于和等于 $\theta+(1-\theta)(1-\alpha)$。因此，通过使用贝叶斯法则，我们可以得到专利技术属于真实创新的概率为：

$$\tilde{\theta} \equiv \frac{\theta}{\theta + (1 - \theta)(1 - \alpha)}$$

在下文中，我们用 $\tilde{\theta}$ 指代专利的"质量"，即它实际上保护真实创新的概率。明显地，PTO 的审查越细致，则专利质量越高：随着 α 增大，$\tilde{\theta}$

也增大。而且，当 $\alpha=1$ 时，授权专利完全是真实创新，即 $\tilde{\theta}=1$。

现在，考虑在诉讼情形中决定专利有效性问题的法院。它的审查程序比 PTO 的程序更加准确。简单起见，我们假设法院的审查程序是完美的，因而它总是能够正确地评价专利技术是真实创新还是虚假创新。因此，法院证实专利有效的概率等于 $\tilde{\theta}$，即专利的质量。相反，$1-\tilde{\theta}$ 是法院判定专利无效的概率，此时将推翻 PTO 的决定。

当 $\alpha<1$ 时，我们说专利是弱的：PTO 同样对虚假专利授予保护；因此在诉讼情形中，法院以概率 $1-\tilde{\theta}$ 判定专利无效。如果 $\alpha=1$，我们说专利是强的：它保护着真实创新，且绝不会被法院判定为无效。

模型。现在，我们可以更详细地分析法雷尔与夏皮罗构建的模型。考虑一个产业，它由一个研究实验室（用 R 表示）与 $n \geq 1$ 个下游企业组成。实验室拥有下游企业生产所需的一项专利技术，而保护该技术的专利的质量为 $\tilde{\theta} \leq 1$。

简单起见，我们假设实验室并不在下游市场运营，其唯一的收益来自于向 n 家下游企业许可技术所得的费用。我们同样假设下游企业承受的成本只有支付给实验室的许可费。最后，下游市场的需求是线性的，即 $p=a-bQ$，其中 p 表示价格、Q 表示 n 家企业生产的总产量。

博弈时序如下：

$t=1$：实验室向 n 家企业中的任意一家提议一份非排他的许可合约。该合约采取两部门收费制，即 $L(q)=F+rq$。其中，F 为固定支付，而 r 是单位使用费。因此，当生产产量 q 时，一家企业需要支付给实验室的总使用费为 rq。我们还假设实验室不能进行价格歧视，换句话说，它在同样的合约条件下向所有 n 家企业提供技术。

$t=2$：每家企业决定是否接受实验室的许可方案。在接受情形中，企业向消费者出售产品，并向实验室支付 $L(q)$。即使在拒绝许可方案后，企业可能决定继续使用专利技术。此时，实验室可能以侵犯专利为由将其起诉至法院。与前面的讨论一致，法院以概率 $\tilde{\theta}$ 证实专利有效。这样，企业就不能使用技术，且必须停止生产。而在概率 $1-\tilde{\theta}$ 下，法院判定专利无效，因此 n 家企业可以免费使用技术。

$t=3$：企业决定生产量，当 $n \geq 2$ 时，企业间进行古诺竞争。

我们假设概率 $\tilde{\theta}$ 是公共知识：实验室与企业都能观察到专利质量。而且，我们还假提交至法院的诉讼是无成本的（即将诉讼费用标准化为 0）。第二个假设有两个相关结果：其一，如果存在被指控的专利侵权，实验室总是会起诉到法院；其二，在拒绝许可方案后，下游企业的最优选择是继续使用技术。如果不使用技术，企业就无法进行生产。相反，通过使用实验室的技术，企业可以获得正的期望利润：法院可能裁定专利无效，从而使技术可免费获得。

如前所提，法雷尔与夏皮罗的目的是分析弱专利的经济影响，特别是探讨 PTO 实施更加全面的审查程序是否为社会所需。为此，我们从提供一个纵向一体化垄断的基准情形开始分析。换句话说，我们考虑单个企业，它既拥有专利技术也是下游市场的唯一经营者。

基准：纵向一体化垄断。成为纵向一体化垄断者，技术所有者可以零成本运营（边际成本和总成本均为零）。因此，它的利润等于 $(a-bq)q$。图 6.7 展示了垄断者的利润最大化问题：企业生产产量 q^m，以使得边际收益 MR 等于生产边际成本（为零）。

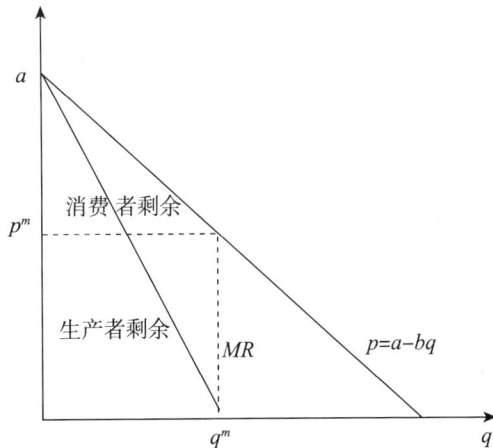

图 6.7 纵向一体化垄断

在进行一些代数处理后，可以直观地得到最优垄断产量和价格为：

$$q^m = \frac{a}{2b} , p^m = \frac{a}{2}$$

生产者剩余（即垄断利润）等于 $PS^m = a^2/4b$，而消费者剩余等于 $CS^m = a^2/8b$。因此，纵向一体化情形中的社会福利为：

$$W^m = CS^m + PS^m = \frac{3a^2}{8b}$$

市场均衡与社会福利。现在，我们考虑 n 家下游企业和一家上游实验室 R 这一情形。决定市场均衡的第一步，是定义给定其他 $n-1$ 家下游企业全都接受实验室提议后，剩余一家下游企业愿意接受提议的对应条件。明显地，企业通过比较两种情形下的可得利润，来决定是接受还是拒绝实验室提议的许可合约。

如果企业接受提议，且给定其他所有企业做出相同决策，此时竞争将在 n 家同质企业间发生，它们具有相同的边际成本 r（即实验室收取的每单位产品专利使用费）。因此，在这种情形中，企业选择产量 q 以最大化其利润 $(a-b(q+Q_{-i}))q-rq-F$，其中 Q_{-i} 表示其他 $n-1$ 家企业生产的总产量。

因为企业是对称的，是以可以很容易地得出每家企业生产的产量以及市场价格①：

$$q(r) = \frac{a-r}{b(n+1)} , p(r) = \frac{a+nr}{n+1} \tag{6.11}$$

很明显，这些表达式取决于专利费率 r。通过将 $q(r)$ 和 $P(r)$ 代入利润函数，可以推导接受实验室提议的许可合约时一家下游企业可以得到的利润：

$$\pi(r) - F，其中 \pi(r) \equiv \frac{1}{b}\left(\frac{a-r}{n+1}\right)^2$$

假设企业拒绝许可方案。正如前文所解释的，企业无须实验室的允许

———————————

① 式（6.11）是 n 家活跃企业以边际成本 r 进行古诺竞争这一情形中的标准产出和均衡市场价格。

就可以使用技术。结果，实验室将到法院指控专利侵权。在概率 $\tilde{\theta}$ 下，法院证实专利的有效性，并勒令下游企业停止生产。此时，企业获得零利润。而在概率 $1-\tilde{\theta}$ 下，法院判定专利无效，因而技术变得公开可得，每家企业可以免费使用。正式地，专利无效等价于零费用的许可合约（$r=0$ 且 $F=0$）。因此，企业的净利润等于 $\pi(0)$。总之，如果企业拒绝许可方案，其期望利润为 $\tilde{\theta}0 + (1 - \tilde{\theta})\pi(0)$。

现在，我们决定下游企业是否接受实验室的提议。通过使用上面推导的表达式，可以得到下游企业将在如下条件满足时接受提议：

$$\pi(r) - F \geq (1 - \tilde{\theta})\pi(0) \qquad (6.12)$$

接着，我们考虑实验室决定向 n 家企业提供何种许可合约。R 选择许可费率和费用的固定部分，以最大化其许可收益，而前提条件是每家下游企业都愿意接受许可方案，即式（6.12）必须成立。因此，实验室的最大化问题为：

$$\max_{r,\,F} n(rq(r) + F)$$

$$s.t. \quad \pi(r) - F \geq (1 - \tilde{\theta})\pi(0)$$

实验室知道，一旦签署合约，下游企业将生产 $q(r)$。因此，从每家下游企业获得的许可收益等于 $rq(r)+F$。该式关于费用的固定部分递增。结果，实验室的最优选择是将 F 设定在可行的最高水平，在该水平下接受或者拒绝其方案并不影响每家企业的利润。正式地，有：

$$F = \pi(r) - (1 - \tilde{\theta})\pi(0) \qquad (6.13)$$

根据式（6.13），实验室的最大化问题变为：

$$\max_r n(rq(r) + \pi(r) - (1 - \tilde{\theta})\pi(0))$$

通过求解如上最大化问题的一阶条件，可以得到最优许可费 r^*：

$$r^* = \frac{a}{2} - \frac{a}{2n}$$

将 r^* 代入式（6.13），可以得到 F 的最优值为：

$$F^* = \frac{a^2}{4} \frac{1 + n(2 + n(4\tilde{\theta} - 3))}{n^2(1 + n)^2 b}$$

而且，通过将 r^* 代入式（6.11），可以发现下游市场的均衡价格和产量为：

$$p^* = \frac{a}{2}, \; Q^* = \frac{a}{2b}$$

有趣的是，这些表达式与基准情形的式子相同。这一事实意味着，通过合理地设定 r 和 F，实验室能够重复纵向一体化垄断者的相同结果。必须强调的是，这一结果的获得与专利质量无关：即使当专利非常弱时（即 α 接近于 0 且 $\bar{\theta}$ 接近于 θ），纵向一体化垄断结果也会出现。

明显地，因为均衡价格和产量一致，这时消费者剩余、生产者剩余以及社会福利都与基准情形相同。因此，它们分别由式子 CS^m、PS^m、W^m 给定。

结论 7：不管专利质量如何（即不管 α 和 θ 取何值），实验室将设定 r 和 F 以重复纵向一体化垄断情形中的市场均衡，而均衡价格、均衡产量与市场福利分别为 p^m、q^m、W^m。

我们可以标准的两部门收费理论为基础来解释结论 7。根据该理论，非线性价格的两个部分分别服务不同目的。可变（即单位）部分被用于控制下游企业的边际成本，因此可用它来影响均衡价格。相反，费用的固定部分被用于在不影响市场均衡的情况下从下游企业处抽取利润。更具体地，在该情境中我们正在检验：

1）实验室 R 将许可费设定在某一水平，以至于下游市场的均衡价格等于纵向一体化垄断情形中的相应价格。根据这种方式，实验室能够最大化生产者剩余，这可以在表达式 r^* 中观察到：如果 $n=1$，最优许可费为 0，且它关于下游企业的数量递增。如果只有一家下游企业，则下游市场是被垄断的。通过设定 $r^*=0$，R 引导下游企业将价格设定为 p^m。随着 n 增大，市场竞争程度越来越高，结果均衡价格将降低至 p^m 之下。为了抵消激烈竞争产生的影响，实验室提高 r^*。在这种方式下，下游企业面临更大的边际成本，它们被引导收取更高的价格。在均衡中，r^* 的提高正好补偿了激烈竞争的影响，而市场价格仍然为 p^m。

2）一旦通过许可费实现了生产者剩余的最大化，实验室将使用固定

部分 F 来从下游企业提取最大可能的租金。我们可以观察到，F^* 关于专利被法院裁定有效的概率 $\bar{\theta}$（也即专利质量）递增。更大的 $\bar{\theta}$ 将减少下游企业拒绝许可方案后可得的期望利润，即 $(1-\bar{\theta})\pi(0)$。因此，在这种情形中，企业更愿意支付更大的 F^* 来使用技术。同样有趣的是注意，在一些情形中，实验室的最优选择可能是提出 $F^*<0$ 的合约。换句话说，在这些情形中，实验室可能提议向每家下游企业支付固定资金。这样做的原因是：正如第 1）点所强调的，在存在许多下游企业时，实验室选择非常大的许可费来引导它们收取价格 p^m；明显地，仅当能够从负的固定支付 $F^*<0$ 中获得补偿时，下游企业才愿意接受指定较高许可费的合约。

现在，我们可以讨论法雷尔与夏皮罗所处理的核心问题：PTO 对专利申请进行更详细的审查是否为社会所需？在下文中，我们从两个视角分析这一问题：其一为事后视角，即实验室已经开发了技术；其二为事前视角，即考虑开发技术的激励。

PTO 审查与社会福利

当审查专利申请时实施更详细的 PTO 评审有何影响？正如前面所讨论的，随着 α 增大，PTO 错误授予虚假创新以专利的概率降低。因此，要回答这个问题，我们需要比较授予专利与未授予专利两种情形下的社会福利。

假设实验室已经开发好了它的技术，且提交了专利申请，该技术属于真实创新的概率为 θ。正如本节开始部分所解释的，在概率 $\theta + (1-\theta)(1-\alpha) = 1-\alpha(1-\theta)$ 下，PTO 授予专利保护。此时，从结论 7 中，我们知道社会福利等于 W^m。当专利申请被拒绝时，此事件发生概率为 $\alpha(1-\theta)$，该技术变成公开可得，且任意下游企业都可以免费使用。遵循式 (6.11)，我们知道当不存在专利保护时，每家企业以价格 $p(0)=a/(n+1)$ 生产产量 $q(0)=a/b(n+1)$。n 家企业生产的总产量等于 $na/b(n+1)$，社会福利为 $\bar{W}(n) = [na^2(2+n)]/[2(1+n)^2 b]$。对此，可以直观地发现：

—— $\bar{W}(1) = W^m$：当只有一家下游企业时，社会福利与纵向一体化垄断情形相同；

—— $\bar{W}(n)$ 关于 n 递增：市场竞争越激烈，社会福利越大。

给定 α（它衡量 PTO 审查程序的仔细程度），期望社会福利是 W^m 和 $\overline{W}$ 的加权之和：

$$E[W] = (1 - \alpha(1 - \theta))W^m + \alpha(1 - \theta)\overline{W}(n)$$

具体地，在概率 $1 - \alpha(1 - \theta)$ 下，专利得到授予，因此社会福利为 W^m；而在拒绝情形中，社会福利为 $\overline{W}(n)$，其相应概率为 $\alpha(1 - \theta)$。

通过求 $E[W]$ 关于 α 的微分，我们可以确定 PTO 进行更详细审查的福利效应为：

$$\frac{dE[W]}{d\alpha} = (1 - \theta)(\overline{W}(n) - W^m)$$

很明显，如果 $\overline{W}(n) > W^m$，更大的 α 将增加社会福利。PTO 进行更全面的审查会提高驳回申请的概率，因此社会福利更有可能等于 $\overline{W}(n)$ 而非 W^m。

通过比较 $\overline{W}(n)$ 和 W^m，我们可以得到如下结论：

结论 8：当 PTO 更全面地审查专利申请时，a) 如果 $n = 1$（因而有 $\overline{W}(1) = W^m$），则期望社会福利不变；b) 当 $n > 1$ 时（此时有 $\overline{W}(n) > W^m$），期望社会福利增大。

根据结论 8，PTO 进行更严格审查的社会称许性主要取决于下游企业的数量。特别地，如果 $n = 1$，α 的增大并不影响 $E[W]$。

与直觉相比，这一结论有更大的重要性。实际上它适用于所有情形，即有若干家下游企业在独立市场上运营，因而各企业之间互不竞争。在这种情形中，每一组实验室与一家下游企业之间的关系都相互独立。这意味着 $n \geq 1$ 家非敌对企业这一情形等价于前文所分析的 $n = 1$ 情境的简单 n 次重复。总结这一点可以得到如下推论：

推论 4：如果下游企业彼此之间并无竞争，PTO 进行更全面的审查对期望社会福利没有任何影响。

注意，我们的分析并未考虑"更详细的审查需要 PTO 承担更多的审查成本"这一事实。一旦考虑这些成本，推论 4 意味着：当下游市场不存在竞争时，PTO 进行更全面的审查实际上会减少社会福利。

当下游市场存在竞争时，根据结论 8 的 b 部分，可知 PTO 进行更严格的审查是社会所需的。这一点的原因与实验室被授予专利和未被授予专利两种情形下的不同均衡相关。如果实验室持有专利，此时正如结论 7 所说明的，不管下游企业数量有多少，实际均衡将重复纵向一体化垄断情形的均衡结果。相反，如果实验室未被授予专利，则下游企业可能免费使用技术，因此将出现标准的 n 家企业寡头垄断均衡：市场竞争引致更低的均衡价格与更大的社会福利。这些观点同样意味着，PTO 进行更全面审查所产生的收益随着下游企业的数量增加而增大；当 n 较大且未授予专利时，下游市场高度竞争，且会产生相当大的社会福利。总结这些观察可得到推论：

推论 5：PTO 进行更严格审查的社会称许性关于下游市场中竞争性企业的数量递增。

法雷尔与夏皮罗的分析促进了关于弱专利影响的讨论。当实验室的技术由互不竞争的企业来使用时，"弱专利仅对社会福利有细微的边际影响"这种"乐观"观点成立。在这种情形中，有无专利保护市场均衡都相同，因此更全面的审查仅意味着更多的申请审查成本。相反，当技术由竞争性企业来使用时，Farrell & Shapiro 的分析表明审查程序中更高的详细度可能增进社会福利，因此支持关于弱专利的更加"悲观"的观点。更大的 α 降低了纵向一体化垄断均衡出现的概率。

弱专利与创新激励

前面的分析是在事后视角下进行的：我们是在实验室已经开发了技术这一假设下，分析对专利申请进行更严格审查所产生的福利效应。尽管如此，因为授予专利的主要目的是刺激 R&D 活动，因此有趣的工作是拓展上述讨论并考虑事前视角。换句话说，现在我们考察 PTO 进行更详细审查时对创新激励的影响。

更具体地，考虑实验室选择是否投资一个研究项目。如果 R 选择投资，则它获得真实创新的概率为 θ，而获得简单重复已有技术的创新（即为虚假创新）的概率为 $1-\theta$。相反，如果实验室并不投资研究项目，则它将不会获得创新。

与法雷尔与夏皮罗类似，我们通过比较如下两种情境下的期望社会福利来分析弱专利的影响：1）专利是弱的（即弱专利制度）；2）不存在所谓的专利保护（即无专利制度）。而且，简单起见，我们假设在场景1）中，PTO 并不进行任何审查工作，且对其接收的所有申请都授予专利。根据我们的术语，这等于假设 $\alpha=1$。注意，最后一个假设意味着我们考虑弱专利的最坏情形，即 PTO 没有进行审查。

基于这些假设，在情境1）中，实验室投资研究项目[①]，它以概率1获得专利，且期望社会福利等于 W^m（参见结论7）。

现在，我们考虑无专利制度情境。由于缺少专利保护，实验室并不投资研究项目。为了确定这种情形下的期望社会福利，我们需要区分两种情境。在概率 θ 下，实验室的技术属于真实创新。因为实验室并不投资 R&D，所以创新不会得到开发且社会福利为零。在概率 $1-\theta$ 下，实验室开发了一项虚假创新。这意味着即使实验室不开发其项目，也已经有技术实现相同的功能。此时，因为所有 n 家企业都可以免费获取已有技术，因此社会福利等于 $\overline{W}(n)$（定义如前文所述）。基于这些观点，当没有专利保护时（即情形2），期望社会福利等于 $(1-\theta)\overline{W}(n)$。

接着，我们可以比较两种制度下获得的社会福利。当 $W^m \geqslant (1-\theta)\overline{W}(n)$ 时，弱专利制度比无专利制度更受偏好。经过一些简单的代数变换后，我们可以得出如下结论：

结论9：如果实验室仅当专利保护可得时投资研究项目且假设 $\alpha=0$（即 PTO 赞成所有申请），若 $\theta \geqslant [2n+n^2-3]/[4n(2+n)]$，则弱专利制度比无专利制度更为社会所偏好。

我们可以直观地解释该结论。如果实验室开发真实创新的概率 θ 足够大，则弱专利制度比无专利制度更为社会所偏好。相反，如果实验室可能开发虚假创新，则弱专利制度是不可取的。

从这一结论中，我们可以得到如下推论：

---

① 我们简单假设 R&D 成本低于从创新中获得的收益。

推论 6：结论 9 中强调的门槛值 $[2n + n^2 - 3]/[4n(2 + n)]$：

1）当 $n=1$ 时等于 0；

2）关于 n 递增。

当下游企业之间不存在竞争时，θ 的门槛值为 0：弱专利制度总是比无专利制度更受偏好（即推论 6 的情形 1）。正如前文所讨论的，当 $n=1$ 时，市场均衡与纵向一体化垄断情形下的均衡结果相同，这与实验室是否被授予专利无关。此时，专利是社会所需的，因为它能够刺激 R&D 投资。当至少有两家企业竞争时，专利保护消除了得自下游市场竞争的社会福利。这种负向福利效应随着 n 增大而增强，这就是当下游企业数量增加后专利保护变得越来越不必要的原因。正式地，θ 的门槛值关于 n 递增（即推论 6 的情形 2）。

总之，与事后视角下的分析类似，当考虑创新激励时，弱专利的社会称许性取决于下游市场的竞争程度。当在下游市场运营的竞争性企业数量较少时，弱专利可能是社会所需的，因为它对创新激励具有正效应。相反，当下游市场（潜在地）高度竞争时，弱专利倾向于减少社会福利。

第五节　数学附录

结论 2 的证明。如果第二项创新并不侵犯企业 A 的专利，则条件 $v_B xT \geq c_B$ 足以确保企业 B 投资其项目。现在，假设第二项创新侵犯企业 A 的专利，则需要检验两个可能的子情形：1）$c_B \leq v_B xT < 2c_B$；2）$v_B xT \geq 2c_B$。在第一个情形中，企业 B 只有在两家企业签订许可协议时才投资 R&D 项目。当它们未能达成协议时，法院将确定等于 $L(T) = v_B xT/2$ 的许可费，这将使得企业 B 的投资无利可图。明显地，如果企业 B 并不投资，则企业 A 不能获得任何许可利润。遵循这些论证，如此每家企业可以获得第二项创新所得利润 $v_B xT - c_B$ 的一半，则两家企业达成许可协议是有利可图的。在这种方式下，企业 B 的投资项目是可盈利的，而企业 A 也将获得许可费 $L(T) = (v_B xT - c_B)/2$。

考虑情形 2，其中 $v_BxT \geq 2c_B$。如果双方并未达成任何协议，则法院强加 $L(T) = v_BxT/2$，且企业 B 投资 R&D 项目。因为即使在没有许可协议时企业 B 也会开发其项目，因而企业 A 不愿意接受任何小于法院所定金额的支付。同样，企业 B 也不愿意支付更多。因此，企业 B 将开发项目，并支付 $L(T) = v_BxT/2$ 给企业 A。证毕。

格林与斯科齐姆（Green & Scotchmer）模型中的最优专利政策。

专利政策的目的是在满足引导企业投资 R&D 这一条件下，尽可能缩小专利长度以最小化无谓损失的负面效应。回顾 $\overline{T}_B$ 是使得第二项创新的相关收益等于 R&D 成本的专利长度，在本节中我们通过关注图 6.5 所展示的三个独立面积来定义最优专利政策：

a）$v_Ax\overline{T}_B \geq c_A$。在专利长度 $\overline{T}_B$ 下，即使没有许可利润，第一项创新仍是有利可图的。因此，β 的任意值都是最优的。关于专利长度，有两种可能情形需要考虑。在第一种情形中，将专利长度降低至 $\overline{T}_B$ 以下是社会最优的：按照这种方式，第二项创新不会得到开发，但与第一项创新有关的无谓损失也会减少。此时，最优专利长度是使得 $v_AxT - c_A = 0$ 的 T 值。第二种情形是，得自第二项创新的社会福利大于从与第一项创新有关的无谓损失减少中得到的收益。这时，最优专利长度为 $\overline{T}_B$，且两项创新都得到开发（即图 6.5 展示的情形）。

b）$c_A > v_Ax\overline{T}_B \geq c_A - L(\overline{T}_B)$。在专利长度 $\overline{T}_B$ 下，直接利润不足以引导企业 A 进行投资。正如本章所讨论的，增加第一个创新者利润的社会最优方式是拓宽专利长度。因此，在该情形中，社会最优专利政策可定义为：$\beta = 1$ 且专利长度 $T = \overline{T}_B$。

c）$v_Ax\overline{T}_B < c_A - L(\overline{T}_B)$。即使在最大的专利宽度（$\beta = 1$）和专利长度 $\overline{T}_B$ 下，第一项创新也是无利可图的：$v_Ax\overline{T}_B + L(\overline{T}_B) - c_A < 0$。因此，为了引导企业 A 投资，专利长度必须大于 $\overline{T}_B$。于是，社会最优专利政策是：$\beta = 1$ 且专利长度为 $\tilde{T}$，其定义为满足 $v_AxT + L(T) - c_A = 0$ 的 T 值。

第七章　模仿、开源与文件共享

　　在现代经济中，专利的作用已经变得与原本所预期的大不相同。正如第 6 章所讨论的，企业经常策略性地使用专利，以提高它们相对于其他企业的谈判地位；甚至更糟糕的是，它们将专利用作对抗竞争者的"合法武器"。一些评论家认为，仅这一证据就足以证明立即全面修订专利与版权制度这一要求的必要性。但是，专利的策略性使用（或滥用）并不仅仅是支持该要求的唯一论据。近些年来，尽管只有较少的企业倾向于申请专利，但不同高技术部门已经经历了引人注目的创新率。换句话说，在一些部门中，专利保护似乎并不是刺激创新的必要条件。

　　但是，这类批评并不完全是最近才有的。早在 1950 年发表于 *The Journal of Economic History* 上的一篇文章中，马克卢普（Fritz Machlup）和彭罗斯（Edith Penrose）就已经提出了类似的观点。即使在那个时候，专利制度的作用就已经激发了美国国会的激烈讨论。而且，在相同的文章中，两位作者回想到这并不是知识产权制度的作用在历史上遭遇的第一次挑战。关于同一问题的热烈讨论可追溯到 19 世纪中后期，当时知识产权制度的反对者并不仅仅需要一次改革，而是要求彻底地取消专利和版权保护。在知名著作 *The Economics of the International Patent System* 中，Edith Penrose 总结了她对专利法必要性的所有质疑，具体包括：

　　如果全国专利法并不存在，要做一个确凿案例以引入它们将会很困难；但它们确实存在这一事实转移了论证的负担，而要做一个真实确凿的案例以废除它们同样会很困难。

　　关于知识产权利弊的文献极其丰富。在本章中，我们仅讨论挑战知识产权立法必要性最相关的一些理论成果。随后，我们提供高度创新型产业的一些例子，这些产业以完全非传统的方式利用知识产权法①。细心的读者可能已经注意到，在第 6 章关于科恩等人讨论关于美国制造业的文章时，我们已经部分解决了这些问题。这一研究表明，除了专利和版权外，企业还可以使用生产周期、互补产品或服务销售等其他机制来收回其 R&D 投资回报。作者实际上证明，在大部分产业中，企业认为这些替代机制比专利和版权更有效。

最近，许多企业尤其是在高技术产业经营的企业已经大幅调整了它们的创新策略，即从"封闭式"转向"开放式"。在封闭的创新方式中，企业严格控制它们的知识产权以严密监视自有思想的创造与管理。研究活动在企业的边界内实施，也即在专有的研究实验室中进行。与之相反，企业可能采取更加开放的创新方式，其特征是同时使用内部思想与外部思想。企业与合作伙伴开展合作研究，这使得它们可以共担风险并共享回报。在开放创新中，企业与其所处环境之间的边界变得更加模糊，因为可以很容易地向内和向外转移创新。在现代经济中，特别是高技术部门中，开放创新非常普遍。在高度创新的产业中，如果想要跟上最快的技术进步（这些在很大程度上都发生在企业边界之外），企业需要遵循开放创新方式。开放创新要求以不同的方式管理知识产权：企业利用专利和版权来刺激最大可能的代理人群体对创新过程做出贡献，而不是排斥第三方使用它们的发明。在如今的产业中，常见做法是技术许可，这是一种典型的创新开放策略，旨在建立研究合作与伙伴关系。企业经营中并未使用的内部发明被用于企业外部，具体采用许可（或者合资企业）的形式。

与开放创新最相关的例子是开源软件，我们将在本章后续部分进行更详细的讨论。开源软件是这样一种计算机软件，其源代码可得且在允许第三方研究、修改和改进代码甚至分销的许可下发布。与试图将第三方排除在创新过程外的专有/闭源许可不同，开源许可进行特地设计以吸引外部

---

① 关于当前知识产权制度的全面讨论，可参见 Jaffe（2000）和 Bessen & Meurer（2008）。

对创新的贡献。

开放创新另一个有价值的方面是发明的"创造性再利用"。企业经常分享思想和研究活动，因而可以通过依靠他人开发的创新来节省时间和精力。根据福雷（Foray，2006）的观点，科研创新最重要的收益在于利用异质能力与经历的可能性。创新思想在具有不同看法和背景的研究者和企业家之间传播得越广泛，这一思想越有可能在不同环境中产生进一步创新。根据切萨布鲁夫（Chesbrough，2003），向外部开放创新过程的收益来自于"并不是所有聪明人都为我们工作，我们需要与公司内外的聪明人合作"这一事实。

拓展 7.1　来自顾客与供应商的创造性思想

如今，在运营于传统部门的企业中，开放式创新同样非常普遍。例如，宝洁公司（Procter & Gamble）已经彻底改变了它进行创新交易的方式：与之前排他地从自有研究实验室中获取创新不同，P&G 接受了一种旨在将大学、供应商等外部贡献者吸纳到新产品开发中的新哲学。据公司前CEO——Alan George Lafley 所说，宝洁公司关于新产品的思想近乎有一半是公司边界以外的第三方提出的。

类似地，越来越多的企业尝试将消费者引入到新思想和产品的开发中。例如，LEGO（著名连锁塑料玩具积木与 IBM 的 Online Jam Sessions 的生产者/开发者）发起的头脑风暴项目就是典型例子。同样值得一提的还有 StataCorp，即著名统计分析软件——Stata 的开发者。在 Stata 用户会议上，StataCorp 组织愿望与抱怨环节，即参与者有机会强调 Stata 软件的任何问题与限制，并给出可能的改进建议。

历史上制造业部门有大量根据开放创新原则组织活动的例子，尽管这些经验在时间和空间上存在局限性。18 世纪里昂的丝绸业（如里昂厂）和19 世纪英国的钢铁业就是这样的情况[①]。开放创新的一个最新例子可以将

[①]　关于开放创新历史案例的更多细节，可参见 Foray（2006）。

我们带回到 ICT 部门：正如迈耶（Meyer，2007）所记载的，从 1975 年到 1986 年，组装电脑俱乐部为现代个人计算机的开发提供了最有影响力贡献中的一个，而这个俱乐部是由专家级程序员与具有电子工程背景的业余爱好者组成的非正式组织。偶尔地，俱乐部成员会在会议上分享他们关于尝试开发创新性计算设备的想法与经验。通过时事通讯与若干专题讨论会，成员之间的沟通进一步深化。在俱乐部里，有一些个人计算机产业非常成功的企业家，例如苹果公司的共同创始人史蒂夫·沃兹尼亚克（Steve Wozniak）和史蒂夫·乔布斯（Steve Jobs）。

除了这些潜在收益外，开放创新同样也具有一系列风险。因为过于依赖外部贡献，企业可能失去对自身业务的控制。而且，一家企业的竞争优势可能会被侵蚀：由于开放了创新过程，企业面临着合作者与贡献者转至竞争对手的风险。此外，创新过程中以异质经验和看法为特征的第三方的参与可能最终成为一个艰巨任务[1]。因此，开放创新对企业来说同样也意味着巨大的协调成本。另一个相关问题涉及企业长期维持开放创新的激励。除开源软件以外，目前我们已经提及的例子似乎表明开放创新在时间和空间上都受到限制。例如，尽管计算机产业在早期就是高度合作的，但随着时间推移它日益受到"企业更多策略性地利用知识产权来打击竞争对手"这一商业逻辑的影响。事实上，一些学者坚决主张开放：创新仅对非核心业务是一种有价值的商业模型，或者仅是企业在落后时可能采取的一种防卫策略[2]。

本章最后部分将注意力转移到以某种方式与开放创新存在关联的另一方面，即互联网时代的知识产权管理。数字革命使得任意一种信息都可以

---

① Whelan et al.（2011）报告称，尽管宝洁公司、思科公司、健赞公司、通用电气、英特尔等公司在巩固市场领导地位方面借助了开放创新策略的作用，但是其他公司"则失败了，因为它们未能确保外部思想到达最有能力加以利用的人那里"。为此，作者们强调创立一个所谓的创新经纪人网络十分重要，这些经纪人的作用是将外部思想和机会与企业内部资源匹配起来。

② 例如，据 MIT 创业中心主任 Kenneth Morse 所说，IBM 仅将开放创新方式用于其非核心业务——软件。相反，在其硬件业务部分，IBM 采取极其封闭的创新方式（参见 *The Economist* 2007 年 10 月 13 日报道）。

轻易地通过互联网实现传输，这对于 ICT 企业来说是威胁与机遇并存：一方面，它们更容易接触到消费者（以软件、音乐或者电影为例）；另一方面，数字盗版可能侵蚀企业产生利润的能力。与采取开放创新模式的企业类似，数字内容生产者在在线发布和分销其产品以及管理知识产权时必须格外谨慎。

第一节　反知识垄断案例

一些学者强烈反对当前的知识产权制度。其中，批评最严厉的无疑是米歇尔·博尔德林（Michele Boldrin）和大卫·莱文（David Levine），他们最近写了题为 *Against Intellectual Monopoly* 的著作。两位作者认为，知识产权法给予发明者和作者过强的保护，其结果是专利与版权阻碍而非促进了创新与技术进步。

知识产权法授予发明者两项基本权利：第一是"出售第一个副本的权利"，即发明者有权出售其创新；第二项权利被博尔德利和莱文批判性地定义为"知识垄断"，即发明者有权规范对可能形成创新的知识的使用。知识垄断构建了"传统商品"与受知识产权保护的商品之间的根本差异。例如，马铃薯的购买者有使用方面的绝对自由，可以"吃、扔弃、种植或者做成雕刻品"。相反，使用受知识产权保护的商品却受到非常多的限制，因为这由知识产权法与创新者的意愿来决定。根据博尔德利和莱文的理论，出售第一个副本这一权利足以补偿发明者投入的 R&D 努力和投资。相反，知识垄断则确保发明者获取过多利润，且使其能够阻挠竞争对手的创新。

博尔德林和莱文书中的一个例子可以帮助我们更好地理解他们的论点。假设一个作者，他刚刚完成一部小说。如果没有知识垄断来保护手稿，则任一购买小说复制本的人都可以做其想做的任何事情：可以阅读、保存、放置在书房的书架上等。而且，购买者还可以复制并出售小说。博尔德林和莱文向自己提出了如下问题：当不存在知识垄断时，手稿的价值是多少？或者换句话说，当购买者可以复制并出售图书时，出版商将愿意支付多少费用来购买手稿？很明显，附着在手稿上的价值取决于出版商从印刷和分销中可以获得的利润额。

传统观点认为，当不存在知识垄断时，手稿对出版商来说价值为零。基本推理如下：当图书的购买者有可能成为生产者时（即复制并出售图书），市场将成为完全竞争市场，价格将降低至复制图书的边际成本，而利润变为零。因此，没有人（包括出版商和购买者）愿意给小说支付高于复制的边际成本的价格。结果，作者不能收回其写作手稿的成本（即第一个副本的成本）。考虑到这一点，作者很可能选择将其时间投入到更有趣/更有利可图的活动之中，而不是用来写作小说。如果没有产权，没有人愿意"创造"艺术作品。换句话说，没有人愿意创新。

根据博尔德利和莱文，从逻辑视角来说传统观点并不正确，并且它还有悖于经验证据。价格等于复印的边际成本这一观点混淆了长期和短期视角。立即复印图书是不可能的，因而在短期内生产图书的总产能有限。很明显，在产能约束下，即使是在完全竞争的环境中，均衡价格也会高于边际成本。图 7.1 提供了对这一观点的图形展示。总产能被限制在 $\bar{q}$，它小于 $\tilde{q}$，即价格等于复制的边际成本（MC）时的实际需求量。因此，在短期中，消费者获得定量配给，均衡价格 p_{SR} 高于 MC，每一份出售的复本都能产生正的利润。因此，只要相对于市场需求而言产能有限，那么即使没有知识垄断，作者也可以获得利润（即所谓的竞争性租金）。

而且，竞争性租金可能仅仅是作者实际利润的一部分。正如第 6 章（展示科恩等进行的研究）所提到的，发明者享有所谓的先发优势。发明者意识到其创新的所有可能用途，因而在商业化利用创新方面处于最有利位置：模仿不可能立即发生，期间创新者可以收集利润，这将使其利润高于竞争性租金。

关于知识产权的传统观点同样与经验证据相矛盾。博尔德林和莱文强调，在农业、传统制造业和金融业中，即使只存在微弱的知识产权保护，创新依旧十分兴盛。根据两位作者的观点，软件业正好描述了知识产权所

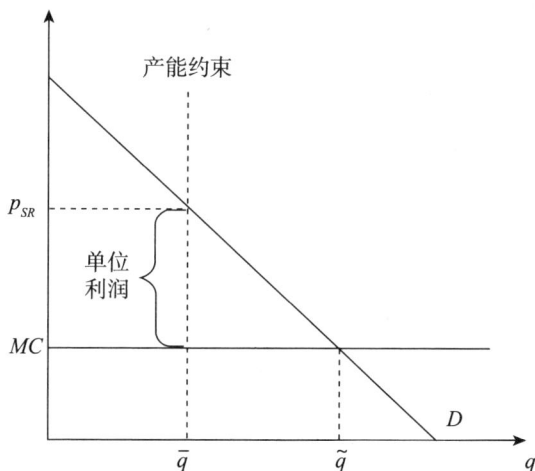

图 7.1　产能约束下的竞争性均衡

起到的有争议的作用。在该产业发展早期，许多开创性发明是在完全合作的环境下进行开发的，其中程序员经常互相之间交换部分软件代码。在发展早期，专利和版权起到的作用十分有限。而在当前（成熟）阶段，事情发生了根本性改变：企业的首要目的已经从创新和扩张转变为保护市场份额与利润。这一时期，专利变得日益重要，因为它们是用来对抗竞争对手的策略性武器。根据博尔德林和莱文，专利不再有助于刺激进一步创新，相反它阻碍了创新。

第二节　模仿与创新激励

1981 年，IBM 官方宣布其第一台个人计算机上市。几天之后，市场领导者——苹果公司在《华尔街日报》头条新闻上刊出整版广告予以回应：*Welcome IBM. Seriously*（参见图 7.2）。

根据贝森与马斯金（Bessen & Maskin，2009）的理论，苹果公司欢迎如此之强的竞争对手的进入是正确的。那个时期，计算机部门是高度动态的，苹果公司意识到 IBM 的进入会使整个产业变得更加活跃而具有创造性。通过模仿或者简单地从竞争对手的革命性产品中汲取灵感，苹果公司将因 IBM 的 R&D 投资而受益。

图 7.2　苹果公司欢迎 IBM

从苹果公司与 IBM 的插曲中，贝森与马斯金坚持认为：弱知识产权更加适用于创新序贯发生且企业投资不同/互补的 R&D 项目的产业。弱知识产权从两个方面影响企业的盈利能力。一方面，企业的创新很容易被竞争对手模仿，这将在短期中减少其利润。但在长期中，当创新具有累积性时，模仿也可能产生正向效应：之前被模仿的企业可能反过来"模仿"竞争对手，以向消费者提供更有创造性且技术上更先进的产品。在动态产业中，我们有充分理由相信长期效应将颠覆短期效应：模仿会促进创新，这将造福于所有消费者与企业。为支持这一观点，贝森与马斯金提到了软件、个人计算机和半导体等几个产业的表现。这些产业具有高度动态性，尽管相关企业较少倾向于申请专利且有着非常高的产品模仿率。

更具体地，贝森与马斯金证明，如果产业满足如下条件，弱专利保护和模仿将产生正向长期效应：

——创新过程具有累积性：每一项成功发明都建立在前期发明的基础

上。累积创新的例子非常多，例如（仅选取一个相关案例）：微软公司的
Excel 以 Lotus 1-2-3 为基础，而后者是 VisiCal 的改进版本（详细情况参
见拓展 8.2）。创新的累积性是一个关键条件。如果创新是孤立发生的，那
么模仿将减少创新的现有利润，这会挫败企业的创新努力。相反，当创新
激发进一步创新时，被模仿的可能性可能引致一个长期正向效应：将来，
被模仿的企业可能反过来模仿竞争对手。

　　——研究项目的互补性：每个研究思路都有多个创新者进行开发，他
们遵循不同（但互补）的研究方向。某个思路实际被开发的总概率关于互
补性研究方向的数量正相关。

　　——不完全竞争：一项创新可以被有限数量的企业模仿。因此，模仿
减少创新利润，但不会消除利润。

　　在下一节中，我们提供贝森与马斯金模型的简化版本，原文于 2009 年
发表在 *The RAND Journal of Economics* 上。我们关注的情形是创新并未得到
专利保护，也即可能最弱的知识产权这一情形。

一、贝森与马斯金模型

　　考虑两家企业 A 和 B，它们同时决定是否投资一个研究项目，该项目
可能产生具有社会价值 $v>0$ 的一项创新。每个项目可能成功也可能失败，
我们假设如果至少有一个研究项目成功，则创新就实际得到开发（即价值
v 得以实现）。

　　如果两家企业仅有一家投资研究项目，则创新得到开发的概率为 $p \in (0,$
$1)$。相反，如果两家企业都承担研究项目，则创新得到开发的概率（即至少
有一个项目获得成功的概率）增加至 $P \in (0, 1)$，且 $P>p$。使用与贝森与马
斯金（2009）中相同的术语，当 $P>p$ 时，就可以说两个项目是互补的。

　　我们假设并不存在可得的知识产权保护。因此，模仿将会发生：未能
成功开发创新的企业将抄袭取得成功的竞争对手。对创新者来说，模仿的
存在意味着更低的利润。遵循贝森与马斯金，我们假设不管哪家企业成功
开发创新，每家企业获得价值 v 中的份额均为 s，且 $0<s \leqslant 1/2$。假设 $s>0$ 与

上文列举的第三个条件一致：竞争是不完全的，因此模仿会减少创新者的利润，但不会完全消除利润。

简单起见，假设对企业 A 来说研究项目的成本为零，而对企业 B 而言成本为 $c>0$。另外，还有如下假设：1) 对企业 A 来说投资总是有利可图的；2) 企业 A 选择投资也是社会所需的。

此后，我们假设价值 v 服从区间 $[0, 1]$ 上的均匀分布，且两家企业在进行投资决策前都知道 v 的实际取值。博弈时序如下：

$t=1$：价值 v 从区间 $[0, 1]$ 上的均匀分布函数中取值，且被两家企业观察到；

$t=2$：一旦观察到 v，每家企业决定是否承担研究项目，且两家企业同时决策。

静态情形：孤立创新

我们从孤立创新这一静态情形开始分析。我们的目标是考察存在模仿时（即没有专利保护），两家企业是否有适当激励来承担其研究项目。

社会最优投资水平 我们首先从确定使得两家企业承担其研究项目的社会最优条件开始。我们知道，企业 A 的投资总是可取的。因此，我们只需要确定企业 B 的社会最优行为。为了找到企业 B 也投资在什么时候是社会所需的，我们需要比较企业 B 投资和不投资两种情况下的社会福利。

假设只有企业 A 投资项目。因为创新可以无成本获得，因而此时的期望社会福利等于 pv，其中 p 是创新得到成功开发的概率。相反，当两家企业都投资项目时，期望社会福利等于 $Pv-c$。此时，价值 v 实现的概率从 p 提高至 P，而 R&D 成本从 0 提高至 c。因此，当 $Pv-c \geqslant pv$ 时，两家企业都投资其研究项目是社会偏好的，也即[1]：

$$v \geqslant \frac{c}{P-p} \equiv v_S^I$$

这一条件说明，如果创新的价值高于成本 c，则两家企业都投资 R&D

---

[1] 我们假设 v_S^I 以及在分析中我们将推导的 v 的其他不同临界值都属于区间 $[0, 1]$。

是社会所需的。企业 B 投资所产生的收益与创新得到成功开发的概率提升有关，且与创新的社会价值成正比。正式地，企业 B 投资产生的社会收益等于 $v(P-p)$。

市场均衡　现在，我们来确定市场均衡。正如前文所提及的，我们假设创新不能获得专利，因而可以被模仿：即使并未投资研究项目或者未能成功开发创新，企业可以获得价值 v 的一部分。正式地，如果至少有一家企业在研究项目上获得成功，则每家企业都可以获得 sv。

因为企业 A 的项目总是有利可图的，我们只需要考虑企业 B 的决策。因此，相应问题是：什么时候企业 B 会投资，而不只是模仿竞争对手？假设企业 B 并未投资 R&D，且它模仿企业 A 的创新。此时，创新得到开发的概率等于 p，而企业 B 的期望利润为 psv。相反，如果企业 B 承担其研究项目，则其期望利润为 $Psv-c$：当两家企业都投资时，获得创新的概率提升至 P，且不管哪家公司成功创新，它们都能得到 sv。明显地，当投资项目时，企业 B 将承担成本 c。因此，当 $Psv-c \geqslant psv$ 时，投资研究项目对企业 B 来说是有利可图的，即：

$$v \geqslant \frac{c}{s(P-p)} \equiv v_{Eq}^{l}$$

投资不足　现在，我们可以将社会最优结果与市场均衡进行比较。如前所述，因为企业 A 承担的 R&D 成本为零，因而它总是会投资，且该决策也是社会最优的。在考虑企业 B 时，可能会产生投资不足问题。就企业 B 而言，当 v 大于 v_{S}^{l} 时，其投资是社会最优的。但是，因为企业 B 仅能获得创新社会价值中份额 s 的一部分，所以仅当 $v \geqslant v_{Eq}^{l}$ 且 $v_{S}^{l} < v_{Eq}^{l}$ 时，企业 B 才会投资。遵循这些观点，当 $v \in (v_{S}^{l}, v_{Eq}^{l})$ 时，企业 B 不会投资，尽管其投资是社会所需的。这一事实意味着，市场无法引致社会最优的 R&D 投资量：

结论 1：在孤立创新且没有知识产权保护的情况下，企业对 R&D 活动的投资不足。正式地，投资不足的概率为 $c(1-s)/(s(P-p)) \equiv \Delta^{l}$。

证明：创新的社会价值随机取值于区间 $[0, 1]$ 上的均匀分布，因此，投资不足的概率等于 $v_{Eq}^{l} - v_{S}^{l} = c(1-s)/(s(P-p))$。

这一分析支持赞成专利保护的传统观点：当企业不能保护其创新时，它们对研究活动的投资比社会最优规模少很多（投资不足）。但是，结论1是在孤立创新情形中获得的。现在，关键问题是分析创新具有累积性时的情况。正如我们在下文中将看到的，动态情境中模型的结果发生了显著改变。

动态情形：序贯创新

现在，我们转到序贯创新情形。我们考虑一个具有无限时间跨度的博弈，在每一个时期 t（$t=1,2,\cdots,\infty$），两家企业都决定是否承担研究项目。在如下情形中，创新过程是累积的：如果在时期 t，创新得到开发，则创新过程将在下一时期继续；在时期 $t+1$，每家企业再次决定是否承担研究项目。相反，如果在时期 t 没有企业开发出创新，则创新过程将就此停止，没有企业会继续投资研究项目。换句话说，在累积创新下，未来发明仅在当前创新成功实现时才会发生。

正式地，两家企业参与一个无限重复博弈，其中阶段博弈与前文所描述的孤立创新情形中的博弈相同。换句话说，在某个时期 t，给定前面所有时期中的创新都得到开发，企业 A 和企业 B 决定是否投资具有价值 v 的研究项目，且所承担成本分别为 0 和 c。如果两家企业仅有一家承担项目，则获得价值 v 且创新序列继续进行的概率为 p。如果两家企业都投资，则创新成功的概率提高至 $P>p$。简单起见，遵循贝森与马斯金的结论，我们假设不同时期所开发的创新具有相同的社会价值，即在时期 $t=1$ 中 v 从区间 $[0,1]$ 上的均匀分布中一次性确定。

社会最优投资水平　与孤立创新情形相似，我们从确定社会最优结果开始分析。因此，我们比较两种可能情境下得到的社会福利：其一，每个时期 t 只有企业 A 投资研究项目；其二，两家企业都投资项目[①]。当只有企业 A 投资研究项目时，期望社会福利为：

$$pv + p(pv) + p[p(pv)] + \cdots = \sum_{t=1}^{\infty} p^t v = \frac{pv}{1-p}$$

---

① 注意，在每个时期 t 中，阶段博弈都是相同的。因此，如果在 $t=1$ 中企业 B 投资是社会所需的，则在任一未来时期中都是如此。这意味着我们仅需要考虑两个替代情境：1）在每个时期 t 只有企业 A 投资；2）在每个时期 t 两家企业都投资。

第一项 pv 表示第一次创新（即时期 $t=1$）的期望社会福利：其社会价值为 v，而得到成功开发的概率为 p。第二项 $p(pv)$ 表示第二次创新的期望社会价值：在时期 $t=2$，只要前期创新成功实现（事件发生概率为 p），企业 A 就可以承担其项目，而该项目成功的概率等于 p。第三项是时期 $t=3$ 企业可以承担的项目，前提是前两期的创新都成功实现（概率为 p^2）。按照这种方式进行，我们可以计算创新序列的总期望社会福利，结果为 $pv/(1-p)$。

如果在每个时期 t 两家企业都投资研究项目，我们知道创新得到开发的概率提高至 P。因为企业 B 在每一期都要承担成本 c，则此时的期望社会福利等于：

$$Pv - c + P(Pv - c) + P[P(Pv - c)] + \cdots = \sum_{t=1}^{\infty} P^t(v - c) - c = \frac{Pv - c}{1 - P}$$

该式各项的含义与前文所述仅有企业 A 在每个时期 t 投资这一情形类似，当两家企业都承担研究项目时，成功开发一项创新的概率为 P，而总的 R&D 成本为 c。

通过观察已经推导出来的两个期望社会福利水平，可以得出两家企业都投资其研究项目是社会最优的，如果满足：

$$v \geqslant \frac{c(1 - p)}{P - p} \equiv v_s^s$$

通过比较孤立创新与序贯创新两种情境，可以推导出一个有趣观察：容易论证当创新序贯发生时，满足企业 B 投资为社会最优的 v 的临界值比孤立创新情形中的临界值要低；正式地，有 $v_s^s < v_s^l$。换句话说，当创新序贯发生时，企业 B 在每个时期都投资是更加可取的。这与第 6 章所提供的 Green & Scotchmer（1995）的模型一致。当创新具有累积性时，当前创新的社会价值还与其对未来发明所做贡献有关。在 Bessen & Maskin（2009）的模型中，时期 t 创新的开发是确保未来研究项目投资机会的必要条件。这产生了一种正外部性，它解释了为什么企业 B 的投资在序贯创新情形中更加可取。

市场均衡 现在，我们关注企业的投资决策。与孤立创新情形一样，给定企业 A 总是投资，我们仅需考虑企业 B 的决策。如果企业 B 决定不投资并模仿企业 A 的创新，则它获得 $psv+p(psv)+p[p(psv)]+\cdots$，该式可以改写为 $psv/(1-p)$[①]。相反，如果企业 B 投资研究活动，则其期望利润为 $Psv-c+P(Psv-c)+P[P(Psv-c)]+\cdots$，其简化式为 $(Psv-c)/(1-P)$。

通过比较上述两式，我们可以容易地发现当下式成立时，企业 B 在每个时期投资总是有利可图的：

$$v \geqslant \frac{c(1-p)}{s(P-p)} \equiv v_{Eq}^{S}$$

与社会最优情形类似，当创新序贯发生时，投资 R&D 的激励更高：在该情形中，使得企业 B 愿意投资的临界值 v_{Eq}^{S} 低于孤立创新情形中的相应值 V_{Eq}^{I}（即企业 B 在大部分情形中投资）。这一结果特别有趣，它进一步揭示了本节开始部分提及的苹果公司-IBM 插曲。

当创新序贯发生时，企业 B 有更大激励投资研究活动。通过承担其研究项目，企业 B 降低了创新序列停止的概率。同时，通过当前进行投资，企业 B 增加了其模仿企业 A 未来创新的机会。换句话说，当创新序贯发生时，时期 t 的投资激励更大，因为企业仅需开发自己当前创新就可以从竞争对手的未来创新中获益。

为了让读者相信更大的投资激励实际上取决于未来模仿企业 A 创新的可能性，现在我们考虑如果市场上仅有企业 B 时将出现的情况。此时，没有竞争对手进行模仿，不投资时企业 B 将获得零利润。相反，投资 R&D 时企业 B 的期望利润为 $pv-c$（孤立创新情形），或者 $pv-c+p(pv-c)+\cdots=(pv-c)/(1-p)$（序贯创新情形）。在两种情形中，当 $v \geqslant c/p$ 时，投资对企业 B 来说是有利可图的。因此，如果没有模仿竞争对手的可能性，孤立创新情形中的投资激励与序贯创新情形相同。

投资不足：孤立创新与序贯创新 人们可能好奇，在序贯创新情形中

---

① 对这一式子的解释与关于期望社会福利的解释类似，其中给定企业 B 获取创新总社会福利的份额为 s。

是否也会出现投资不足。通过比较社会激励与私人激励，我们可以发现在序贯创新情形中投资不足问题也会发生，尽管其强度相对较小。如果 $v \geqslant v_{Eq}^{S}$，企业 B 将选择投资，但是为了最大化社会福利，当 $v \geqslant v_{S}^{S}$ 时企业 B 就应该投资。其中，$v_{S}^{S} < v_{Eq}^{S}$。因此，正如如下结论所强调的，对于 $v \in (v_{S}^{S}, v_{Eq}^{S})$，市场会出现投资不足：

结论 2：当创新序贯发生且不存在专利保护时，市场对 R&D 活动的投资不足。正式地，投资不足的概率等于 $c(1-s)(1-p)/(s(P-p)) \equiv \Delta^{S}$。

证明：给定 v 是根据区间 $[0, 1]$ 上的均匀分布所取的任意值，投资不足的概率等于 $v_{Eq}^{S} - v_{S}^{S} = c(1-s)(1-p)/(s(P-p))$。

比较结论 1 与结论 2，可以发现与孤立创新情形相比，序贯创新情形中投资不足发生的可能性更小。

推论 1：当不存在专利保护时，序贯创新情形中投资不足发生的概率要低于孤立创新情形的相应概率。正式地，有 $\Delta^{S} < \Delta^{I}$。

上述推论总结了贝森与马斯金的主要观点：当创新序贯发生时，企业的 R&D 投资激励更大，因此均衡中出现投资不足的可能性更低。

该结论背后的直觉与对不等式 $v_{Eq}^{S} < v_{Eq}^{I}$ 的解释一致。当创新具有累积性时，未来模仿竞争对手创新的可能性是对现在承担 R&D 投资的进一步激励，这将减少市场无效率。

这一考虑对政策制定者来说至关重要。当创新序贯发生时，对刺激企业投资 R&D 的需求更少。因此，在软件、计算机等以累积创新过程为特征的产业中，专利在提供投资激励方面的作用更为有限。

为完成分析，我们应当确定创新可以获得专利时的市场均衡。这一情形的正式分析相当复杂，为节省版面，我们不应该将其纳入本节中。但是，通过回顾第 6 章得到的结论，我们可以就创新可以申请专利时可能产生的无效率得到一个粗略观点。当企业可以保护其创新时，未来创新者需要与专利持有者协商许可协议，以便使用它们的发明。从第 6 章中，我们知道如果双方之间存在信息不对称，则不同代发明者之间的许可谈判将是无效率的：在一些情形中，跟进创新者未能获得使用早期发明所需的许可，因而不能承担其 R&D 活动，即使这些投资可能是社会所需的。因此，当创新受专利保护时，许可谈判的无效率可能导致更少的企业参与研究活动：根据与贝森与马斯金一样的论点，这种无效率可能进一步减少 R&D 激励，因此它可能加剧投资不足问题。

第三节　开源软件

贝森与马斯金的模型支持如下观点：在创新具有高度累积性的产业中，弱知识产权为创新开发提供了"有利环境"。这一观点得到了一些学者的支持，并且似乎被开源软件（定义近些年软件产业的最重要现象之一）所证实。正如下文所讨论的，开源软件是源代码公开可得且许可任何人进行研究、修改并分销给其他人的计算机软件。

与其他开放创新的例子一样，开源软件的基本思想是将尽可能多的人纳入新软件的开发之中。这意味着除了软件的原始开发者之外，其他创作者也以不同的形式贡献于产品改进。第三方参与的出现得益于开源许可，这是一些规则的集合，以确立某个具体软件被使用和分销的方式。这些许可的实用性如此关键，以至于只有当软件通过一个特定批准的开源许可发布时，我们才可以将其定义为开源软件。

在关注一些与开源软件有关的核心问题前，有必要用一些篇幅来阐明"开源代码"的意义以及简要阐述开源的历史[①]。

一、开源简史

开源软件是一种相对老的现象，可能要比我们想象的还要老。事实上，在软件产业发展早期，人们就根据开源方式开发软件。软件本质上并不是一种产品，它与硬件一起被捆绑出售。为了避免代价过高的重复，程序员和工程师彼此间经常自由交换若干行代码，软件再使用的情况在开发

---

① 关于开源历史的分析以 Lerner & Tirole（2002）为基础。

者之间也非常普遍①。换句话说，开发者经常再利用其他人编写的若干行代码，他们可能进行一些调整以使得代码符合自身需求，这无疑能够加速软件开发进程。

随着 20 世纪 70 年代中期个人计算机的出现，软件开发逐渐与硬件生产相脱离。在后续几年中，游戏、应用和工具程序的独立市场迅速发展。从那时起，商业化软件供应商开始在市场中起着重要作用，这反过来引致了软件开发过程中的重大改变。软件再利用的普遍实践逐渐被放弃，人们开始仅以所谓的"可执行"格式来分销软件。其中，"可执行"格式是包括仅有计算机能读的指令集的二进制代码。

从开源代码转向可执行代码，这代表着软件发展历史的一个转折点：两种代码之间的主要差异，在于写入代码的格式。通常，一个开发者使用 C++、Pascal、Jave 等编程语言写软件的源代码。一旦完成，源代码将被编译和转换为二进制代码。可执行代码与源代码之间的差异极其重要：尽管源代码是用人们可读的语言编写的，但是可执行格式却是只有计算机可读的 0-1 数字序列。结果，收到二进制代码的程序员不能理解软件的运行以及代码的结构。因此，在二进制格式下，程序员不再能够修改/调整软件，他们也不能进行再利用。软件产业放弃了这种合作方式（这也是软件产业早期的重要特征），并逐步向封闭/专有方式演变。

为了遏制这种趋势，在 20 世纪 80 年代早期，在 MIT 人工智能实验室工作的计算机程序员理查德·斯特曼（Richard Stallman）成立了自由软件基金会（Free software foundation）。该基金会的宗旨是，重新建立发布软件源代码的惯例，并使其具有法律约束力。自由软件基金会最重要的一个成就，无疑是创立了通用公共许可协议（the General Public License，缩写为 "GPL"），这一典型的开源许可规定软件及其相应源代码可以被复制、分销和修改。

---

① 值得注意的是，20 世纪 70 年代期间有几个组织明确专注于交换软件代码。例如，最相关的一个组织是协助避免重复工作协会（the Society to Help Avoid Redundant Efforts）。

在理查·斯托曼（Richard Stallman）及其基金会的努力下，软件产业开始了一个新时代。1998年，一群属于自由软件运动的人首次使用了"开源"这一术语。他们特别选择这一标签，以强调"软件开发应当开放且以开发者之间的分享与合作为基础"这个事实。开源历史的另一个重要里程碑可以追溯到1991年，当时芬兰的美国学生林纳斯·托瓦兹（Linus Torvalds）正开始开发可能最有名的开源软件——Linux操作系统。从20世纪90年代后期起，互联网的传播引致了开源软件的惊人增长。得益于互联网，位于世界各地的程序员可以很容易地分享代码和合作开发软件。

在GPL制定不久之后，马上就出现了其他的开源许可协议。尽管有一些许可变得非常流行，但是另一些许可却几乎、从未或者不再被任何进行中的软件项目所使用。而且，许多许可彼此之间有着合法的不兼容性，这严重限制了开发者可以组合源代码的方式。为了给这一错综复杂的问题建立起秩序，20世纪90年代末，人们确立了开源的定义，即所谓的OSI（open source initiative）定义，以明确开源许可需要满足的各项要求。如今，已经有超过60个被OSI批准的开源许可协议。

开源许可

开源许可确立了治理软件产品使用、分销和销售的规则和条例。根据OSI定义，如果满足如下要求，一项许可是开源的①：

1. 源代码：程序必须包括软件的源代码；

2. 派生作品：许可必须允许被许可人修改代码和开发派生作品；

3. 免费重新发布：许可并不当限制任意主体销售或者转售软件。许可不应要求被许可人支付许可费，也即为每单位分销产品支付的费用。

这些条件的目的，是确保软件源代码开放，由此促进软件的获取、传

---

① 在本节中，我们关注OSI定义所强加的最重要要求。关于开源许可需要满足的其他要求的更多细节，可以参见 http://www.opensource.org/docs/osd。

播与合作开发（分享和再利用)①。以条件 3 为例，被许可人被允许重新分销源代码而无须支付任何许可费这一事实促进了软件的传播。条件 1 和条件 2 促进了软件的再利用，源代码的可得性允许专业用户修改软件或者甚至可能开发与原产品有根本差异的派生产品。

需要重点关注的是，上述三个条件并不必然意味着需要免费发布软件。如前所提，根据条件 3，开发者/许可人不能通过许可费等支付机制来限制被许可人重新分销软件的自由。但是，开发者有权向被许可人收取代码使用费②。

今天，有超过 60 个满足 OSI 定义的许可。它们之间的主要差异，在于施加给派生软件不同的限制。GPL 通常被认为是最具限制性的许可，它明确要求派生于 GPL 许可代码的软件必须同样在 GPL 下进行许可③。这一要求被称之为"继承或著佐权条款"。相反，如 LGPL（Lesser General Public License）等许可允许开发者再利用代码的一些部分，但没有强制派生软件在与原始程序相同的许可条款下分销。最后，BSD（Berkeley Software Distribution）和所有其他所谓的艺术许可（artistic licenses）并未对派生软件施加任何约束。这意味着，派生自 BSD 许可下发布的源代码的软件最终可以在"传统的"专有（也即非开源）许可机制下进行分销。

开源的今天

开源不再是局限于黑客或者计算机专家的一个现象。互联网的广泛传播引致了超大型开源社区的产生。特别地，互联网促进了大量分散用户－程序员之间的软件项目开发，这些人可以在线协调活动和分享努力所得

---

① 细心的读者一定会注意到，这些条件与本章开始部分提及的 Boldrin & Levine 的论点类似。条件 1 至条件 3 排除了知识垄断的可能性。

② 为强调"重要的是软件代码的开放性而不是其免费可得性"这一事实，开源社区主张"free software"这一表述中的"free"一词应当理解为言论自由中的"自由"，而不是免费啤酒中的"免费"。

③ 一些学者认为，GPL 是唯一"真正"的开源许可。文献通常会区分自由软件和开源软件。第一个词语识别在 GPL 下被许可的软件，而第二个词语则指代在其他开源许可协议下分销的项目。简单起见，在本章中我们使用开源这一词语同时表述两种情形。

成果。

值得了解的是，有多少程序员参与到开源软件开发之中，或者有多少个体日常使用一个开源应用。不幸的是，很难估计开源运动的进展程度。不管是否相信，在某种程度上我们都是开源用户。例如，每次访问互联网时，我们都会使用一个开源软件，因为管理许多网站服务器的操作系统是开源的。仅列举一个非常相关的例子，谷歌搜索引擎自身使用 Linux，因此每次进行搜索时我们都会成为开源用户。而且，世界最著名的浏览器——谷歌浏览器是被称为 Chromium 的开源项目的副产品。

然而，尽管关于开源软件传播的准确数据并不可得，但是毫无疑问在多个独立市场中开源产品都获得了领导地位。Linux 的计数器网站（linux-counter. net）估计，在 2013 年 6 月，Linux 用户接近 6600 万名。根据其他专业网站的统计，网站服务器市场的 Apache 和浏览器市场的谷歌浏览器和火狐浏览器都是市场领导者①。在最重要的基于网络的开源项目知识库——SourceForge. net 上，可以找到关于开源传播的进一步数据。对于软件开发者来说，SourceForge 是控制和管理开源软件开发的集中地。任何试图开发新软件的人都可以使用 SourceForge. net 上提供的服务。例如，可以通过打开该平台上的一个专门网页来启动新项目。在这里，开发者可以免费获得关于项目的所有信息，甚至可能是旨在吸引其他开发者并吸收其贡献的第一行代码。

SourceForge. net 上的数据引人注目：例如 2013 年 5 月，该知识库支持了超过 324000 个项目，并且有超过 340 万名注册开发者②。表 7.1 提供了 2004 年 12 月 SourceForge. net 上所进行开源项目的一些信息。基于这些数据，我们可以得到：

---

① 根据 netcraft. com 的统计，2013 年 6 月 Apache 的市场份额为 53.3%；www.w3schools.com 网站的估计表明，2013 年 5 月谷歌浏览器和火狐浏览器的市场份额分别为 52.9%、27.7%。

② 但是，SourceForge. net 上进行的大量项目是无效的。因此，这些数据不可避免地高估了开源现象的重要程度。尽管如此，这些数据无疑仍然是引人注目的，并且证实开源是软件产业发展的一个主要影响因素。

表 7.1 开源项目的特征

开发阶段	占比	开发者数量	占比	内容	占比	许可	占比
前期	56.7%	1	66.9%	通信	7.7%	GPL	66.5%
后期	43.3%	2	15.7%	数据库	2.5%	LGPL 或类似	14%
		3 或 4	10%	桌面	1.5%	BSD 或类似	17.1%
		5 或 6	3.5%	教育	1.5%	其他	2.4%
		超过 6	3.9%	游戏	10.9%		
				互联网	11.6%		
				多媒体	8.6%		
				办公	4.2%		
				科技	7.5%		
				安全	1.8%		
				软件开发工具	22.4%		
				系统	15.6%		
				文本编辑器	3.2%		
				其他	0.8%		

——超过一半项目处于开发前期。这也证实，该网站基本上被项目领导者用作吸引其他开发者的工具，以图将他们纳入项目开发和改进之中。

——根据开发者数量测度的项目分布极其不平衡。仅有一个开发者的项目占比达到总样本的 66.9%，而超过 80% 的项目拥有不超过两个活跃开发者。但是，也有少数项目涉及更多数量的开发者。接近 600 个项目相当大，涉及超过 16 个开发者。

——从软件内容来看，存在非常大的多样性。最受欢迎的类别是：用于开发其他项目的软件开发工具、游戏、互联网应用、通信软件和多媒体应用。

——最受欢迎的许可是 GPL，使用该许可的项目大约占到 2/3。

二、成功秘诀

一些开源软件项目所具有的高质量和赫赫声望，吸引了许多对理解

"成功秘诀"感兴趣的学者的关注。当试图评价将开源方式拓展到软件以外的其他产业这一可能性时，这一问题变得特别重要。在下文中，我们关注与开源成功的四个独立方面。随后，我们在7.4.3节中通过探讨开源与商业/盈利性活动的关系来完成概述。

创新过程的累积性。软件产业的创新具有高度累积性。如前所述，事实上对于开发新项目来说软件再利用是普遍行为。一组例子可以很好地说明这一点[①]。第一个例子是 Internet Tablet，这是诺基亚公司开发的移动电话操作系统，且被安装在 N800 系列上。Internet Tablet 包含 Linux、X-Window、GNOME 和 BlueZ 等一些开源软件的若干行代码。据估计，Internet Tablet 的源代码由超过 1000 万行代码组成，其中大约 85% 来自于已有的开源软件项目，而只有 15% 是诺基亚公司实际开发或修改的。

第二个有趣的例子是 Darwin，这是苹果公司 MAC OS X 操作系统的核心项目。基于 NeXTSTEP（苹果公司从 NeXT 软件公司购买的软件），Darwin 的开发组合了取自 NetBSD、OpenBSD、FreeBSD 等开源应用的若干组件。与 Internet Tablet 情形类似，Darwin 所具有的 1700 万行代码有大部分都来自于已有的开源软件，且仅有一小部分是由苹果公司编写的（比率分别为 80% 和 20%）。根据贝森与马斯金的模型，我们可以说：软件产业所具有的特征——创新累积性与软件再利用（实际上是一种产品模仿）惯例，是决定开源方式取得成功的两个关键因素。

外部贡献。开源本身意味着合作创新。正如引言所强调的，开源方式的一个重要优势就是在软件开发过程中有获得外部贡献的机会。在一些情形中，这些贡献变得如此重要和常见，以至于产生了一个适当的开发者社区（即所谓的开源社区）：社区的成员彼此互动，以便改进软件项目。外部贡献可以有不同形式，例如对于改进软件的简单建议、关于测试程序beta 版本的建议、报告漏洞、编写用户手册或者是编写代码行。

[①] 这些例子取自于 Anttila（2006）。

拓展 7.2　SourceForge 上的合作开发：Freenet 案例

在发表于 *Research Policy* 上的一篇文章中，von Krogh et al.（2003）研究了 Freenet 案例，这一软件支持匿名的点对点通信。Freenet 项目由 Ian Clarke 于 1999 年成立，当时他是英国爱丁堡大学的一名学生。在完成软件设计后（由一系列独立模块组成），Clarke 将其上传到 SourceForge. net，以激励其他程序员做出贡献。2000 年 3 月，该软件的第一个 beta 版本被免费发布。同一年，他们还发布了该软件的 8 个新版本，其总下载量超过 650000 次。一个包含 350 多人的邮件列表被用来组织软件开发者之间的互动。程序员的流失率非常高：在作者调查期间，每周平均有 45 位程序员对软件开发有所贡献。在观察的整个期间，总计有 11210 封邮件和 1714 条线索（即关于相同主题的邮件序列）。对于软件的贡献高度集中：所有代码行的 53% 是由 4 位程序员编写的。

领导、模块化和其他组织方面。正如拓展 7.2 中 Freenet 案例所阐述的，在许多情形中开源软件是由一个或更多专家用户开发的，他们开始为其感兴趣的软件项目编写代码行。通常，一旦软件的 beta 版本成型，开发者就会通过互联网（例如 SourceForge. net 等网站）将其发布，以吸引其他开发者和增加用户数量。

通常地，初始开发者和对软件开发做出贡献的新用户并未被组织在一个正式结构中。用户/开发者社区中层次关系的缺失可能是开源开发模式最引人注目的一个方面。为此，关注一些组织问题十分有趣。首先，尽管没有正式的权威，但开源项目通常有一个领导者（在大部分情形中，是某个初始开发者或者对项目做出了重大贡献的程序员），他/她将协调整个开发过程中的活动，而其领导得到了整个用户/开发者社区的认可。

另一个重要的组织方面是软件项目的模块化：软件通常由若干个独立模块组成，每一个模块都包含执行特定功能所需的所有代码行。一旦它们得到开发，模块将被组合成最终的软件应用。模块化的优势是，可以将复杂的编程活动分解为更简单的任务：这时，每一个开发者仅需负责整个项目的单个部分，这实现了更有效率的劳动分工。根据 Linux Torvalds 的观点，Linux 获得成功的一个秘诀就是其模块化①。而且，模块化的另一个优势是它支持软件的再利用：可以将单个模块执行的功能非常容易地嵌入其他软件应用中。

最后，开发者之间的协调要求有连续的信息交换。例如，信息交换可能通过邮件或者新闻组来实现。协调开发者活动的一个重要工具是 CVS (*Concurrent Versioning System*)，这是一个软件控制系统，它允许开发者获取软件的最新版本并追溯软件的开发过程。

做出贡献的动机。过去十年中，让开源领域学者着迷的一个关键问题是：为什么聪明、熟练且在大部分情形中未得到报酬的开发者会为开源项目做出贡献？一些实证研究考察了开发者为开源项目做贡献的动机。基于对参与到将近 300 个开源项目中的接近 700 名软件开发者的调查，赖克哈尼和沃尔夫 (Lakhani & Wolf, 2005) 提供了一个有趣的分析。两位作者的第一个有趣发现是，40% 的受访程序员在参与开源项目时获得了其雇主的支付。对于他们来说，参与到项目开发中并不是一个个人自由选择的问题。剩余 60% 的程序员按照自身意愿参与到项目开发之中。

随后，受访者被问到哪个是他们参与开源项目的动机。正如表 7.2 所示，作者区分了三种不同类型的动机：1) 外在动机，主要是通过对软件的直接使用或者通过货币补偿 (例如更好的工作或职业晋升) 获得的即时或延迟收益；2) 内在动机，主要是在参与编程活动中所享受的乐趣；3) 其他类型的内在动机，主要是对开源运动以及坚持其行为规范和哲学的强烈认同感。表 7.2 的第二列是受访程序员中选择特定动机的相应比率，而第三列和第四列分别是自愿贡献者和有偿贡献者的相应数据。

---

① 关于开源中模块化的全面讨论，可参见 Narduzzo & Rossi (2005)。

表 7.2 贡献于开源项目的动机① (单位:%)

动机	所有	自愿程序员	有偿程序员
编程是智力刺激活动	44.9	46.1	43.1
喜欢团队工作	20.3	21.5	18.5
提高编程技能	41.3	45.8	33.2
所需软件 (工作或个人使用)	58.7		
提升职业地位	17.5	13.9	22.8
"源代码应当开放" 的信念	33.1	34.8	30.6
有做贡献的个人责任感	28.6	29.6	29.6
不喜欢专有软件	11.3	11.5	11.1
提升开源的声誉	11.0	12.0	9.5

做贡献最常见的动机是外在动机:58.7%的开发者实际上是软件用户。第二大常见动机是内在动机:44.9%的受访发现参与项目是智力刺激活动。第三大常见动机同样是外在动机,即可以得到向专家用户学习并因此提升自身编程能力的机会 (样本中选择该项的比率为41.3%)。其他重要的动机属于第三类:1/3 的程序员宣称他们加入开源项目,是因为赞同开源运动的规范且相信所有软件应当在开源许可下发布;相反,其他受访程序员则认为自己有责任为开源项目做贡献。

赖克哈尼与沃尔夫并未发现有偿开发者与无偿开发者的动机之间有何明显区别。更具体地,值得一提的两个差异仅有:志愿者更多选择 "提升编程技能" 一项 (45.8% vs 33.2%),而有偿程序员更多报告 "提升职业地位" (22.8% vs 13.9%)。

三、开源与商业

直到最近,开源一直被视为软件业务的一个威胁。如今,事情发生了很大变化,IBM 公司、太阳微系统公司、惠普公司、诺基亚公司、西门子

① 数据来源:Lakhani & Wolf (2005)。

公司等已有的大型在位者与初创企业都在加快使用开源策略。

以 IBM 公司为例，根据公司网站，该公司参与开源运动的时间超过十年。它在 Linux 开发上的投资超过 10 亿美元，且当前参与了大约 150 个开源项目。而且，它还将属于其专利组合的超过 500 项专利发布到了公共领域。最后，IBM 公司还创立了 Eclipse 项目，即一个集成软件开发环境。该公司将 Eclipse 的源代码发布给了 Eclipse 基金会（该组织有超过 120 位成员，其中很多是大型商业企业）。

企业采取开源策略的原因有很多。与前文所讨论的诺基亚公司和苹果公司案例一样，开发开源软件的决策可能基于再利用已有代码行的可能性（如此可以大幅减少完成软件开发所需的时间和成本）。网络外部性可能是对采取开源策略的另一种解释。正如第 3 章所论证的，网络外部性在软件产品中非常普遍，它在 ICT 产品以及构建大规模用户安装基础方面起着关键作用。特别地，企业可能选择开源策略，以刺激市场对其软件产品的采用，如此其产品可以成为产业标准。这时，企业可以通过销售其他与产品标准兼容的（硬件或软件）产品获得利润。开源的另一个优势是，一家企业可能能从第三方有助于软件产品改进的贡献中获益。如前所述，外部贡献可能具有不同的形式，包括从代码开发到编写或翻译用户手册等多种。

拓展 7.3　知识共享：部分权利保留

互联网的到来已经危及基于版权的知识产权保护传统模式：环球网使得复制和分销数字内容变得更加容易。伴随着这种演变，协作创新的新模式最近变得日益普及。我们所指的是所谓的知识共享（Creative Commons），这是 21 世纪初首先出现在美国的一种现象，其出现得益于 Lawrence Lessig 教授。

知识共享许可允许艺术家或者（更一般地）任意内容创作者可以根据"部分权利保留模式"，来开放并分销作品。与开源情形类似，知识共享许可授予其他人而非仅有作者部分权利，以鼓励作品的传播。

更具体地，一位作者可以决定：1）授权/不授权作品的商业化使用；2）授权/不授权派生作品的创作；3）在授权情形中，他还可以要求派生作品以与原作品相同的许可机制发布；4）最后，作者还可以要求作者身份识别，也即派生作品的作者应当提及原作品作者。通过不同方式组合这些条款，可以获得具有不同限制程度的多种知识共享许可（它们的区别在于原作品有哪些合法权利）。

如今，日益增加的内容和艺术作品在知识共享许可下发布。例如，2007 年英国广播公司（BBC）开始在知识共享许可下分销其所有多媒体内容，这使得任何人都可以再利用和发行其内容。

知识共享是关于知识产权管理应当有所改变这一事实的信号。如果 David Bowie 的预测正确，我们可能需要等上几年才能看到。在 2002 年《纽约时报》的采访中，White Duke 预言："我并不认为音乐产业将通过标签和分销系统以同样的方式运作。关于音乐我们曾经所考虑的所有事物的绝对转换将在 10 年内发生，没有什么能够阻止这一进程。我看完全没有必要假装它不会发生。例如，我完全确信 10 年内版权将不复存在，作者身份与知识产权将遭受这样的抨击。"

文献中广泛讨论的另一个重要问题是，哪种商业模式可运用于开源。关键点如下：尽管开源并不意味着软件是免费的，但是开源许可强加的一些条款确实大幅减少了商业化利用软件的可能性。我们知道开源许可确保任一被许可人可以重新分销产品而无须向供应商支付额外费用。因此，软件的获得者有潜力成为项目原始开发企业的竞争对手。

关于这一问题，值得一提的研究是达法拉（Daffara，2009），他描述了软件公司采用的主要商业模式。达法拉考察了 200 多家采用开源策略的软件公司，以探究哪种商业模式是最常见的①。正如表 7.3 所示，样本中有 131 家企业选择的商业模式是销售互补性服务：在大部分情形中，企业

---

① 作者所选择的企业其利润至少有 25%（直接或间接）来自于开源业务。

开发软件后在开源许可下发布产品，并从销售培训、咨询和定制服务中获利。另一种常用商业模式是销售互补性产品：样本中有44家企业通过销售硬件产品盈利，这些产品利用了开源软件。

表 7.3　开源商业模式[①]

商业模式	企业数量（家）
销售互补性服务	131
开放核心	52
销售互补性产品	44
双重许可	19
其他商业模式	29

其他常见开源商业模式是开放核心（open core）和双重许可，这是两种版本控制策略。在前者中，企业免费且在开源许可下发布软件的核心版本，并从销售组合核心软件和一些附加功能的软件升级版本中获利。在双重许可中，只有一个软件版本，企业在两种不同的许可机制下进行分销，即同时进行开源许可和专有许可。不同于专有版本，开源版本是免费可得的。正如科米诺和马内蒂（Comino & Manenti，2011）所证明的，当大部分需求来自于商业用户时，双重许可是一种合适的策略。其中，这些商业用户需要将软件嵌入它们的派生产品中。嵌入式企业偏向于对其产品有专有控制权，因此不愿意接受开源许可通常强加的限制。结果，部分企业愿意支付费用，以获得软件的专有版本：专有许可给予被许可人对代码的完全控制权，如此被许可人可以自由地将代码嵌入到自己的应用之中，而无须担心违背著佐权条款。相反，采用开源版本的用户是那些不受许可所施加限制影响的群体：这些用户贡献于代码的改进，这使得软件供应商可以更高价格出售产品的升级版本。

为了更好地理解这些版本控制策略是如何运作的，我们提供了对开放核心商业模式的正式分析。

---

① 数据来源：Daffara（2009）。

拓展7.4 开源公司? 更年轻、规模更小

Bonaccorsi et al.（2006）这一最新研究考察了开源软件公司的主要特征。作者收集了769家软件公司的2004年相关数据，这些公司在芬兰、德国、意大利、葡萄牙和西班牙等国经营。在样本中，有19家公司仅提供开源软件（即表7.4中的"仅有开源"）。相应地，514家公司的软件产品是在专有许可协议下发布的（即"仅有专有"）。剩余236家公司采取"混合模式"：一些软件项目是开源可得的，而另一些则是在专有许可机制下进行分销。根据聚类分析，作者将这236家公司归为两个独立类型：一类更倾向于开源（特征是有更多数量的开源产品且经常采用GPL许可机制，即表中的"更多倾向开源"）；另一类公司对开源的倾向相对较弱（即表中的"更少倾向开源"）。

表7.4表明了四类公司在公司规模（雇员数）和成立年份方面的主要特征。数据证明，越倾向于开源的公司，其规模越小且相对更年轻。

表7.4 采取开源策略的软件公司

类型	公司数目	雇员数（平均）	雇员数（标准差）	成立年份（最早）	成立年份（最晚）
仅有开源	19	5.74	5.21	1991	2004
更多倾向开源	70	9.83	11.6	1979	2004
更少倾向开源	166	63.41	210.44	1968	2004
仅有专有	514	32.83	84.29	1968	2004

数据来源：Bonaccorsi et al.（2006）。

开放核心模式

假设一家商业软件公司在销售一种软件，它由两个独立组件构成：1）提供基本功能的核心程序；2）插件，即程序的拓展版，这是能够给核心应用增加特定功能的一系列软件组件。令 $s \geq 0$ 表示核心程序的质量，而 sb 是插件的质量。换句话说，我们假设附加功能的质量取决于插件的内在质量 b 和核心程序的质量 s：如果核心程序的质量较低，则插件所提供的附加

功能就用处不大。相应地，当两个组件一起使用时，软件的质量为$s(1+b)$。

软件公司可以在两种替代策略中进行选择，以用于开发和分销其产品。第一种策略是公司内部开发，此时所有组件（即核心和插件）都是由软件公司内部开发的，并且在专有许可机制下进行分销。核心程序的质量等于s_{IH}，其中下标IH代表公司内部开发。软件公司的替代选择是采用开放核心策略：除了在专有许可机制下一同分销两个组件外（我们将这种软件版本称为"专有"版本），软件公司还可以用开源方式发布项目核心部分（将这种称为"开源"版本）。此时，消费者有两个选项可以选择：仅包含核心程序的开源版本或者同时包含插件的专有版本。如果消费者选择开源版本，则他们将贡献于软件改进，并因此将核心程序的质量提高至s_{OC}，且$s_{OC}>s_{Im}$[①]。我们还假设开源版本是免费发布的（例如，可以从网上免费下载）。最后，简单起见，我们将公司内部开发情形中核心程序的质量标准化为1，即：$s_{IH}=1$。

公司内部开发。假设软件公司决定在内部开发软件。我们假设消费者的保留效用为零，且他们对软件质量有异质偏好。正式地，令参数θ衡量消费者对质量的评价，我们假设θ服从区间［0，1］上的均匀分布：对应θ值更小的消费者较少关心软件质量，而对应θ值更大的消费者对质量更加敏感。

现在我们来确定对软件的需求，即决定按给定价格购买软件的消费者数量。在公司内部开发情形中，两个组件的质量等于$s_{IH}(1+b)$。因为$s_{IH}=1$，所以其质量等于（$1+b$）。相应地，当以价格p购买软件时，类型为θ的消费者其净效用为：

$$U(\theta) = \theta(1 + b) - p$$

明显地，$U(\theta) \geqslant 0$，则类型为θ的消费者决定购买产品，此时其如下利从购买中得到的净效用大于保留效用。在进行一些简单的代数变换后，我们可以得到：如果$\theta \geqslant p/(1+b)$，则消费者将购买产品。这意味着给定价

---

① s_{OC}中的下标OC表示我们考虑的是开放核心策略下核心程序的质量。

格 p，只有对软件质量足够敏感的消费者才会购买产品。正如图 7.3 所强调的，偏好 θ 在 $p/(1+b)$ 和 1 之间的消费者会购买软件，而 θ 在 0 与 $p/(1+b)$ 之间的消费者则不会购买。回想参数 θ 服从区间 [0，1] 上的均匀分布，所以需求函数为 $D(p)=1-p/(1+b)$。我们假设软件的生产和开发成本为零，因此企业选择价格以最大化如下利润函数：

$$\pi_{IH}(p) = p\left(1 - \frac{P}{1+b}\right)$$

从一阶条件中，可以很直观地得到：最优定价为 $p_{IH}^{*}=(1+b)/2$。将该式代入 $\pi_{IH}(p)$，可以得到公司内部开发情形下的均衡利润为：

$$\pi_{IH}^{*} = \frac{1+b}{4}$$

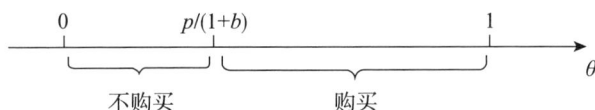

图 7.3 公司内部开发下的购买决策

开放核心策略。现在，我们考虑开放核心策略这一情形。企业以价格 p 销售软件的专有版本（包含核心程序和插件）。而且，它还在开源许可下免费发布核心程序。因此，消费者可以在产品的两种版本——专有和开源中进行选择。根据本章所提供的经验证据，我们假设软件公司从发布开源版本中获得的收益来自于用户社区所做贡献。换句话说，我们假设选择开源版本的消费者将通过编写代码行、修复漏洞或者提供可能的产品改进建议，而对核心程序改进有所贡献①。

正式地，令 N 表示采用开源版本的消费者数量，也即社区的规模。同时，核心程序的质量关于 N 递增：$s_{OC}=1+\gamma N$，其中 1 是软件公司所生产的

---

① 注意，简单起见，我们并未考虑来自开源策略的其他可能优势。特别地，在模型中我们假设并不存在网络外部性，而这是企业以开源方式发布软件的另一个典型原因。而且，因为我们假设开源版本是免费可得的，模型也没有考虑采用版本控制策略的其他典型优势，也即向支付意愿较低的消费者出售"低"质量产品的可能性，这就是所谓的市场分割（参见第 2 章）。

质量（即 s_{III}），而 γN 是社区贡献所引致的改进。特别地，γ 是衡量社区所做贡献重要性的参数：当 γ 较大时，用户社区对软件改进的贡献较大；而当 γ 较小时，用户社区的贡献很小。

现在，我们可以确定有多少用户决定免费下载核心程序的开源版本以及有多少用户更偏好于以价格 p 购买专有版本。为此，我们需要比较类型为 θ 的消费者在两种情形下的净效用[①]：

$$U_{OS}(\theta,\ N) = \theta(1 + \gamma N)\ ;$$

$$U_{P}(\theta,\ N) = \theta(1 + \gamma N)(1 + b) - p$$

$U_{OS}(\theta,\ N)$ 与 $U_{P}(\theta,\ N)$ 之间的比较，反映了消费者面临两种产品购买决策时的权衡，其中：开源版本是免费的，但没有插件；而专有版本具有全部功能，但要求支付价格 p。

注意，软件的开源版本确保类型为任意 θ 的消费者有大于保留价值的效用：$U_{OS}(\theta,\ N) \geq 0$。这一事实意味着所有消费者都会采用两种版本中的一种，因此与公司内部开发情形不同，此时市场被完全覆盖。

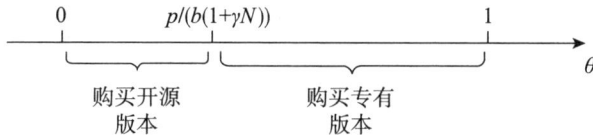

图 7.4　开放核心下的购买决策

现在，我们可以推导选择开源版本或者专有版本的消费者数量。为此，我们通过确定无差异消费者来进行分析。所谓无差异消费者，是指具有偏好参数 $\theta = \tilde{\theta}$、因而有 $U_{P}(\tilde{\theta},\ N) = U_{OS}(\tilde{\theta},\ N)$ 的消费者。进行一些简单的代数变换后，可以得到：$\tilde{\theta} = p/(b(1+\gamma N))$。如图 7.4 所示，对质量的敏感性大于 $p/(b(1+\gamma N))$ 的所有消费者将购买专有版本，而参数 θ 相对较小的消费者则偏好开源版本。根据关于 θ 分布的假设，可以得到采用开源版本的消费者数量（也即社区规模），它是关于价格的函数：$N = p/(b$

---

① 下标 OS 和 P 分别表示消费者选择的版本：开源版本或者专有版本。

$(1+\gamma N))$。

简单起见，与其求取利润最大化价格，我们转而推导 N 的最优值，也即最大化软件公司利润的开源社区规模。根据我们得到的 N 的表达式，可以将市场价格写成关于社区规模的函数：$p=Nb(1+\gamma N)$。因此，我们可以将公司利润明确为关于 N 的函数：

$$\pi_{OC}(N) = Nb(1+\gamma N)(1-N)$$

其中，$(1-N)$ 是购买专有版本的消费者数量。从关于 N 的一阶条件中，我们可以得到开源社区的最优规模为：

$$N^* = \frac{\gamma - 1 + G}{3\gamma}$$

其中，$G=\sqrt{1+\gamma+\gamma^2}$。通过将 N^* 代入函数 $\pi_{OC}(N)$，可以得到开放核心策略下的均衡利润：

$$\pi_{OC}^* = \frac{b(2\gamma+1-G)(\gamma-1+G)(2+\gamma+G)}{27\gamma^2}$$

最优策略。通过比较 π_{OC}^* 与 π_{IH}^*，我们可以得到开放核心策略为企业最优选择时所对应的条件。

结论3：当插件的质量足够高时，企业选择开放核心策略；正式地，即 $b \geqslant \bar{b}$，其中 $\bar{b} \equiv 27\gamma^2/(8G^3-8+8\gamma^3-12\gamma-15\gamma^2)$。

该结论具有直观解释。在开放核心策略情形中，给定核心程序作为开源而免费可得[1]，软件公司的利润完全来自于销售插件。开放核心策略的收益是，开源社区所做贡献能够提高核心程序的质量 s，因而也会提高插件的质量 sb。因此，当 b 足够大时，公司将从社区的外部贡献中获益颇丰。结果，当 b 大于临界值 $\bar{b}$ 时，开放核心策略比公司内部开发策略更具有营利性[2]。

---

① 注意，还可以按照如下方式解释开放核心策略：软件公司向公共领域发布核心程序，且仅进行插件的销售交易。对完整软件感兴趣的消费者将免费下载核心程序，并单独购买插件。此时，很明显企业不能从核心程序中获利。

② 我们的分析并未考虑开放核心策略的潜在风险。当软件作为开源发布时，可能出现的情况是：程序员开发竞争性插件并在市场上销售。这一事实将减少软件公司可以获得的利润。

通过求 $\bar{b}$ 关于 γ 的导数，我们可以得到如下推论①：

推论8： γ 越大，对软件公司来说采用开放核心策略的营利性更高；正式地，$\bar{b}$ 关于 γ 递减。

这一推论背后的直觉非常简单：开源社区所做贡献越有价值（即 γ 越大），则开放核心策略的营利性就越高。

总之，当插件的质量足够高或者开源社区对核心程序开发的贡献足够大时，开放核心是有利可图的策略。但是，其对社会福利有何影响呢？可以证明（尽管规范证明非常麻烦），在开放核心策略下社会福利更大。这一事实的出现有两个原因。第一个原因与以下事实有关：在开放核心策略下所有消费者都将选择两种版本软件中的一种，而在公司内部开发情形中一些消费者根本不会购买软件。这一事实减少了与更低垄断产量相关的典型无谓损失。第二个正向福利效应是由于：当公司采用开放核心策略时，核心程序的质量将因为用户社区的贡献而提高。通过组合这两种正向效应，可以发现：开放核心策略对社会福利有正向影响。

四、OScar 与免费啤酒：软件之外的开源

在关于开源的经济学文献中，最受争议的问题之一是：除了软件产业外，其他部门是否有可能使用开源方式。存在许多开放内容项目的例子，这些项目旨在以与开源软件相同的方式传播文化和分享知识。例如，两个有名的例子是开放科学（open science）和维基百科（Wikipedia）。其中，Dasgupta & David（1994）对前者进行了全面讨论，而后者是线上百科全书，一些学者相信它与《不列颠百科全书》（*Encyclopedia Britannica*）同样准确（Giles，2005）。

现实中不只是有开放内容的例子。例如，OECD 所执行的一项最新研究描述了若干旨在分享讲义的项目（OECD，2007）。而且，正如 Raasch et

---

① 即使这一推论中的结论非常直观，但是其证明涉及一系列代数变换，出于篇幅考虑我们并未列出。

al.（2009）所主张的，开放内容的重要和成功案例不仅存在于电影和音乐产业，而且还可以在地图和生物信息学数据库的开发中找到。

在实物产品的生产中，开源方式的出现相对不甚常见。但是，仍然有一些有关基于开放创新模式开发原型的例子。表 7.5 取自于拉什等（Raasch et al.，2009），它提供了 6 个重要例子。在两个案例中，即免费啤酒（Free Bear）和 Neuros OSD，后者是存储不同类型音频和视频内容的设备，原型开发成功，且已经开始了生产和商业化。在其他案例中（即 Red-Rap——3D 照相复制机与 Openmoko——一种移动电话），产品已经开发完成且已经启动测试。相反，Oscar 和 OSGV（旨在开发一种开源汽车的计划）仍然处于开发的计划与设计阶段。

表 7.5 开放设计项目①

项目名称	产品	开发阶段	社区规模
免费啤酒	啤酒	生产	15
Neuros OSD	媒体中心	生产	30000
Openmoko	移动电话	beta 版本	2000
RedRap	3D 照相复印机	beta 版本	1500
Oscar	汽车	设计	3000
OSGV	汽车	设计	250

第四节 互联网时代的知识产权

开源的一个明显特征是，软件所有者（即原始开发者）持有保护该专利的知识产权。由此，我们可以引入 ICT 领域的另一个重要主题，即互联网时代的知识产权管理。伴随着互联网普及的数字革命，使得软件、音乐、电影、图书等信息产品的复印、复制和交换更加容易。这对消费者和内容提供商双方的行为都产生了重大影响。

---

① 数据来源：Raasch et al.（2009）。

而且，近些年来技术进步极大加强了公众对于更新知识产权法体系的认同，即该体系能够支持/刺激信息获取并最终促进知识分享。可以将开源软件视为这一认同产生的信号。在开源中，知识产权管理对于刺激代码再利用以及第三方做出贡献而言十分重要。开源软件在分销时附带有所谓的著佐权条款。著佐权对文字版权产生作用，它描述的是如下行为：利用版权法提供分销作品复印版和修改版本的权利，同时要求作品的修改版保留有相同的权利。这是利用知识产权的新做法，其目的是将第三方纳入软件的开发与分销中，而不是将其排除在外。将第三方纳入创新过程中这一思想在软件以外的其他部门同样普遍存在。例如，拓展 7.3 中描述的知识共享计划就是典型例子之一。在知识共享许可下发布其艺术作品的作者，可以决定自己保留何种权利以及将哪些权利用于保障产品用户。

拓展 7.5　一个有指导性的故事：Napster 案例

Napster 是对等系统的首个成功范例。2000 年，仅在其上市一年之后，Napster 的全球用户就已经接近 2000 万。

从技术上讲，Napster 并不是纯粹的对等系统（也即由对等计算机组成的网络，这些计算机以非层级的方式组织在一起），但是它以更加集中的方式运营：中心服务器的系统代表更高层级，它负责处理协调任务；实际的文件共享则通过用户的个人计算机（即更低层级）来实现。这种集中化/层级结构同样也是这种文件共享网络的主要弱点：当不同唱片公司提交了一系列诉讼后，法院相对容易判定 Napster 的重复侵权责任。

由于这些诉讼，2001 年 7 月，Napster 被法院施加了停止经营的禁令。几个月后，Napster 与几个唱片公司签署了许可协议。协议规定 Napster 支付 2600 万美元作为损失赔偿，并支付 1000 万美元用于获得继续经营的可能。自此，Napster 从免费模式转向收费模式，以期收回（至少部分收回）向唱片公司支付的许可费。这一尝试最终失败，而 Napster 被迫倒闭。2002 年 5 月 17 日，Napster 被贝塔斯曼集团（Bertelsmann AG）以 800 万美元收购。

但是，文件共享并未因为 Napster 的倒闭而终结。对等网络从中吸取了经验教训。如今，文件共享通过纯粹的对等系统来实现。例如，基于 Gnu-tella 协议的 Morpheus 和 LimeWire 是完全的分散式系统，因而更少面临法律诉讼风险。

在我们生活的信息社会里，开源软件和知识共享是两个重要的现象。在当前经济中，获取信息和内容具有战略性作用。政策制定者认可这些问题的重要性，例如《欧盟委员会数字议程》（*Digital Agenda of the European Commission*）建议欧盟国家政府应当采取哪些战略和最佳做法，以把握数字革命所产生的日益增加的机会。该数字议程关注的最重要方面，无疑是促进信息和内容获取①。

7.5.1　知识产权与数字盗版

如今，我们在复印、复制和分销信息产品方面拥有的便利性给知识产权保护带来了严峻挑战②。

例如，对等网络（Peer-to-peer networking，缩写为 "P2P"）允许用户共享文件和交换信息。20 世纪 90 年代末，对等网络仅有 Napster 一家。如今，互联网上可以使用的对等网络已经有 Gnutella、eMule、OpenNap、Bittorrent、Frostwire 等多家。主要的唱片公司和电影制片厂已经采取法律手段，来抵制对其有版权内容的未经授权共享。在 Napster 输掉法律诉讼后，文件共享网络进行了重组，以减少被起诉的风险（参见拓展 7.5），而 P2P 网络以及用户数量的增长明显表明：法律行为并不是应对这一现象的合适手段。

为此，一些唱片公司、电影制片厂、出版商和版权持有者通常寻找其他方式来捍卫自己的版权。一种方式是采用数字版权管理（Digital Rights Management，缩写为 "DRM"），这是旨在限制数字内容售后使用的一类

---

① 关于欧洲数字议程的更多细节，请参见 ec.europa.eu/digital-agenda/。
② 网络盗版无疑是人们担忧文化产业的一个主要原因。根据 Tera 顾问公司的最新分析，过去十年里非法下载量已经翻番。2011 年，欧洲文化产业的损失估计达到 190 亿欧元。

获取控制技术。在软件领域，一种典型的 DRM 技术是在线激活：软件公司使用这种技术来限制可以安装软件的系统的数量，即用户在安装软件时必须得到在线服务器的授权。DRM 的一个早期例子是内容加扰系统（Content Scrambling Systems，缩写为"CSS"），DVD 论坛将其用于 DVD 上。CSS 使用一种算法来加密 DVD 光盘上的内容。DVD 播放器的制造商必须将其嵌入自己的设备中，以解密被加密内容并播放 DVD。CSS 还包括对 DVD 内容播放方式的限制，即允许输出的内容及其输出方式。

在内容生产商中，DRM 技术仍然十分受欢迎。但是，苹果公司、亚马逊公司、沃尔玛公司等其他一些最大的内容和硬件提供商已经宣布：它们将停止使用 DRM。这些技术可能对产品使用施加严厉限制，例如在音乐文件案例中，技术可能限制音乐播放设备的数量或者类型，这将降低消费者所得产品的质量。

二、数字盗版的潜在收益

到目前为止，我们仍坚持着传统观点，即盗版会减少企业的利润。但是，知识产权持有者也有可能从盗版中获益。根据 Belleflamme & Peitz（2010），盗版可能有益是因为如下三个原因：

1. **网络效应**。许多数字产品具有存在明显网络效应这一特征。在这些情形中，一个文件共享网站的存在可能对企业有益，因为它会增加其用户安装基础。这一观点与第 3 章讨论的规模经济悖论类似。P2P 网站引致的竞争加强所产生的负效应可能因为网络效应所产生的价值而得到更多补偿。根据康纳和鲁梅尔特（Conner & Rumelt，1991），一定程度的数字盗版不仅能够增加企业利润，而且可能增进社会福利。明显地，企业同样可以通过 P2P 网站来尝试减少竞争压力，例如提高产品原版的质量或者提供附加产品或服务（例如更好的客户关怀服务）。

2. **间接独占性**。对消费者来说，复制一种产品（例如影印一本图书）的可能性无疑代表着盗版的积极和有价值一面。这里的关键点是：当能够部分或完全独占这一更大价值时，可复制性对版权持有者来说可能也是有利的。这是一种基于所谓的"间接独占性"的思想,利博维茨(Liebowitz,1985)在研究科学期刊时引入了这一概念。作者强调制作复制品的能力可能提高消费者对原件的支付意愿,如此将允许生产者获得更大利润。当发行方能够区分对复制原件感兴趣的用户与不感兴趣的用户并因此对前一类用户收取更高价格时,间接独占性也许是可能的。正如刚才所提及的,利博维茨将其理论主要用于思考科学期刊这一例子。为此,尽管文献中的许多进一步成果都以 Liebowitz 的间接独占性概念为基础,但是似乎很难将其应用于能够轻易且无成本复制产品的数字市场。

3. **取样策略**。许多数字产品实际上是经验品。换句话说,只有在购买或者使用后,才可以评价它们的质量。例如,只有在安装和使用后才能知道一种软件的特征与功能。在音乐和电影领域,事情同样如此。经验品的生产商经常分销样品用于免费测试,在这种方式下,消费者能够体验产品的质量,如果满意就会选择购买。可以将相同的观点用于解释生产商如何从 P2P 网站的存在中获益:消费者可能从该类网站上获得复制品,一旦体验了产品的质量,他们就可以决定是否购买原件。明显地,为了让 P2P 网站的存在对企业有利,盗版复制品的质量必须低于原版,以规避同类相食的风险。

一个简单的取样模型。假设一种数字产品由单个企业供应。简单起见,将生产的边际成本标准化为 0。产品的质量可高可低,同样假设这一质量是企业的私人信息。更具体地,在决定是否购买产品之前,消费者仅知道产品具有高质量(简单起见将其标准化为 1)的概率为 $\phi \in (0, 1)$,而产品具有低质量(简单起见将其标准化 0)的概率为 $1-\phi$。因此,在购买前,期望产品质量为 $\phi \times 1 + (1-\phi) \times 0 = \phi$。

除了从企业购买原版之外,消费者也许还可以从对等网站上免费下载盗版。其中,P2P 网站扮演双重角色。一方面,它与企业竞争。另一方面,它是一种"取样装置":一旦从 P2P 网站上获得产品,消费者将认识到产品的质量;如果质量较高,他可能决定购买原版。P2P 消费者也许愿意为原版付费,可能原因是他们害怕因使用产品的非法复制品而被逮捕,也不想承担遭受惩罚的风险。

企业和 P2P 网站按照"Hotelling 模式"进行价格竞争：企业和网站位于单位区间的极点（即企业在 0 点而 P2P 网站在 1 点）。同时，假设消费者的总量为 1，且在区间上服从均匀分布：每个消费者的位置代表其对两种产品版本的偏好。位置接近于 0 点（或 1 点）的消费者更偏好于原版（或者盗版）。

基于之前的考虑，位于 $x \in [0, 1]$ 处的消费者购买原版的期望效用为：

$$U_{OR}(\phi, x) = \phi - x - p$$

其中，x 表示其交通成本，而 p 是企业收取的价格。同时，从免费下载盗版中获得的期望效用等于：

$$U_{P2P}(\phi, x) = \phi - (1 - x)$$

在确定企业与 P2P 网站相互竞争的市场均衡前，推导基准情形下的均衡价格和利润很有必要。在基准情形中，产品仅由一家企业（即垄断情形，没有 P2P）供应。此时，只有获得非负净效用的消费者才会从企业购买数字产品。正式地，这种消费者满足 $U_{OR}(\phi, x) \geq 0$。因此，对于给定的价格 p，实际购买产品的消费者数量为 $\phi - p$，于是利润函数为：

$$\pi^m(p) = p(\phi - p)$$

通过求解一阶条件，可以得到 P2P 网站不存在时的均衡价格和利润为：

$$p^m = \frac{\phi}{2}, \quad \pi^m = \frac{\phi^2}{4}$$

注意，不管企业供应的是高质量产品还是低质量产品，均衡价格和利润都是相同的。而且，p^m 和 π^m 与概率 ϕ 正相关：期望质量越低，均衡价格和利润越低。

现在，考虑企业与 P2P 网站相互竞争时的情况。在下文中，我们假设 $\phi \geq 3/4$。该条件能够确保市场被完全覆盖，因此在均衡中所有消费者都将采用两种产品中的一种：一些消费者购买原版，而另一些则从网站上免费下载盗版。很直观的是，与垄断情形相比，此时提供低质量产品的企业将获得更少利润。这是因为当企业销售低质量产品且与 P2P 网站竞争时，购买原版的消费者的数量将少于垄断情形。在高质量产品情形中，这一结果可能发生改变。现在，我们详细地考察该情形。

在比较原版和盗版的可得效用后，每个消费者决定购买哪个版本。无差异消费者位于 x，并且有 $U_{OR}(\phi, x) = U_{P2P}(\phi, x)$。正式地，无差异消费者位于：

$$\tilde{x}(p) = \frac{1-p}{2}$$

给定 p，所有位于 $\tilde{x}(p)$ 左边的消费者购买原版，而其他消费者则下载盗版。根据均匀分布这一假设，购买原版的消费者数量等于 $\tilde{x}(p)$，而下载免费盗版的消费者数量为 $1-\tilde{x}(p)$。

拓展 7.6 文件共享与合法销售

一些实证论文考察了对等网络对企业销售量的影响。在下文中，我们总结两篇最重要的研究成果——Fukugwa（2011）和 Tanaka（2004）所得到的结论。

第一项研究关注视频游戏市场，其分析基础是 2009 年向 10000 名日本用户发放的问卷，他们是两种最流行游戏操作台——Nintendo DS 和 Sony PSP 的使用者。根据这些数据，大约 40% 的用户声称他们可以下载并安装盗版视频游戏。相反，Tanaka（2004）分析了 P2P 网站对音乐 CD 在日本销售量的影响。两项研究并未发现能够证明文件共享网站对市场销售量有较大影响的证据。

但是，Tanaka（2004）得到了一个有趣结论。P2P 网络并未影响销售量，是因为它产生了两种彼此抵消的相左影响。特别地，Tanaka（2004）证明 P2P 网站的存在增加了高质量音乐的销售量，同时倾向于减少低质量音乐的销售量。因此，Tanaka（2004）认为：文件共享网站可以是一种有力的渠道，它能够促使消费者搜寻质量更高的音乐。

这一结果与本章我们提供的取样模型一致。P2P 网站的存在对企业利润有相互冲突的两种影响。因为 P2P 网站实际上是企业的竞争对手，这会减少企业的利润。但是，P2P 网站的存在也有正效应。P2P 网站代表一种促销渠道：首先消费者通过下载盗版来检验产品，如果对产品质量满意，则部分消费者将购买原版。

明显地，只有高质量商品的生产者能够从 P2P 网站的存在中受益。相反，文件共享网站将损害提供低质量产品的企业，因为它们只受到文件共享系统所产生负效应的影响。

现在，考虑企业的定价决策。企业知道其产品具有高质量，且预期一些 P2P 消费者一旦了解到产品的高质量后就会购买原版。更具体地，企业向两类消费者出售产品：一类是一开始就购买原版的消费者（数量为 $\tilde{x}(p)$），另一类是在从 P2P 网站获得盗版后再购买原版的消费者。我们假设在下载盗版的消费者中，有占比为 μ 的一部分害怕因使用非法复制品而被逮捕，因此决定销毁盗版。因为他们已经确认产品具有高质量，其中一些"害怕的"消费者可能决定购买原版。特别地，满足 $U_{OR}(1, x) = 1 - x - p \geq 0$ 的消费者都会有此选择[1]。因此，占比为 μ、位于区间 $(\tilde{x}(p), \bar{x}(p))$ 的消费者在体验盗版后购买原版，其中 $\bar{x}(p)$ 是使得 $U_{OR}(1, x) = 0$ 的值，即 $\bar{x}(p) = 1 - p$[2]。

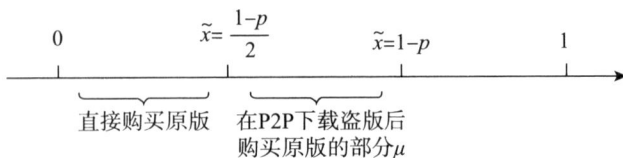

图 7.5 存在 P2P 网站时消费者的选择

---

[1] 注意，我们隐含地假设 P2P 消费者是短视的：效用 U_{P2P} 并未考虑的是一旦确认产品有高质量，则消费者实际上可能决定购买原版。

[2] $\bar{x}(p)$ 识别在从企业购买具有高质量的产品复制品和不购买任何产品之间无差异的消费者。很明显，可以发现 $\bar{x}(p) > \tilde{x}(p)$。

因此，企业的利润等于两个独立部分的加总（参见图 7.5）：来自直接购买原版的消费者的利润（直接利润）和来自体验盗版后购买原版的消费者的利润（P2P 派生利润）。正式地，有：

$$\pi(p) = \underbrace{\tilde{x}(p)p}_{\text{直接利润}} + \underbrace{\mu(\bar{x}(p) - \tilde{x}(p))p}_{\text{P2P派生利润}} = p\left(\frac{1-p}{2}\right)(1 + \mu)$$

很容易确认，$\pi(p)$ 是凹函数。通过求解一阶条件，我们可以得到均衡价格和利润：

$$p^* = \frac{1}{2}, \quad \pi^* = \frac{1 + \mu}{8}$$

值得注意的是，与垄断情形不同，高质量企业的利润并不取决于 ϕ，也即产品的期望质量。这是因为边际消费者 $\bar{x}(p)$ 只有在确认产品具有高质量后才会购买原版。

通过比较有无 P2P 网站时的市场均衡，可以发现：当 $\mu > 2\phi^2 - 1$ 时，盗版对企业有益。总结这一观察，可以得到如下结论：

结论 4：考虑一种经验品，其质量对消费者来说是未知的。如果产品具有高质量，若假定体验盗版后选择购买原版的消费者所占比率足够高，则生产商可以从对等网站的存在中获利。正式地，有 $\mu > 2\phi^2 - 1$。

上述结论极其有趣，因为它证明：如果决定购买原版的"版权侵犯者"的数量足够多，则高质量产品生产商在与 P2P 网站竞争时将获得比垄断经营时更多的利润。事实上，当 μ 较大时，P2P 网站是一个强有力的"广告"渠道，它让消费者了解产品的质量。最后，需要注意：可以将 μ 自然地解释成打击盗版的法律体系的强度。因此，我们的结论表明：如果针对盗版的执法足够严厉，则一旦体验盗版后消费者将被引导去购买原版，这将对销售高质量产品的企业比较有利。

第八章 高技术部门中的反垄断

　　细心的读者一定会注意到，ICT 部门的市场效率是贯穿本书所有章节的一个主题。对于这一问题的兴趣并不仅限于数字市场在现代社会中与日俱增的重要性，而且还包括刻画这些部门的若干典型特征。正如前文所述，大量规模经济与网络外部性效应的存在、高创新率、提交多个专利申请的惯常做法并将其作为一种战略武器等，都是数字市场的鲜明特征。特别地，这些特征可能有利于主导企业的出现。

　　政策制定者与反垄断机构的主要目标，是增加或者保护市场经济效率的所有维度：配置效率（社会福利最大化）、生产效率（生产成本最小化）与动态效率（激励研发活动）。根据传统观点，实现这些目标的最优方式是促进企业之间的竞争：竞争压力促使企业削减生产成本并降低市场价格，这能同时提高配置效率与生产效率；而且，竞争对手的存在迫使企业增加研发投入以开发新产品或服务，或者改进生产流程，这样就可能实现动态效率。

　　基于这些原因，为了促进公平竞争，一些国家实施了旨在制止和最终惩罚反竞争行为的反垄断规制。反垄断法干预的两个主要方面，是主导企业滥用市场势力与企业合谋①。其中，主导企业是指行为明显独立于其竞争对手的企业②，而滥用市场支配地位一般是指这类企业采取旨在排挤竞争对手的策略。相反，合谋是指企业组成卡特尔联盟，或者协调彼此的策

---

　　① 除了滥用支配地位和合谋外，反垄断机构的工作还包括审查企业并购与控制对企业的国家援助。事实上，并购会提高市场集中度，这在某些情形中可能会显著降低市场竞争的有效性。为此，大型企业之间的并购必须获得反垄断机构的批准。国家援助立法的一个基本原则是，国家不应当援助或资助私人企业来扭曲市场自由竞争，除非是用于应对自然灾害或者支持区域发展。

　　② European Court of Justice, Case 27/76 United Brands Co. and United Brands Continental BV vs European Commission.

略以维持高于竞争水平的市场价格并攫取垄断租金。

由于所具有的若干特征，ICT 部门出现滥用支配地位或企业合谋的可能性非常之大。因此，反垄断机构必须特别关注这些市场的运行状况。尽管对 ICT 部门反垄断问题的全方位深入讨论超出了本章的范围，但是我们提供了一些典型例子，它们足以强调和反映这些市场中反垄断执法的特征。同时，我们引入了若干理论模型，这将有助于理解有关高技术部门的一些具体问题。

第一节　数字市场中的合谋

在第 2 章中，我们深入讨论了在线市场相较于实体市场的效率。特别地，我们证明通过采用版本控制、捆绑销售等特定商业策略，企业可以从互联网中获益。我们认为，在线运营企业有能力设计衔接式策略并设定非常接近于消费者支付意愿的价格。

在本节中，我们聚焦于在线图书零售，且主要参考拉维奇和史密斯（Latcovich & Smith，2001）的研究。正如我们应当强调的，在线零售商能够密切监控竞争对手的定价策略，而数字市场的这一特征使得企业能够采取可弱化竞争压力的商业策略。

在线图书市场是互联网上最成熟的零售部门之一，它具有确保其高度竞争的若干特征，例如成本导向型定价与低价格离散度。图书是同质产品，零售商最多在交货时间和运送费等方面提供差异化服务。而且，所需运营投资较小，这意味着进入壁垒可忽略不计。

通过检验 12 本图书的在线价格变化趋势，拉维奇和史密斯对美国市场进行了考察。其中，这 12 本图书都位列《纽约时报》和《泰晤士报》"畅销书榜"的前列。作者收集了 1999 年 8 月至 2000 年 2 月期间几个互联网零售商所收取的价格①。在这一时期中，美国在线图书零售市场的特征是

---

① 更准确地，其中有六本图书价格的起始时间是 1999 年 8 月，而其他图书价格的起始时间是 1999 年 11 月。

存在两家主导企业（亚马逊和巴诺书店）以及大量的小型零售商。相应地，数据来源包括两家市场领导者以及三家小型在线零售商：Fatbrain、Buy. com 与 A1books. com。

表 8.1 T. Harris 所著 *Hannibal* 的在线零售价格（单位：美元）①

日期	排名	亚马逊	巴诺书店	A1books. com	Fatbrain	Buy. com
1999. 08. 30	5	13. 90	13. 97	18. 25	19. 95	-
1999. 09. 06	5	13. 98	13. 97	18. 25	13. 95	=
…	…	…	…	…	…	…
1999. 10. 18	12	13. 98	13. 97	18. 25	13. 95	-
1999. 10. 25	18	19. 57	19. 56	18. 25	13. 95	-
1999. 11. 01	20	19. 57	19. 56	18. 25	13. 95	-
1999. 11. 08	20	19. 57	19. 56	18. 25	13. 95	-
1999. 11. 15	24	19. 57	19. 56	18. 25	19. 55	-
1999. 11. 22	23	19. 57	19. 56	18. 25	19. 55	-
1999. 11. 29	25	19. 57	19. 56	18. 25	19. 55	16. 77
1999. 12. 06	24	19. 57	19. 56	18. 25	19. 55	16. 77
1999. 12. 13	17	19. 57	19. 56	18. 25	19. 55	18. 77
1999. 12. 20	21	19. 57	19. 56	19. 00	19. 55	18. 77
1999. 12. 27	22	19. 57	19. 56	19. 00	19. 55	18. 77
2000. 01. 03	20	19. 57	19. 56	19. 00	19. 55	18. 77
2000. 01. 10	15	13. 98	13. 97	19. 00	19. 55	18. 77
2000. 01. 17	23	19. 57	19. 56	19. 00	19. 55	18. 77
2000. 01. 24	32	19. 57	19. 56	18. 25	19. 55	18. 77
…	…	…	…	…	…	…
2000. 02. 21	40	19. 57	19. 56	18. 25	19. 55	18. 77

表 8.1 和表 8.2 中的数据，分别是五家在线零售商对 12 本待考察图书

---

① 数据来源：Latcovich & Smith（2001）。

中两本图书的定价①：其一为 Thomas Harris 所写的 *Hannibal*，这是著名汉尼拔·莱克特系列（Hannibal Lecter series）的第三本小说；其二为 James Patterson 所著的 *Pop Goes the Weasel*，这是以名侦探亚历克斯·克洛斯（Alex Cross）为典型人物的一本犯罪小说②。基于后文即将说明的原因，我们在表格第二栏列举了相应图书在《纽约时报》每周畅销书榜中的排名。

表 8.2　James Patterson 所著 *Pop Goes the Weasel* 的在线零售价格（单位：美元）③

日期	排名	亚马逊	巴诺书店	A1books. com	Fatbrain	Buy. com
1999. 11. 08	3	13. 48	13. 47	17. 75	18. 85	–
1999. 11. 15	3	13. 48	13. 47	17. 75	18. 85	–
1999. 11. 22	4	13. 48	13. 47	18. 75	18. 85	–
1999. 11. 29	5	13. 48	13. 47	18. 75	18. 85	12. 94
1999. 12. 06	8	13. 48	13. 47	18. 75	18. 85	13. 47
…	…	…	…	…	…	…
2000. 01. 24	12	13. 48	13. 47	17. 75	18. 85	13. 47
2000. 01. 31	18	18. 87	18. 86	17. 75	18. 85	13. 47
2000. 02. 07	19	18. 87	18. 86	17. 75	18. 85	13. 47
2000. 02. 14	20	18. 87	18. 86	17. 75	18. 85	15. 00
2000. 02. 21	29	18. 87	18. 86	17. 75	18. 85	18. 17

对于两本图书而言，表 8.1 和表 8.2 均说明：在观察期的第一周内，两个市场领导者（亚马逊和巴诺书店）的定价均明显低于其竞争对手。在一些时候，价格差异接近于 30% 到 40%。因此，我们的第一个发现是价格是高度离散的。例如，在第一周中 *Hannibal* 的价格区间为 13. 90 美元至 19. 95 美元。

---

① 每本图书精装版的价格数据直接得于各零售商的网站。其中，并不包括运送成本，因为不同企业之间的这一成本几乎相同。

② 为节省篇幅，我们仅列举了两本图书的书，而其他几本图书的价格变化趋势与表 8.1 和表 8.2 中所展示的类似。

③ 数据来源：Latcovich & Smith（2001）。

　　通过观察两个市场领导者的定价策略动态模式，可以获得更有趣的一个发现。只要图书列于《纽约时报》畅销书榜前 15 位，则亚马逊和巴诺书店的定价就低于竞争对手。随着时间推移，图书逐渐退出畅销书榜前列，两家主导者的定价就会快速提高至竞争对手价格水平之上。换句话说，与人们所预期的不同，亚马逊和巴诺书店的定价呈现出反周期模式：当市场需求萎缩时，两家企业会提高价格。

　　两个市场领导者所采取的定价策略似乎非常奇怪。在推出一本畅销书时，图书零售商通常会收取较高价格以便将其出售给急于购买的那些消费者。后来随时间推移，零售商将降低价格以吸引那些购买意愿较低的消费者。但是，上述两个表格中的证据表明，两个市场领导者协同采用完全相反的定价策略。

　　当关注再次进入畅销书榜前 15 位的图书定价时，发现亚马逊和巴诺书店协同采用不同定价策略这一事实更加显而易见。下面以 *Hannibal* 为例进行说明：2000 年 1 月 10 日，在跌出畅销书榜前 20 名数月之后，该书重新进入到前 15 名（可能原因是圣诞节假期销售量增加）；随即，亚马逊和巴诺书店迅速将价格降低至数月之前的水平（分别是 13.98 美元和 13.97 美元）。一周之后，该书退出畅销书榜前列，而两个市场领导者也相应将价格再次提升至 19.57 美元和 19.56 美元。

　　我们如何解释这一令人不解的定价策略呢？最令人信服的解释是两家企业合谋，这一观点由拉维奇和史密斯提出。依据罗滕贝格和萨洛纳（Rotenberg & Saloner, 1986），两位作者对亚马逊和巴诺书店的行为进行了解释。他们证明当需求较大时，合谋难以维持，当预期需求会随时间推移而减少时更是如此。换句话说，当需求较大时，企业忍不住背离卡特尔，即削减价格以扩大市场份额。很明显，如果企业按照这种方式行事，则卡特尔将崩溃且企业之间最终会展开价格战[①]。亚马逊与巴诺书店的实际行

---

　　① 或者说，可以设想两个市场领导者采用诱购定价策略，也即它们决定减少从畅销书中所得利润，以吸引顾客购买该书以及其他产品。但是，这一观点并不完全可信，因为它不能解释亚马逊与巴诺书店之间价格的完美匹配，即同时变动且仅差一美分。

为符合罗滕贝格和萨洛纳提出的观点。当需求较大时，两家领导企业协同采用较低价格以削弱背离卡特尔的激励。一旦图书跌出畅销书榜前列（也即需求减少），则亚马逊和巴诺书店就协同采用更高价格。

企业合谋这一假说还得到了另一事实的支持，即两家企业的定价极其接近，在某些时候甚至相同。值得注意的是，两家企业之间的合谋会因为企业能够密切监测竞争对手的定价而变得更加可行。在数字市场中，通过轻易和迅速地点击鼠标，企业可以观察到竞争对手的价格。正如传统产业组织理论所说，当企业能够检查彼此的行为并因此能对对方背离合谋协议的行为作出迅速反应时，卡特尔就可能得到长期维持。

这一简单例子证明，在数字市场中，消费者与企业都能够从更多关于竞争对手商业策略的信息中获益。企业能够监督竞争对手的行为，因而有利于它们实施合谋。在线零售商之间的长期关系和重复互动与企业获取竞争对手相关信息的难度降低等因素，可能大幅增强卡特尔的可持续性。

第二节 网络效应与兼容性：以微软案为例

在第3章中，我们讨论了网络市场的主要经济和策略问题。我们证明，这些市场以"赢者通吃"特征而著称，因为很典型地，网络外部性的存在使得某项特定技术自发演变为行业标准。我们还认为，当不同技术在市场中竞争时，兼容性是最重要的策略杠杆之一。在某些情形下，兼容性可能对所有企业有利，而在其他情形中企业可能会参与标准争夺战。在这种情况中，反垄断机构需要持续监督市场动态，以避免市场领导者滥用支配地位。

著名的"微软案"充分说明了这些特征的重要性。具体地，欧盟层面的反垄断机构——欧盟委员会指控微软公司违反《欧盟竞争法》第82条（现为《欧盟运行条约》第102条）[①]。根据欧盟委员会的说法，微软公司

---

① 本节讨论以欧盟委员会在2004年3月24日发布的出版物IP/04/382中对案子的简单回顾为基础。

通过两项不同策略滥用其支配地位：

其一，故意限制使用 Windows 系统的个人计算机（以下简写为"PC"）与非微软工作组服务器之间的互操作性；

其二，在销售 Windows 操作系统时搭售 Windows 媒体播放器（以下简写为"WMP"）。

该案子发生于 1998 年，当时微软公司的竞争对手——Sun 公司（美国太阳微系统公司）起诉比尔·盖茨的微软公司有反竞争行为。其中，主要控诉是缺乏披露 Windows 界面的一些技术信息，而这些信息是 Sun 公司在为运行 Windows 操作系统的计算机开发产品时所必需的。换句话说，微软公司的行为限制了 Sun 公司开发软件应用的可能性。欧盟委员会进行的后续调查显示，Sun 公司并非唯一一家被拒绝提供信息的企业。微软公司拒绝披露 Windows 界面相关信息的决定似乎是一个更大战略的一部分，其目的是将竞争对手驱逐出市场。

由于这一限制，竞争对手无法开发在可靠性、安全和处理速度上能够匹敌微软公司的产品。欧盟委员会的进一步调查还揭示，缺乏 Windows 界面相关信息的披露还改变了 PC 生产商的选择，而这对微软公司的服务器产品有利。除所有这些论据之外，欧盟委员会在微软公司办公室所找到的一系列内部文件证实：比尔·盖茨的微软公司完全清楚从这一策略中可得的收益。因此，这强化了对微软公司的指控。

但是，对微软公司的指控并未就此停止。2000 年，欧盟委员会扩大了其调查范围，以研究微软公司在 Windows 2000 PC 操作系统上搭售 WMP 所产生的反竞争效应。欧盟委员会的结论是，微软公司在 Windows 操作系统上搭售 WMP 的这一普遍行为事实上削弱了音乐、电影以及其他媒体公司为其他可替代/敌对媒体播放器开发并提供内容的激励。

因此，欧盟委员会报告称：微软公司搭售其媒体播放器的行为造成了市场封锁，这最终减少了消费者的选择。与 WMP 不兼容的竞争性产品被迫处于不利之地，而这与产品价格或者质量并无关系。

根据欧盟委员会的报告，限制同 Windows 操作系统的互操作性以及在

Windows 操作系统上搭售 WMP 这两项策略明确证明：其一，微软公司试图获取工作组服务器操作系统市场中的领导地位；其二，微软公司同时试图消除媒体播放器市场中的竞争。

在欧盟委员会进行的分析中，第二点起着重要作用。根据调查过程中可以获得的数据，媒体播放器市场处于对微软公司 WMP 有利的倾斜状态，而欧盟委员会确信这使得微软公司还能够获得编码技术、在线音乐销售软件、数字版权管理技术等相关市场中的支配地位。最后，欧盟委员会的担忧是：通过获取所有这些支配地位，微软公司的经营将导致竞争对手减少对相关领域 R&D 活动的投资，而这些投资可能促进信息与通信技术的发展和扩散。

拓展 8.1 云计算：微软支配地位的终结?[1]

云计算（Cloud Computing，以下简写为 CC），是指利用空闲的（硬件和软件）计算资源，这些资源可以相距甚远并通过互联网实现接入。CC 被认为是 IT 世界里的新杀手级应用（killer app），因为它将大幅度地改变整个行业。

在 CC 案例中，计算基础设施并不在用户手中，而是位于远方，或称之为"在云端"（in the cloud）。基础设施由 CC 服务的供应商负责维护，并且构成一系列允许给大量用户（个人或者企业）提供计算资源的服务器。

根据 Fershtman & Gandal（2012），CC 服务可以分为以下类型：

——基础设施即服务：数据存储和管理服务（计算机服务器）；

——软件即服务：基于网页的应用（例如 Gmail 或 Hotmail）；

——平台即服务：尤其是 Google APPEngine 和 Microsoft Azure 等云端操作系统。

当前，前两类服务最为流行。2010 年，《经济学人》揭示：云端基础设施和软件服务创造了超过 130 亿美元的收益。平台服务市场发展相对落后，但预期其将在未来几年中快速增长。总之，估计到 2020 年 CC 服务的收益将达到 2400 亿美元（Forrester Reserch 公司）。

CC 服务快速普及的原因非常简单：成本效率。这里，考虑一个商业用户：若干估计证明，企业的平均 IT 维护费用占 IT 总支出的比重大约为 80%；CC 允许企业将这一比例削减至 20%，这使得 IT 部门能够在核心业务流程开发上投资更多。同样地，个人也能从 CC 中获益颇丰。例如，CC 允许他们随时随地接入个人文件和数据，或者无须拥有昂贵计算资源就可以与他人实现文件和数据共享。

最有趣的云计算类型是平台即服务。到目前为止，这一市场已经发展为一个纵向一体化系统，即谷歌和微软这两个主要参与者直接为它们的平台/操作系统提供互补软件（包括电子邮件服务、办公套件等）。Fershtman & Gandal 预计，这一市场将向分离的垂直结构发展，即：平台所有者提供基础设施，若干独立的软件开发商通过平台所有者专有的云平台来提供服务。根据这一演变，该市场一定会发展为真正的双边网络，其两边分别是个人和应用开发商。这里的交叉网络效应非常明显：用户偏好于应用多样性最大的平台，而程序员愿意为使用最广泛的操作系统开发应用。预期 CC 将改变操作系统市场的现状。今天，由于网络效应的主导地位（它引发了典型的赢家通吃动态），Windows 操作系统成为市场主导者。费希特曼甘达尔（Fershtman & Gandal）宣称，向云端迁移将刺激更激烈竞争的产生。这一预测得到了如下两个观察的支持：其一，云计算数据可以跨平台迁移，这增强了不同云操作系统之间的兼容性；其二，用户改换平台的转换成本可以忽略，这使得消费者更容易在云操作系统之间进行转移。这两个特征可能增强市场的竞争性，且可能削弱微软公司在操作系统市场中的支配地位。

注：1. 以 Fershtman & Gandal（2012）为基础。

最后，欧盟委员会裁定微软公司滥用市场支配地位。根据欧盟委员会的判决，微软公司的反竞争行为持续时间超过 5 年，因此最终判决非常严厉。微软公司必须支付罚款 4.972 亿欧元，同时欧盟委员会还强加如下补救措施：

——互操作性：微软公司不得不披露完整而准确的信息，以允许非微软工作组服务器开发商实现与 Windows PC 及服务器之间的互操作性。在交换这些信息时，如果信息受知识产权保护①，则微软公司有权获得合理补偿。

——搭售：根据欧盟委员会要求，微软公司应向 PC 制造商提供不含 WMP 的 Windows 操作系统版本。按照这种方式，安装何种媒体播放器的选择权最终归于消费者②。

尽管微软案代表着网络产业反垄断干预的一个里程碑，但欧盟委员会施加的措施遭到大量批评③。特别地，该案非常清楚地强调为何需要对 ICT 市场进行不间断监督、以防止主导企业采取反竞争行为。当后文讨论获取知识产权时，我们将回到这些问题上来。

第三节　反垄断政策与创新激励

在 ICT 部门，或者更一般地在具有创新率极高这一特征的产业中，竞争法的应用可能对创新激励具有较强影响。在本章我们会更详细地讨论这一问题，并继续关注一个更加具体的问题，即反垄断立法与知识产权保护之间的关系。

拓展 8.2　VisiCalc：个人计算机的第一个杀手级应用[1]

VisiCalc 的故事可追溯至 20 世纪 70 年代早期，当时第一台个人计算机（PC）正处于开发之中。早期 PC 无疑比第一代计算器先进，这得益于输

---

① 2006 年 7 月，欧盟委员会发现微软公司并未履行这一责任，因此对这家总部位于雷德蒙德（Redmond）的公司追加 2.805 亿欧元罚款。

② 注意，微软公司仍然可以提供包含 WMP 的操作系统版本。但是，这两种版本的操作系统（即有 WMP 和无 WMP）必须具有同等性能。

③ Economides（2008）声称，强加给微软公司的措施最终并没有对消费者福利产生任何影响。例如，不含 WMP 的 Windows 版本与含 WMP 的 Windows 版本的售价相同，且事实上没有计算机制造商购买不含 WMP 的 Windows 操作系统。

入与输出系统的实质性改进以及更具人性化应用的被采用（例如著名的 BASIC 软件）。然而，尽管出现了这些惊人的技术进步，但在那些年中计算机仍然只适用于专家用户而非大众市场。

在软件产业中，VisiCalc 是第一个杀手级应用。它代表着一个转折点，即计算机从感兴趣者的一个业余爱好转变为适用于大部分人的一个重要商业工具。这一应用的成功秘诀包括利用计算机的数据处理能力来解决具体问题，即开发电子制表软件项目，该软件迅速成为制定财务规划和执行数学计算的必要工具。

VisiCalc 使得基于大量数据的操作成为一项简单任务。于是计算机可以进行复杂的系列操作，且重复起来几乎不花时间。比起当时的管理软件工具来说，该应用更加强大和方便。

对于计算机的市场销售，VisiCalc 也起到了突破性的贡献。仅在电子制表软件上市的数个月之后，Apple Ⅱ（最先安装 VisiCalc 的计算机）的市场份额开始猛增。这一事实说服微型计算机制造商和可编程计算器制造商选择在它们的产品上安装 VisiCalc。

在短短几年中，VisiCal 的销售量超过 100 万份。同时，在 VisiCal 的强烈激发下，市场中逐渐出现了 Supercalc、Lotus 1-2-3、Quattro、Multiplan、Excel 等类似应用，这一事实也充分说明了 VisiCalc 这一应用所取得的巨大成就。

注：1. 资料来源于 Di Domizio（2010）。

一、动态产业中的反垄断

本节的目标是分析反垄断执法在动态创新产业中的作用，更具体地，我们考察其对这类产业中市场竞争的影响，因为这与更成熟部门中可观察到的情况有显著差异。在 ICT 等具有高创新率特征的产业中，企业经常为获得市场完全控制权而竞争。按照经济学术语，我们说这些企业并非在市场中竞争，而是在竞争市场。创新作为一系列赢家通吃竞赛而发生，其中企业在研发方面投入大量资金，以求发明一个"杀手级应用"。所谓杀手级应用是指某产品比已有技术足够先进，因而能够迅速成为新的产业标准。例如，盒式磁带取代了八轨道磁带，而后又被光盘所淘汰，最后光盘价格因为 MP3 播放器的上市而被大幅削减。毫无疑问，MP3 播放器最终必然会被更新的技术所替代。熊彼特（Schumpeter，1942）创造了"创造性破坏"一词，以描述这类动态产业。

除此之外，在高技术产业中，技术通常具有低边际成本和大规模固定成本这两项特征，其原因是企业需要在研发和基础设施建设上投入大量资金。

讨论反垄断法在高创新率产业中作用的文献非常之多。正如许多学者所说，在这样的经济环境中，严格实施反垄断政策以期促进竞争和制止企业滥用市场势力，这一做法可能对自然的创新动力产生负面影响。根据埃文斯和施马兰西（Evans & Schmalensee，2002），反垄断分析至少有两个含义：

——市场势力。在高技术产业中，市场势力的存在并不是市场失灵的象征，而是进行创新的一个必要条件：成功企业需要赚取高利润，以收回之前的大量投资。

——创新的相关性。产业绩效的关键决定因素是创新。因此，与静态效率不同，竞争政策必须激发动态效率。换句话说，反垄断立法应当向企业提供投资研发的适当激励。

因此，经济学家问自己的问题是：ICT 部门中的反垄断执法在界定相关市场或者评估市场势力和掠夺性策略时是否应该遵循不同的标准？根据埃维斯和施马伦森，动态产业既不应当免受反垄断法规制，也不应该受制于专门制定的规则。但是，这两位作者相信反垄断法应当更多考虑这些产业部门具有的特征。他们认为，反垄断机构倾向于过多关注静态效率，而这一做法经常忽略如下事实：动态产业中价值的主要来源与企业的创新能力有关。

夏皮罗（Shapiro，2005）持有完全不同的观点。基于美国经验，夏皮罗否认了"反垄断机构基本上只关注静态效率"这一事实。此外,他强调旨在限制支配地位的反垄断法并不会妨碍创新激励。事实上,如他所言:"重大创新通常来自于弱势企业而非具有主导地位的在位者,前者引入颠覆性技术并希望推翻现有的市场领导者,而后者从维持现状中受益匪浅。"

公平竞争与创新激励

为了更好地理解反垄断政策与创新激励之间的关系,我们在本节中致力于展现 Segal & Whinston(2007)所作理论分析的一个简化版本,该文发表在《美国经济评论》上。在这一研究中,作者突出了更严厉的垄断政策对动态产业中企业创新激励的反向作用。

正如前文所强调的,高技术产业的一个关键特征是创新作为一系列赢家通吃竞赛而发生。与此一致,西格尔和温斯顿(Segal & Whinston,2007)考察了反垄断政策在以有系列发明为特征的产业中所产生的影响。在这类产业中,每个时期都有实现成功创新的进入者取代在位者并成为市场领导者。这里,反垄断政策起着双重作用:一方面,它们帮助潜在进入者免受在位者打压;另一方面,它们减少了在位的价值,也因此削弱了进入者扩大投资以成为市场领导者的激励。西格尔和温斯顿检验了这些作用的净效应,并强调所谓的"前置效应"(front-loading effect)。

西格尔和温斯顿模型:前置效应

考虑一个无限时域内的博弈。在每个时期 t($t=1$,2,…,∞),市场中只有两家企业运营,即 A 和 B。令 $\delta \in [0, 1]$ 表示贴现率。

在每个时期中,两家企业中的一家为市场领导者,而另一家是潜在进入者。正式地,考虑一个一般时期 t,且不失一般性,假设:

——企业 B 已经在市场中运营,因而是领导者(或在位者);

——企业 A 尚未进入市场,因此是潜在进入者(或挑战者)。

在时期 t 开始阶段,挑战者可以从事一个研究项目。该项目需要投资 c,且有 1/2 的可能性产生一项创新。我们假设在位者并不投资于任何研究活动。

如果研究项目取得成功,则企业 A 就进入市场并与企业 B 展开竞争。

企业 A 的创新是一项杀手级应用，这会迫使企业 B 在该时期末退出市场。因此，在随后的时期 $t+1$ 中，两家企业的角色互换：企业 A 成为在位者，而企业 B 反过来成为挑战者，它同样可以通过投资 c 来开发新的杀手级应用，其成功概率同样是 1/2。如果企业 A 在时期 t 并未实现创新（或者因为它根本没有投资，或者是研究项目最终失败），它将不会进入市场。此时，企业 B 仍然作为在位垄断者继续运营。很明显，如果 t 时期企业 A 未能创新，则在 $t+1$ 时期中两家企业的角色保持不变，即：企业 A 仍然是挑战者，而企业 B 仍为在位者。

现在，我们可以定义两家企业在时期 t 获得的利润。如前所述，如果企业 A 不创新，则企业 B 是市场中唯一运营的企业。这时，企业 B 将享有垄断利润。简单起见，我们将这一利润标准化为 1。相反，如果企业 A 实现创新，则它进入市场与在位者竞争。相应地，每家企业的利润取决于：第一，竞争压力的强度，这会减少两家企业的利润；第二，反垄断政策的严厉度。

简单起见，我们并不明确刻画在位者与挑战者之间的竞争，而是用简化型来表示它们的均衡利润。令 $\gamma \in [0, 1]$ 衡量竞争压力的倒数（即 γ 越小表示竞争越激烈），而 $\alpha \in [0, 1]$ 表示反垄断法的严厉度。假设在时期 t 中，企业的利润等于如下表达式：

——企业 B 的利润：$1-\alpha(1-\gamma/2)$；

——企业 A 的利润（包括研究成本）：$\alpha\gamma/2$。

利润关于 γ 递增，后者反映两家企业之间的竞争程度。当 $\gamma=0$ 时，竞争最为激烈，可能的情形是两家企业提供同质产品。随着 γ 增大，竞争程度减弱（例如企业提供差异化产品），因而利润增加。当 $\gamma=1$ 时，企业之间互不竞争，这在后文中会将得到更明确说明。

现在，考虑衡量反垄断政策严厉度的参数。α 值越大，意味着旨在限制在位者行为和保护挑战者的反垄断执法越严厉。结果，α 值越大，进入者的利润也越大，而在位者的利润则越小。

但是，这并非反垄断执法的唯一作用。事实上，更严厉的反垄断政策

（即较大的 α 值）将使得两家企业之间的竞争更加有效，因此会减少产业总利润。为得到这一点，我们可以计算：产业总利润（即在位者和挑战者的利润之和）等于 $1-\alpha+\alpha\gamma$，它关于 α 递减：

$$\frac{\partial(1 - \alpha + \alpha\gamma)}{\partial\alpha} = -1 + \gamma \leq 0 \tag{8.1}$$

因此，α 增大不仅会引致在位者的部分利润转移给进入者，而且还会使得竞争更加有效，这将会减少产业总利润。同时注意，如式（8.1）所示：竞争越激烈（即 γ 越小），则产业利润的减少幅度越大。只有在不存在竞争时（即 $\gamma=1$），更严厉的反垄断干预才不会影响产业利润。此时，总利润等于1，且不会因为反垄断政策的严厉度而发生改变。于是，更大的 α 只会引起利润在两家企业之间的再分配。

表8.3总结了上述讨论的结果，且说明了两家企业在时期 t 的利润以及在时期 $t+1$ 的角色（在位者或进入者）。

表8.3　企业在时期 t 的利润与在时期 $t+1$ 的角色

	时期 t 的利润		时期 $t+1$ 的角色	
	企业 A	企业 B	企业 A	企业 B
企业 A 创新	$\alpha\gamma/2$	$1 - \alpha(1 - \gamma/2)$	在位者	进入者
企业 A 不创新	0	1	进入者	在位者

这时，我们感兴趣的问题是：对于进入者来说，投资研究项目何时是有利可图的？更严厉的反垄断立法是否会引导挑战者投资研发活动？

为回答这些问题，进行理论考察极其有用，这将极大简化我们的分析。在每个时期 t，阶段博弈总是相同的：一家企业是在位者，而另一家企业是进入者，利润总是与表8.3中的结果相同。这意味着 t 时期中的最优选择在其他任意时期中都是最优的。因此，我们只需考虑两个可能策略：其一，进入者总是投资研究项目；其二，进入者从不投资。

通过比较两种情形下的支付，进入者决定是否投资。"从不投资"策略的支付明显为0：挑战者既不承担研发成本，也不能获得任何收益。

而"总是投资"（即在时期 t 以及以后作为进入者的所有时期中都投资 c）这一替代策略将产生预期支付，用 V_E 表示。我们还可以将这一支付解释为"时期 t 进入市场的价值"。因为在研究项目成功的情形中，进入企业将取代在位者。这时为确定 V_E，我们还需确定在位价值 V_I。

我们首先界定 V_I。当进入者选择"总是投资"策略时，在时期 t 成为在位者的价值为：

$$V_I = \underbrace{\frac{1}{2} \ (1+\delta V_I)}_{\text{进入者不创新}} + \underbrace{\frac{1}{2}\left(1-\alpha\left(1-\frac{\gamma}{2}\right)+\delta V_E\right)}_{\text{进入者创新}} \tag{8.2}$$

进入者有 1/2 的概率创新失败，而垄断者继续作为在位者在下一时期中运营。这时，它的收益是 $1+\delta V_I$，即时期 t 的垄断利润 1 加上在时期 $t+1$ 成为在位者的价值的贴现值 δV_I。式（8.2）的第二部分表示当进入者成功创新且进入市场后在位者的利润：在时期 t 进入者和在位者彼此竞争，而在时期 $t+1$ 在位者变成挑战者。正式地，在位者在进入情形（发生概率为 1/2）中的利润为：$1-\alpha(1-\gamma/2)$ 加上成为进入者的价值的贴现值 δV_E。

经过类似程序，可以计算得到在时期 t 成为进入者的价值。当进入者采取"总是投资"策略时，V_E 等于：

$$V_E = \underbrace{\frac{1}{2}\delta V_E}_{\text{进入者不创新}} + \underbrace{\frac{1}{2}\left(\frac{\alpha\gamma}{2}+\delta V_I\right)}_{\text{进入者创新}} - c \tag{8.3}$$

进入者支付研发成本 c，且研究项目失败的概率为 1/2。当项目失败时，企业在时期 t 没有利润且在时期 $t+1$ 仍为进入者（也即获得现值 δV_E）。同样在 1/2 的概率下，研究项目取得成功，进入者实现创新且进入市场。这时，进入企业在时期 t 获得利润 $\alpha\gamma/2$，而在时期 $t+1$ 成为在位者，因而获得贴现值 δV_I。

现在，我们可以求解在什么条件下投资研究项目对进入者而言是有利可图的。正式地，当 $V_E \geq 0$ 时进入者会选择投资，也即 V_E 大于选择"从不投资"策略可得的利润。利用式（8.3），可以发现当下式满足时进入者会投资：

$$\frac{1}{2}\delta V_E + \frac{1}{2}\left(\frac{\alpha\gamma}{2} + \delta V_I\right) - c \geq 0 \Leftrightarrow c \leq \frac{1}{2}\left(\frac{\alpha\gamma}{2} + \delta(V_I + V_E)\right)$$

简单起见，我们定义 $P(\alpha) \equiv (\alpha\gamma/2 + \delta(V_E + V_I))/2$ 为"创新溢价"：根据上式，当创新溢价大于或等于投资成本 c 时，投资研发活动对挑战者来说是有利可图的。正如我们预期的，创新溢价是关于 α（也即反垄断干预的严厉度）的函数。因此，我们可以聚焦于 $P(\alpha)$，以检验更严厉反垄断政策的作用，即对在位者严加规制将如何影响投资研发活动的激励。

注意，表达式 $P(\alpha)$ 取决于在时期 t 成为在位者的价值 V_I 以及成为进入者的价值 V_E。因此，为继续分析，我们需要取得这两个价值的更明确的表达式。通过求解方程（8.2）和（8.3），可以得到：

$$V_I = \frac{1}{4}\frac{4 - 2\alpha + \delta\alpha - 2\delta - 2\delta c + \alpha\gamma}{1 - \delta}$$

$$V_E = \frac{1}{4}\frac{\alpha\gamma - 4c + 2\delta c + 2\delta - \delta\alpha}{1 - \delta}$$

最后，将其代入表达式 $P(\alpha)$，可以得到：

$$P(\alpha) = \frac{1}{4}\frac{2\delta(1 - c) + \alpha(\gamma - \delta)}{1 - \delta}$$

通过简单地求 $P(\alpha)$ 关于 α 的偏导数，可以得到如下结论：

结论 1： 如果竞争并不十分激烈，则更严厉的反垄断政策将增加创新激励。正式地，$P'(\alpha) \geq 0$ 当且仅当 $\gamma \geq \delta$。

事实上，这一结论很好解释。首先考虑在位者与进入者之间不存在竞争的情形，即 $\gamma = 1$。此时，因为 $\delta \leq 1$，所以更严厉的反垄断执法会增加创新激励。

如前所述，当 $\gamma = 1$ 时，更具限制性的反垄断法只会引起利润从在位者到进入者的转移，而不会减少产业利润。在这一情形中，α 的增加对进入者的创新激励有两种相反的效应：其一，刺激投资，因为若进入市场挑战者能够获得更大份额的产业利润；其二，减少投资激励，因为进入者预期其从成为市场领导者中获得的利润将变少。但是，与利润增加（与第一种效应相关）在进入市场时立刻发生不同，利润减少（与第二种效应有关）

的出现却出现在下一时期，即进入者成为在位者。是以，时间折现使得最早产生的第一种效应起主导作用。因此 Segal & Whinston（2007）提出，更严厉的反垄断执法将引致前置效应：当 $\gamma = 1$ 时，更大的 α 会增加创新溢价 $P（\alpha）$，因而会刺激创新。

当 $\gamma < 1$ 时，必须考虑一种额外的效应：如式（8.1）所强调的，更严厉的反垄断政策会降低产业利润。这一事实将减少进入者的创新激励，因为进入者可以预期到：反垄断干预越严厉，其从进入市场阶段以及成为在位者阶段中可以得到的总利润将越少。这一额外效应抵消了前置效应，并且竞争越激烈（即更小的 γ 值）时该效应越强。

结论 1 证明，当 $\gamma \geq \delta$ 时（即较弱的市场竞争）前置效应占主导；而当在位者与进入者之间的竞争较为激烈时（即 $\gamma < \delta$），则严厉的反垄断政策将减少创新激励。

二、知识产权与竞争政策

在本节中，我们关注对创新活跃产业而言极其重要的另一个问题，即知识产权保护与竞争政策之间的关系。

正如第 6 章所强调的，无线通信、计算机和软件等现代技术涉及大量不同技术的整合，而这些技术又被不同企业所拥有的许多必要专利所覆盖。在这种情况下，企业必须组建联盟并在标准化委员会里相互协作，以获得对方技术的使用权并方便对方使用己方技术。本节的主要内容是分析用于知识产权（简称 IP）管理的两种常用形式，即专利池和交叉许可协议。正如下文即将讨论的，这些合作通常是高技术产业部门中企业相互协调的基础。尽管如此，这些都属于横向协议，因而可能会产生阻碍市场效率的潜在反竞争效应。

获取第三方知识产权使用权

近年来，受创新累积性的影响，高技术部门相关企业在全球范围内被授予非常之多的专利，这显著加强了获取第三方知识产权使用权的重要性。为了开发自有产品，企业经常需要获取旨在保护第三方所有相关技术的知识产权。

同样地，在这些情形中竞争政策可能也会对创新激励产生双重影响。一方面，被普遍认可的观点是：实施严厉的反垄断规制以强制专利持有者向他人提供技术，这可能会严重损害他们的创新激励。其原因是，发明者预料到反垄断机构强加的责任，因而会降低对研究活动可得收益的预期。另一方面，就避免未来创新遭遇套牢风险而言，干预性的反垄断政策通常又是必要的：如果未能成功获取现有技术，后续创新者可能将无法开展他们的跟进创新①。

最新的一系列反垄断案例所关注的正是这些问题，且问题的核心可概括如下：什么时候强制专利持有者许可其知识产权是最优的？当拒绝许可其技术时，知识产权持有者是否应该因为滥用支配地位而被指控？

回答这些问题并非易事。对此，英国反垄断机构——公平交易办公室前主任约翰·威格士（John Vickers）给出了富有见解的分析。威格士对欧洲近期的一些反垄断案例进行回顾，以考察知识产权与竞争政策之间的关系。威格士所强调的事实是：反垄断机构在不同案子里采取的决策并不完全一致，因而也证实了这个问题的复杂性。

在1995年的 *Magill* 案中，欧盟委员会要求电视台将自己版权所有的电视节目时间表提供给每周电视节目指南的供应商。其中，电视节目指南是由非版权所有者提供的一种新产品。设置这一许可义务的主要动机是获取版权所有的信息，这被认为是开发新产品（即电视节目指南）所必需的。

在后续发生的2005年 IMS Health 案中（该案与提交德国药品销售数据的格式有关），欧盟法院更准确地界定了在哪些条件下知识产权持有者必须进行权利许可。欧盟法院规定，许可一项知识产权的义务只在特殊情况下出现，且当拒绝许可符合以下条件时尤其如此：其一，阻碍存在一定消费者需求（或者至少是有潜在需求）的新产品的开发；其二，无正当理由；其三，排除二级市场上任意形式的市场竞争。当符合这三个条件时，

---

① 本书第6章提供了关于套牢问题的详细讨论。

拒绝许可知识产权将被视为滥用支配地位。相反，如果至少一个条件并未成立，则拒绝许可就不是本身违法的。

这些观点引导我们回到欧盟调查的微软案。2007 年 9 月，欧盟初审法院维持欧盟委员会的决议（具体讨论见 8.3 节）：微软公司因为拒绝披露与其操作系统互操作性有关的信息而遭受处罚。这一决议并不完全符合欧盟法院在 IMS Health 案中确立的三个条件。特别地，识别一种无法开发的具体新产品（如 Magill 案中的电视节目指南）这一要求被简化为去证明存在可能会减少竞争对手创新激励的技术限制。对此，威格士总结道：

> 因此，欧洲微软案判决并未明确界定：拥有知识产权的主导企业何时必须与其竞争对手分享知识产权。遵循该判决，在欧洲这一答案似乎是：绝不像以前想象的那样特别。

专利池、交叉许可与反垄断

高技术部门的典型特征是，存在一个由覆盖相关技术的知识产权重叠构成的密集网络，也即所谓的专利丛林。正如第 6 章所指出的，专利丛林会严重削弱创新激励并导致所谓的反公地悲剧。在一些情形中，创新者需要与大量的知识产权持有者商谈许可协议。获取相关技术可能会延迟，甚至被拒绝，这将创新置于风险当中。交叉许可协议与专利池则是应对专利丛林的两种可行方案。

交叉许可协议是两方或更多经营者之间的一个协议，根据该协议各方可以互惠地进行专利许可，从而可以规避相互间出现专利侵权的风险。该协议可能是免费的，或者要求参与者支付一定费用。交叉许可协议通常涉及大量专利组合。在这种情况下，这类协议特别可取，因为如此可以大幅减少有关许可谈判的交易成本。交叉许可的最新示例，是摩托罗拉公司与动态研究公司（RIM，黑莓手机制造商）于 2010 年 6 月签署的协议。在经历持续时间超过两年的一次诉讼后（相互指控专利侵权），两家公司通过签订交叉许可协议来获取对方的技术，并正式言归于好。

专利池与交叉许可非常类似，其最明显的不同是涉及数量更多的经营者。专利池的成员同意分享自己的专利。在一些情形中，除已有专利外，他们还可能决定共享未来在相关技术领域可能获得的其他专利。其中，专利池的两个著名例子是无线射频识别域（Radio Frequency Identification Domain，简称为"RFID"）和 MPEG-2。第一个专利池是由将近 20 家企业组建的，而第二个专利池则管理着与数字数据管理技术（于 1994 年由 Moving Pictures Experts Group 引入）有关的专利，其成员数量超过 20 个。

正如交叉许可情形一样，专利池旨在提高经营者之间的相互协调、减少交易成本并限制专利丛林可能引致的负面影响。

如果这些协议这么有用，那为何我们还对其如此关注呢？原因很简单：因为专利池和交叉许可都是横向协议，它们可能有利于反竞争行为的实施。换句话说，它们代表着知识产权保护与竞争政策之间潜在冲突的又一来源。

在本节余下部分，我们给出一个程式化模型以帮助理解这些问题。正如我们所见，反垄断关切是否实际合理取决于协议中所涉及专利的性质：如果专利覆盖互补技术，则专利池和交叉许可协议就不是反竞争的；相反，当技术互为替代品时，这些协议很可能减少市场参与者之间的竞争[①]。

必要专利（互补技术）交叉许可模型

考虑一个双寡头市场，其中 A 和 B 两家企业进行古诺竞争。它们的边际生产成本是 $c<1$，且面临着线性形式的市场需求：$p=1-q_A-q_B$。这里，q_A 和 q_B 分别表示企业 A 和企业 B 的产量。

生产的基础是两项专利技术，两家企业各自拥有其中一项。在本节中，我们将关注互补技术情形。换句话说，我们假设两项技术都是生产产品所必需的，因此每家企业都需要使用竞争对手的技术。企业可以通过两种方式获得对方技术的使用权，其一是简单许可合同，其二是交叉许可协议。

在下文中，我们将考察一个两阶段博弈：在第一阶段，企业决定获取彼此技术的相应条款；而在第二阶段，企业之间展开数量竞争。按照惯例，我们使用从第二阶段开始的逆向归纳法来求解这一博弈。

---

① 我们所展示的模型非常程式化，且同样可将其用于考察专利池。简单起见，这里我们仅讨论交叉许可。关于这些问题的更多细节，可参见 Shapiro（2001）和 Lerner & Tirole（2004）。

无交叉许可下的市场均衡

假设两家企业并未签订交叉许可协议。此时，它们通过两个简单的许可合同来获得互补性专利技术。在第一个合同中，企业 A 授权企业 B 使用其技术，而在第二个合同中则正好相反。同时，我们假设企业以单位使用费的形式收取许可费，其结果是增加企业的边际成本。两家企业的利润函数为：

$$\pi_A(q_A, r_A) = (p - c - r_B)q_A + r_A q_B$$

$$\pi_B(q_B, r_B) = (p - c - r_A)q_B + r_B q_A$$

其中，r_A 和 r_B 分别是企业 A 和企业 B 向竞争对手收取的单位使用费。因此，$r_A q_B$ 和 $r_B q_A$ 分别是企业 B 和企业 A 支付给对方的专利许可费。

通过分别求利润函数关于产量 q_A 和 q_B 的偏导数，并求解一阶条件方程组，我们可以得到每家企业的最优产量，它们是关于 r_A 和 r_B 的函数：

$$q_A(r_A) = \frac{1 - c - 2r_B + r_A}{3}, \quad q_B(r_B) = \frac{1 - c - 2r_A + r_B}{3}$$

回到博弈的第一阶段，我们可以确定每家企业所选择的对自有技术的单位使用费。通过将 $q_A(r_A)$ 和 $q_B(r_B)$ 代入利润函数 $\pi_A(q_A, r_A)$ 和 $\pi_B(q_B, r_B)$，可以将企业的利润转换为仅与 r_A 和 r_B 有关的函数：

$$\pi_A(r_A) = \left(\frac{1 - c - 2r_B + r_A}{3}\right)^2 + r_A \frac{1 - c - 2r_A + r_B}{3}$$

$$\pi_B(r_B) \left(\frac{1 - c - 2r_A + r_B}{3}\right)^2 + r_B \frac{1 - c - 2r_B + r_A}{3}$$

很明显，这些方程是关于其参数的凹函数。因此，通过求关于 r_A 和 r_B 的偏导数并求解一阶条件方程组，可以推导出两家企业选择的最优专利许可费：

$$r_A^L = r_B^L = r^L = \frac{5(1 - c)}{11}$$

其中，上标 L 表示我们讨论的是许可合同情形。

最后，将 r^L 代入到需求和利润函数中，可以得到均衡价格和利润为：

$$p^L = \frac{7 + 4c}{11}; \quad \pi_A^L = \pi_B^L = \pi^L = \frac{14(1 - c)^2}{121}$$

交叉许可协议下的市场均衡

现在，我们考虑交叉许可协议这一情形，即两家企业通过这种方式来获取对方的专利技术。与前一情形中每家企业设置各自的专利使用费不同，这里获取两项技术的相关条款是由两家企业共同决定的。

在交叉许可协议下，获取彼此技术的基础是互惠式单位使用费，我们用 r 来表示。此时，两家企业的利润函数为：

$$\pi_A(q_A, r) = (p - c - r)q_A + rq_B;$$
$$\pi_B(q_B, r) = (p - c - r)q_B + rq_A.$$

在第二阶段，当 r 给定时，两家企业决定生产产量。通过求 $\pi_A(q_A, r)$ 关于 q_A 以及 $\pi_B(q_B, r)$ 关于 q_B 的偏导数，并求解一阶条件方程组，可以得到两家企业的相应产量：

$$q_A(r) = q_B(r) = \frac{1 - c - r}{3}$$

回到博弈的第一阶段，我们可以推导两家企业共同选择的使用费。假设它们设定 r 以最大化其联合利润 $\pi_A(r) + \pi_B(r)$。将 $q_A(r)$ 和 $q_B(r)$ 的表达式代入两家企业的利润函数，可以得到联合利润如下：

$$\pi_A(r) + \pi_B(r) = \frac{2(1 - c - r)(1 - c + 2r)}{9}$$

该方程是关于 r 的凹函数。通过求其关于 r 的偏导数并求解一阶条件，可以得到交叉许可情形下的最优许可费：

$$r^{CL} = \frac{1 - c}{4}$$

其中，上标 CL 代表交叉许可情形。将 r^{CL} 代入到 $q_A(r)$ 和 $q_B(r)$，可以求解出均衡价格和利润：

$$p^{CL} = \frac{1 + c}{2}; \quad \pi_A^{CL} = \pi_B^{CL} = \pi^{CL} = \frac{(1 - c)^2}{8}$$

比较简单许可合同情形下的利润 π^L 和交叉许可情形下的利润 π^{CL}，可以得到如下结论：

结论 2：与签订两个单独许可合同相比，持有互补性技术专利权的企业可以从签订交叉许可协议中获得更多的利润。

对此结论有一个简单解释：当两家企业签订两个单独的许可合同时，将会产生标准的双重边际化问题（Double Marginalisation Problem）。事实上，如果不存在交叉许可，均衡价格 p^L 将因两次边际加成而提高，且最终结果是价格过高（同时出售给消费者的产品数量过低）。

为了更好地理解这一点，我们以企业 A 为例加以说明。在签订简单的许可合同时，企业 A 设定较大的 r_A 以增加许可收益（第一次利润加成）。使用费 r_A 将增加企业 B 的边际成本，而反过来企业 B 又会提高其向消费者收取的价格（第二次利润加成）。类似推理同样适用于企业 B。结果，向消费者收取的均衡价格会因为两次边际加成的组合而变得过高。过高的零售价意味着企业的销售量较少，因而利润较低。

在交叉许可情形中，企业可以绕过双重边际化问题。它们减少第一次边际加成以增加市场销量。对此，计算可以发现：交叉许可情形下的许可费相对较低，即 $r^{CL} < r^L$。结果，均衡价格也相对较低（$p^{CL} < p^L$），而出售给消费者的产品数量越多。这些事实意味着，企业可以获得比无交叉许可协议情形下更多的总利润。

非常明显，因为 $p^{CL} < p^L$，所以消费者也可以从交叉许可协议中受益。总结以上观点可以得到：

结论3：涉及互补性技术的交叉许可协议能够同时增加消费者剩余和生产者剩余，因此它们是社会最优的。

这一结果十分重要，它所揭示的是：涉及互补性技术的交叉许可协议可能增进市场效率。因此，回到关于交叉许可协议与市场效率之间潜在冲突的这一基本问题，我们已经证明反垄断机构并不应该关注横向协议的形式。相反，实际上我们应该鼓励和促进涉及互补性技术的交叉许可模式，因为这能够增加社会福利①。

———————————

① 直截了当地，需要注意：交叉许可情形中的均衡价格与垄断者持有两项专利情形中的价格完全相同。基于这一原因，第3个结论特别有趣，因为它代表着有效合谋情形：通过消除双重边际化的影响，这一合谋同样对消费者有利。

非必要专利（替代性技术）的交叉许可

当专利保护的对象是替代性技术时，交叉许可将产生明显不同的作用。在我们的模型中，这意味着两家企业都可以使用自己的技术来生产产品，而无须获得竞争对手技术的使用权[①]。我们沿用前面的框架来分析这一情形，即推导并比较有无交叉许可协议下的市场均衡。

假设两家企业签订了一份交叉许可协议。此时，所得均衡与互补性技术情形中得到的均衡一致。在签订协议时，不管技术间是替代还是互补关系，企业的最优选择都是将专利使用费设定为 r^{CL}。因此，在非必要专利情形中，均衡价格与均衡利润同样是 p^{CL} 和 π^{CL}。

现在，我们考察两家企业并不签订交叉许可协议时的相应结果。这时，两项技术互为替代品这一事实十分关键：每家企业无须获得竞争对手的技术就可以进行生产，因此不必要支付任何专利使用费。换句话说，在替代性技术情形中，当企业并不签订交叉许可协议时，它们的利润函数简化为：

$$\pi_A(q_A) = (p - c)q_A; \ \pi_B(q_B) = (p - c)q_B$$

此时，企业之间进行标准的古诺双寡头博弈，且有线性需求以及边际成本 c。经过简单计算，可以得到均衡价格和利润如下：

$$p^{nL} = \frac{1 + 2c}{3}; \ \pi_A^{nL} = \pi_B^{nL} = \pi^{nL} = \frac{(1 - c)^2}{9}$$

其中，上标 nL 表示我们讨论的是非必要专利情形，且企业并未签订任何许可协议（包括交叉许可和简单许可）。

现在，我们可以比较有无交叉许可两种情形的相应结果。与前面的对比分析不同，当技术互为替代品且企业并不签订交叉许可协议时，双重边际化问题并未出现，也即企业完成具有边际成本为 c 的古诺博弈。具体地，均衡价格并未因为第一次边际加成（许可加成）而提高，最终企业以相对

[①] 例如，假设两家企业生产个人计算机，每家企业都持有一项关于特定类型处理器的专利。如果这两种有专利权的处理器能够保证同样的计算能力，那么它们都可以用于组装性能相同的个人计算机。因此，每家企业都可以仅用自己的技术来生产自己的模具，完全无须获取并使用竞争对手的技术。

较低的价格出售更多数量的产品。这里，在交叉许可下，企业给彼此强加一个许可费率，这会提高其边际成本并促使它们收取高于（古诺）竞争水平的价格。

换句话说，当技术互补时，交叉许可协议可作为弱化竞争的合谋机制。很明显，均衡价格越高，消费者剩余与社会福利越少[①]。

总结上述讨论，可以得到如下结论：

结论4：涉及替代性技术的交叉许可协议将增加企业的利润，但是会减少消费者剩余和社会福利。

总结上述两种情形下的讨论，可以发现：不管专利技术是互补关系还是替代关系，签订交叉许可协议对于企业来说都是有利可图的。在必要专利情形中，交叉许可能够避免双重边际化问题。而在非必要专利情形中，交叉许可能够弱化竞争。相反，交叉许可的福利效应严格取决于所涉及技术的类型。在互补性技术情形中，因为双重边际化的影响，缺少交叉许可协议会导致极其无效的均衡。因此，在这种情况下交叉许可能够增进社会福利。与此不同，在替代性技术情形中，交叉许可会成为一种合谋机制，因而会损害社会福利。

第四节 反垄断政策与双边市场

近年来，反垄断机构进行的反垄断调查案例越来越多涉及双边市场。例如在第4章中，我们提到了跨行交易费在信用卡市场中的潜在合谋作用。跨行交易费被用于调节顾客与商户之间的交易，它是由银行和同属于信用卡组织的其他金融机构联合设定的，其制定方式引起了极大的反垄断关切。若干反垄断机构指控，跨行交易费的集体决定使得VISA、MasterCard和其他主要信用卡发行者可以将价格保持在人为确定的高水平，因此构成了价格控制。

---

① 通过简单计算就可以得到这一结论：有交叉许可协议时，社会福利为 $W^{CL} = (3(1-c)^2)/8$；不存在交叉许可协议时，社会福利为 $W^{nL} = (4(1-c)^2)/9$；很明显，$W^{CL} < W^{nL}$。

但是，在第 4 章中我们已经证明：跨行交易费可能对市场效率有正向影响。在双边网络中，必须根据交叉网络效应的强度合理地平衡市场两边的价格。在信用卡组织中，跨行交易费可能有助于银行和金融机构达成这一目标。

信用卡这一事例提供了更加通用的信息：反垄断机构应当谨慎考虑双边市场的特殊性，并牢记"基于'传统'反垄断视角评估企业行为可能导致错误结论"这一事实。由于交叉网络外部性的存在，市场两边的消费者需求是紧密关联的。这意味着反垄断机构不能单独考察市场每一边，而应当结合市场两边来评估企业的行为。

利用若干例子可以更好地阐述这一观点。假设一家主导企业收取非常低的价格，该价格低于其边际成本。通过使用标准的反垄断分析方法，我们会将该行为认定为旨在驱逐竞争者的掠夺性定价行为：企业牺牲短期（即掠夺性定价实施阶段）利润以期在长期获取更多利润，即一旦掠夺成功，企业会提高价格并享有垄断利润。

然而，这一解释在双边市场中可能并不成立。在第 4 章中我们指出，为了最大化由交叉网络外部性所产生的收益，企业需要适当地平衡对市场两边收取的价格。我们已经证明，当交叉网络外部性的强度存在高度不对称时，企业的最优策略可能是"补贴"能够产生更多价值的一边。因此，对市场一边所收取的低于生产成本的价格可能是旨在最大化外部性价值的更广泛策略的一部分，并不存在任何反竞争动机。换句话说，企业并不是在牺牲其短期利润（以迫使竞争对手退出市场），因此将这一策略的一项基本要求视为掠夺性定价行为是错误的①。

拓展 8.3　Travelport-Worldspan：一次平台兼并

2007 年，欧盟委员会无条件批准全球分销系统（简称为"GDS"）市场中 Travelport 收购 Worldspan Galileo 的申请。GDS 是一个计算机订票系统，航空公司可以通过该系统向旅行社分销它们的机票。同时，旅行社可

---

① 关于这些问题的进一步讨论，可参见 Evans（2003）、Wright（2004）和 Evans & Noel（2005）。

以通过该系统搜寻价格和余票信息，并预订数百家航空公司航班的机票。

GDS 是一个双边平台，它向航空公司（市场一边）和旅行社（市场另一边）提供中介服务。GDS 使得终端用户之间的关系更易管理，包括预订、取消、出票、支付等功能。

2007 年，GDS 市场已经高度集中，仅有 Sabre、Amadeus、Travelport、Worldspan 等 4 家大型企业在全球范围内运营。两个主要运营者（例如 Travelport 和 Worldspan）之间的兼并将进一步提高产业集中度，并产生一个市场份额超过 45% 的超级经营者（在比利时、英国、荷兰、意大利等国家，其市场份额甚至超过 80%）。

尽管市场集中度大幅提高，但是欧盟委员会的反垄断关切大部分是毫无根据的，因此批准了这一并购。

欧盟委员会评估该兼并的基础是如下观察：尽管市场份额较大，但 GDS 平台并没有显著的市场势力可以使用。在提高对旅行社收取的价格时，GDS 平台应当慎之又慎，并且航空公司有多种手段可以"惩罚"GDS 平台的这种机会主义行为。例如，它们可以大比例地限制提供给 GDS 的航班信息（包括时间表、价格、特征等），这会直接降低 GDS 所能提供服务的质量。而且，航空公司可能会决定提高向旅行社收取的成本加成（旅行社通过 GDS 出售机票），通过这种方式可以减少使用计算机订票系统的便利性。

最后，欧盟委员会还观察到：航空公司对其他分销渠道（如通过官方网站销售机票）的使用正在增加，这使得它们可以绕过 GDS 的服务。

基于这些论据，欧盟委员会认定：结果证明 GDS 平台的市场势力很大程度度上被稀释了，即使是非常大的平台也是如此。为此，欧盟委员会最终在不强加任何救济的情况下批准了这一兼并。

注：1. 资料来自于 RBB Economics（2008）。

对上述讨论的总结如下：

观察 1：在双边市场中，等于或者低于边际成本的价格并不必然表明企业实施了掠夺性定价。

第二个例子强调了传统反垄断视角在双边市场中的潜在失灵，它实际上考虑了平台间竞争的作用。正如第 4 章所证明的，服务市场两边用户的平台数量的增加并不必然会转换为更高的市场效率。在更大的竞争压力下，平台享有更低的市场势力，这会对社会福利产生正反面双重影响：一方面，平台间竞争越强（市场势力越弱）意味着市场两边用户面对的价格越低，因而有更多的社会福利；另一方面，竞争还会削弱平台适当平衡网络两边价格的能力，这会损害市场效率。如第 4 章所示，当交叉网络外部性的强度高度不对称以至于垄断平台补贴市场一边时，第二种影响将占主导，这使得更激烈的竞争并非社会所需。这些讨论的结论如下[①]：

观察 2：在双边市场中，竞争削弱平台平衡价格的能力，因此可能会减少社会福利。

这一观察对双边市场中的兼并分析有极其重要的影响。欧洲法规要求大型企业之间的兼并获得反垄断机构的批准。对于兼并的主要关切是，产业集中度的提高可能会大幅降低竞争有效性并因此损害社会福利。但是，根据上述观察，更大的市场集中度并不意味着更低的社会福利。因此，标准的反垄断方案可能并不适用于双边市场案例。

我们从这些简单例子中得到的通用信息实际上非常明确：在双边市场中，旨在评估合谋、兼并和滥用支配地位的反垄断调查必须比在传统市场案例中的相应调查更加严谨。这就是为什么反垄断机构必须谨慎考虑双边市场的独特性以避免错误评估的原因。

第五节　网络中立性

网络中立性原则是互联网运行的一块基石，目前在美国和欧洲都已成为激烈争论的一个核心问题。

根据网络中立性原则，互联网服务提供商（简称为"ISP"）应当以相同的方式对待通过互联网传输的所有数据。换句话说，它们不应该歧视用户，或者不应根据用户的内容、网站、所使用的平台、应用以及通信模式等进行差异化定价。

为了更好地理解网络中立性的意义，我们简单阐述数据是如何通过互联网传输的。这里，我们以第 5 章（拓展 5.2）已经提及的网络电话（VoIP）为例加以说明。VoIP 使得用户可以通过互联网拨打电话，而无须借助于传统电话网络。VoIP 技术涉及语音信号的数字化转换，具体包括编码、打包以及通过互联网的 IP 数据包传输等。每个数据包都有一个标头，以提供关于传送地址以及数据包在传输序列中具体位置的信息。因此，标头对于被叫方准确接听原始语音流来说必不可少。

VoIP 是同步通信的一个典型例子，因为它要求呼叫方和被叫方同时出现。很明显，两方之间的连接速度影响数据传输质量，因而会影响在没有延迟风险或者损失部分信息的情况下重组的可能性。但是，VoIP 并不是同步通信的唯一例子。其他更高级的服务包括在线聊天、视频会议和在线直播，这些可以让我们看到现场实况。

相反，异步通信并不要求所涉及不同参与方同时存在。电子邮件、文件上传与下载和视频数据流服务都是异步通信的例子。在一些情形中，异步通信的连接速度也会极大影响服务质量。例如，在 YouTube 上观看视频要求有足够大的带宽，以避免影响服务质量。

以上所有这些例子都与网络中立性紧密相关。如前所述，从早期开始网络中立性就是互联网最重要的原则之一。根据网络中立性，通过互联网传输的所有数据包都必须以相同的方式得到处理。网络服务提供商不能对不同的用户、内容或者网站进行歧视，因此视频会议、电视节目、在线聊天或者电子邮件等都必须适用相同条款。

近年来，网络中立性原则正承受着很大的压力，因为在线宽带业务可得性的日益普及引发了关于维持网络中立性是否必要的激烈辩论。AT&T、Comcast 等提供网络接入服务的大型运营商声称，它们投入了大量资金用于建设与升级网络的物理基础设施。这些运营商指出，投资收益的绝大部分都被微软、谷歌、雅虎等互联网服务提供商所获取，而得益于网络基础设施质量的提升，这些企业能够提供更加高级的服务。简而言之，互联网服务提供商声称它们有权享受由于这些投资所产生收益的一部分。

事实上，如果没有网络中立性，电信运营商能够通过歧视对待借助互联网发送的数据包而提高自身的盈利能力。例如，它们可以以不同价格向内容提供商提供不同质量的接入服务。反过来，内容提供商可根据其支付意愿来选择它们所需的服务质量，然后通过向消费者收取更高的价格（或者增加广告收益）来补偿更高额的接入费。很明显，微软、eBay、亚马逊等内容提供商强烈反对取消网络中立性。同样地，联邦通信委员会（FCC）、美国反垄断机构等都赞成维持网络中立性，这在 2006 年以来的一些场合得到了证实。起初，互联网领域的另一个主要企业——谷歌也是网络中立性的强烈拥护者，但近几年它似乎改变了在这一问题上的立场（参见拓展 8.4）。

为了更彻底地理解网络中立性的意义，让我们深入了解更多细节。可以从多重视角来考察该问题，可能正是因为这一原因，关于网络中立性的讨论似乎非常困惑和混乱。而且，相应讨论经常受到意识形态考虑的影响，即互联网上的所有信息应该人人可得、不应存在任何形式的限制或者歧视[①]。

更具体地，斯库特（Schuett, 2010）认为网络中立性给电信运营商强加了如下两种限制：

（1）无法实行二级价格歧视。特别地，互联网服务提供商不能以互联网上所传输数据包的总体质量为条件迫使内容提供商支付单位数据包费用。

---

① 关于这一点，可以引用贝拉克·奥巴马的话作为一个有意思的注解。2006 年，时任白宫候选人奥巴马在报告中说：

今天的主题是网络中立性。今天的互联网是一个开放性平台，其中对网页和服务的需求决定着成功。其进入门槛对于所有人来说都是低且平等的……我可以说我所想，且不会遭遇审查。我无须支付特定费用。但是，如我们所知，大型电话和有线公司试图改变互联网。它们说想要创造互联网快车道，并就接入这些快车道与互联网内容提供商签订独家协议。我们之中无力支付这些快车道连接的人将被贬至慢车道。这就是我的观点，我们不能接受身处"企业寡头决定互联网未来"这样一种境地，这也是我支持网络中立性的原因。

关于网络中立性的综合讨论，请参见 Marsden（2010）。

（2）无法进行数据包歧视。互联网服务提供商不能因为类型、来源或者目的地的不同，而在所收费用或者连接质量方面差异化地对待数据包。

遵照限制（1），满足如下条件的网络是中性的：内容提供商为接入互联网支付固定费用，而与通过互联网发送的数据包数量无关。换句话说，网络中立性意味着所谓的零价规制：内容提供商支付固定费用，因此它们通过互联网传输额外数据包的成本为零。

根据限制（2），满足如下条件的网络是中性的：流量管理是不被允许的，即适用所谓的非歧视规则。因此，互联网服务提供商不能给予某些数据包以优先权，也不能延迟其他数据包的传输。

关于网络中立性的经济学文献主要关注如下问题：零价规则与非歧视规则对市场效率有何影响？换而言之，网络中立性将如何影响社会福利？网络中立性是增加还是减少企业投资网络基础设施或者高级服务的激励？根据所关注的问题，可以将该领域文献的成果分为两类：零价规则与非歧视规则。

关于这一主题最有趣的是伊科诺米季斯和泰格（Economides & Tag，2012），这两位作者通过将互联网视为一个双边市场来研究零价规则的影响。其中，互联网服务提供商分别在市场两边向内容提供商和终端用户出售接入服务。根据零价规则，互联网服务提供商被迫向内容提供商发送的边际数据包收取零价格。因此，相应问题是：这一定价策略是社会所需要的吗？

正如本书第4章所讨论的，平衡对市场两边所收取的价格以最大化交叉网络外部性，这符合社会需要。在一些情形中，这可能要求以一个非常低的价格来补贴市场一边，该价格可能低于提供接入服务的边际成本。一般来说，零价规则限制了互联网服务提供商适当平衡价格的能力。为此，从社会福利视角来看这样的规制可能并不可取。但是，伊科诺米季斯和泰格证明：零价规则是否能够增进福利，这取决于交叉网络外部性强度、市场集中度等市场特征。

拓展 8.4　谷歌与 Verizon 的交易：一个并非完全中性的网络

2010 年 8 月初，谷歌（最大的搜索引擎与 YouTube 的所有者）和 Verizon（最大的美国互联网服务提供商之一）宣布，双方达成一项建设互联网接入一般规则的"开放互联网框架"协议。

该协议引发了热烈讨论。正如其立场，它只不过是两家大型企业之间的一次交易，因而对任何其他人都没有约束力。但是，一些评论家认为，给定所涉及参与方的相关性，该协议将会产生修改或者排除网络中立性的较大风险。

该框架包括两个独立部分。第一部分强调互联网接入的一般原则，而第二部分则包含一系列实际条款。根据协议的第一部分，谷歌和 Verizon 似乎非常赞成网络中立性：它们强调互联网接入的重要性，且警告人们对不同类型的内容进行歧视危害巨大。

但是，在宣言之后协议的第二部分中，两家公司披露了它们的真实目的。更具体地，谷歌和 Verizon 愿意确保网络中立性，但不包括两种特殊情形：(1) 提供"附加服务"；(2) 移动互联网接入。

根据第（1）点，非歧视性提供互联网接入的电信公司应当被允许以不同的通讯优越性销售附加和独立的服务（例如通过专用超高速网络传送的附加内容）。

第（2）点则指出，除了透明性要求外，无线网络应当不受任何条款的限制。事实上，谷歌和 Verizon 认为，无线部门已经是高度竞争且快速演变的市场。互联网服务提供商应当被允许以不同的通信优越性提供服务，即延缓甚至暂停通过其基础设施运行的部分数据。因此，根据谷歌和 Verizon 的方案，互联网服务提供商有权停止来自 BitTorrent 等网站的点对点数据，甚至是产生自 VoIP 服务的数据。

这两点明显严重损害了网络中立性原则，因而遭遇了拥护非歧视性互联网接入条款的拥护者的坚决反对。

　　根据李和吴（Lee & Wu，2009）的研究，零价规则明显对市场效率有利。实际上，对边际数据包收取正的价格会强化内容提供商的进入壁垒，这将产生限制消费者可得服务多样性的风险。而且李和吴认为，在社交网络等若干情形中，相应服务只有在消费者数量达到临界规模时才有实际价值。如果缺乏达到临界规模的用户，社交网络服务的价值很低，因此其相对于互联网服务提供商的谈判势力通常极其微弱。这一事实表明，零价规则在保护内容提供商（例如社交网络）免受电信公司机会主义行为困扰方面可能是可取的。

　　现在，考察非歧视规则，即阻止互联网服务提供商向某些特定数据包予以优先权。此时，电信运营商不能提供质量不同的接入服务。换而言之，在非歧视规则下，互联网服务提供商不能采取版本控制等二级价格歧视策略。但是，正如第2章所讨论的，在一些情形中版本控制可能是社会所需的。事实上，通过提供多种版本的服务（即服务具有不同质量和价格），企业有能力扩张其市场份额，有更多消费者购买服务且社会福利会增加。尽管强烈支持零价规则，但 Lee & Wu（2009）却赞成废除非歧视规则，当然前提是互联网服务提供商持续提供具有足够质量的基线网络接入服务[1]。

　　废除网络中立性同样也会引发一些相关的反垄断担忧。例如，电信运营商与内容提供商之间的纵向一体化可能有利于企业采取掠夺性定价行为。通常作为互联网接入条款领导者的电信企业，可能会滥用它们的市场支配地位来支持自己的内容与应用，并损害相应的竞争对手。

　　最后，一些评论家相信：在不久的将来，网络中立性将被放弃，至少在一定程度上是如此。仍然将保留在政策制定者日程表上的疑问是：这一过程将持续多久以及必然会出现的一些问题将如何得到解决。关于这些问题，美国和欧盟似乎采取了不同的措施。欧盟监管者似乎信奉"温和方式"：他们确信竞争将减少网络中立性被取消后最终可能产生反竞争行为

---

　　[1]　但是，Lee & Wu（2009）特地警告其中包含的风险：互联网服务提供商将彻底地降低基线服务的质量，并最终导致内容提供商无法使用。

的风险。根据这一观点，反垄断机构的干预足以确保公平竞争的市场环境。与此相反，美国对于取消网络中立性似乎更加谨慎。监管者相信，反垄断干预并不能够提供对反竞争行为的足够防范。反垄断制裁可能为时过晚，因为它们都是在证实有滥用行为之后才施加的。在高技术产业中，为避免主导地位的出现与持续并保障市场效率，反垄断干预的及时性通常极其关键。

参考文献

Acquisti, A. and Varian, H. (2005). Conditioning Prices on Purchase History. *Marketing Science*, 24 (3): 1-15.

Anttila, E. (2006). Open Source Software and Impact on Competitiveness: Case Study. Unpublished manuscript, Department of Electrical Engineering and Communications Engineering, Helsinki University of Technology.

Armstrong, M. (2002). Competition in Two-Sided Markets. Unpublished manuscript, University of Oxford.

Armstrong, M. (2004). Network Interconnection with Asymmetric Networks and Heterogeneous Calling Patterns. *Information Economics and Policy*, 16: 375-390.

Arora, A. and Fosfuri, A. (2000). The Market for Technology in the Chemical Industry: Causes and Consequences. *Revue Deconomie Industrielle*, 92 (1): 317-334.

Arrow, K. (1962). *Economic Welfare and the Allocation of Resources for Invention*. In: Nelson ed., The Rate and Direction of Inventive Activity: Economic and Social Factors, Princeton University Press, Princeton, NJ.

Arthur, B. (1989). Competing Technologies, Increasing Returns and Lock-in by Historical Events. *Economic Journal*, 99: 106-131.

Atal, V. and Bar, T. (2013). Patent Quality and a Two-Tiered Patent System. Unpublished manuscript, Montclair State University, Montclair, NJ.

Athreye, S. and Cantwell, J. (2005). Creating Competition? Globalisation and the Emergence of New Technology Producers. Open University Discussion Paper in Econoimcs, n. 52.

Bailey, J. P. (1998a). Electronic Commerce: Prices and Consumer Issues for Three Products: Books, Compact Discs, and Software. Organization for Economic Co-Operation and Development, OECD/GD (98) 4.

Bailey, J. P. (1998b). Intermediation and Electronic Markets: Aggregation and Pricing in Internet Commerce. PhD. Massachusets Institute of Technology; Cambridge, MA.

Bakos, Y. and Brynjolfsson, E. (1999). Bundling Information Goods: Pricing, Profits, and Efficiency. *Management Sciences*, 45 (12): 1613-1630.

Baye, M. R. and Morgan, J. (2001). Information Gatekeepers on the Internet and the Competitiveness of Homogeneous Products Markets. *American Economic Review*, 91 (3): 454-474.

Baye, M. R., Morgan, J., and Scholten, P. (2006). *Persistent Price Dispersion in Online Markets*. In: Jansen ed., The New Economy and Beyond: Past, Present and Future, Edward Elgar Publishing, Cheltenham, UK and Northampton, MA, USA.

BCG (2011). Fattore Internet. Come Internet sta Trasformando 1' Economia Italiana. Report prepared by the Boston Consulting Group.

Belleflamme, P. (2005). Versioning in the Information Economy: Theory and Applications. *CESifo Economic Studies*, 51: 329-358.

Belleflamme, P. and Peitz, M. (2010). Digital Piracy: Theory. CORE Discussion Paper n. 2010/60.

Besen, S. M. and Farrell, J. (1994). Choosing How to Compete: Strategies and Tactics in Standardization. *Journal of Economic Perspectives*, 8 (2): 117-131.

Bessen, J. (2004). Holdup and Licensing of Cumulative Innovations with Private Information. *Economic Letters*, 82: 321-326.

Bessen, J. and Hunt, R. (2007). An Empirical Look at Software Patents. *Journal of Economics & Management Strategy*, 16 (1): 157−189.

Bessen, J. and Maskin, E. (2009). Sequential Innovation, Patents, and Imitation. *RAND Journal of Economics*, 40 (4): 611−635.

Bessen, J. and Meurer, M. (2008). *Patent Failure*. Princeton University Press, Princeton, NJ.

Bhargava, H. K. and Choudhary, V. (2008). When is Versioning Optimal for Information Goods? *Management Science*, 54 (5): 1029−1035.

Birke, D. (2009). The Economics of Networks: A Survey of the Empirical Literature. *Journal of Economic Surveys*, 23 (4): 762−793.

Boldrin, M. and Levine, D. (2008). *Against Intellectual Monopoly*. Cambridge University Press, Cambridge, MA.

Bolt, W. (2008). The European Commission's Ruling in MasterCard: A Wise Decision? *GCP − The Online Magazine for Global Competition Policy*, APR−08 (1).

Bonaccorsi, A., Piscitello, L., Merito, M., and Rossi − Lamastra, C. (2006). Profiting from "Open Innovation". Teece's Building Blocks Meet the Open Source Production Paradigm. In: Bonaccorsi and Rossi eds, Economic Perspectives on Open Source Software, Franco Angeli editore, Italy.

Bounie, D., Eang, B., Sirbu, M. A., and Waelbroeck, P. (2012). Online Price Dispersion: An International Comparison. Available at *SSRN*: http://ssrn.com/abstract=1625847.

Bourreau, M., Lupi, P., and Manenti, F. M. (2013). Old Technology Upgrades, Innovation, and Competition in Vertically Differentiated Markets. University of Padua, Macro Fanno Working Paper 0158.

Brown, J. and Goolsbee, A. (2002). Does the Internet Make Markets More Competitive? Evidence from the Life Insurance Industry. *Journal of Political Economy*, 110 (3): 481−507.

Brynjolfsson, E., Dick, A. A., and Smith, M. D. (2010). A Nearly Perfect Market? *Quantitative Marketing and Economics*, 8 (1): 1–33.

Brynjolfsson, E. and Smith, M. (2000). Frictionless Commerce? A Comparison of Internet and Conventional Retailers. *Management Science*, 46 (4): 563–585.

Cabral, L. and Kretschmer, T. (2007). Standards Battles and Public Policy. In: Greenstein and Stango eds, Standards and Public Policy, Cambridge University Press, Cambridge, MA.

Caillaud, B. and Duchene, A. (2011). Patent Office in Innovation Policy: Nobody's Perfect. *International Journal of Industrial Organization*, 29 (2): 242–252.

Carter, M. and Wright, J. (1994). Symbiotic Production: The case of Telecommunication Pricing. *Review of Industrial Organization*, 9: 365–378.

Casaleggio A. (2012). L'e-commerce in Italia – 2012. Available for download at www.caseleggio.it.

Cave, M. (2004). Remedies for Broadband Services. *Journal of Network Industries, Competition and Regulation*, 5: 23–49.

Cave, M. (2006). Encouraging Infrastructure Competition via the Ladder of Investment. *Telecommunications Policy*, 30: 223–237.

Cave, M. and Vogelsang, I. (2003). Access Pricing Investment and Entry in Telecommunications. *Telecommunications Policy*, 27: 717–727.

Chesbrough, H. W. (2003). *Open Innovation: the New Imperative for Creating and Profiting from Technology*. Harvard Business School, Cambridge, MA.

Clay, K. B., Krishnan, R., and Wolff, E. (2001). Prices and Price Dispersion on the Web: Evidence from the Online Book Industry. *Journal of Industrial Economics*, 49 (4): 521–539.

Clay, K. B., Krishnan, R., Wolff, E., and Fernandes, D. (2002). Retail Strategies on the Web: Price and Non-Price Competition in the Online Book Industry. *Journal of Industrial Economics*, 50（3）：351-367.

Clemons, E., Hann, I., and Hitt, L. M. （2002）. Price Dispersion and Differentiation in Online Travel：An Empirical Investigation. *Management Science*, 48（4）：534-549.

Cockburn, I. and MacGarview, M. （2009）. Patents, Thickets and the Financing of Early-Stage Firms：Evidence from the Software Industry. *Journal of Economics & Management Strategy*, 18：729-773.

Cohen, W., Nelson, R., and Walsh, J. （2000）. Protecting Their Intellectual Assets：Appropriability Conditions and Why U. S. Manufacturing Firms Patent（or Not）. NBER Working Paper, n. 7552.

Comino, S. and Manenti, F. M. （2011）. Dual Licensing in Open Source Markets. *Information Economics and Policy*, 23（3）：234-242.

Comino, S., Manenti, F. M., and Nicolo, A. （2011）. Ex-ante Licensing in Sequential Innovation. *Games and Economic Behavior*, 73：388-401.

Comino, S., Manenti, F. M., and Parisi, M. L. （2007）. From Planning to Mature：On the Success of Open Source Projects. *Research Policy*, 36：1575-1586.

Conner, K. R. and Rumelt, R. P. （1991）. Software Piracy：an Analysis of Protection Strategies. *Management Science*, 37（2）：125-139.

Cusumano, M., Mylonadis, Y., and Rosenbloom, R. （1992）. Strategic Maneuvering and Mass-market Dynamics：The Triumph of VHS over Beta. *Business History Review*, 66（1）：51-94.

Daffara, C. （2009）. FLOSSMETRICS：The SME Guide to Open Source Software. Document available at http://flossmetrics.org/.

Dasgupta, P. and David, P. （1994）. Toward a New Economics of Science. *Research Policy*, 23（5）：487-521.

David, P. A. （1985）. Clio and the Economics of QWERTY. *American Economic Review*, 75（2）：332-337.

Degeratu, A., Rangaswamy, A., and Wu, J. (2000). Consumer Choice Behavior in Online and Regular Stores: The Effects of Brand Name, Price, and Other Search Attributes. *International Journal of Research in Marketing*, 17 (1): 55-78.

Dessein, W. (2004). Network Competition with Heterogeneous Customers and Calling Patterns. *Information Economics and Policy*, 16: 323-345.

Di Domizio, A. (2010). VisiCalc: Col Primo Spreadsheet il Computer Diventa Utile. AppuntiDigitali - il primo blog italiano sulla tecnologia.

Distaso, W., Lupi, P., and Manenti, F. M. (2006). Platform Competition and Broadband Uptake: Theory and Empirical Evidence from the European Union. *Information Economics & Policy*, 18: 87-106.

Distaso, W., Lupi, P., and Manenti, F. M. (2009). Static and Dynamic Efficiency in the European Telecommunications Market. The Role of Regulation on the Incentives to Invest and the Ladder of Investment. In: Lee ed., Handbook of Research on Telecommunications Planning and Management, IGI Global, IL.

EC (2012). European Commission: Digital Agenda for Europe - Scoreboard 2012. Directorate - General for Communication Networks, Content and Technology.

Economides, N. (1996a). Network Externalities, Complementarities, and Innovations to Enter. *European Journal of Political Economy*, 12: 211-233.

Economides, N. (1996b). The Economics of Networks. *International Journal of Industrial Economics*, 14: 673-699.

Economides, N. (2008). Public Policy in Network Industries. In: Buccirossi ed., Handbook of Antitrust Economics, The MIT Press, Cambridge, MA.

Economides, N. and Himmelberg, C. (1995). Critical Mass and Network Size with Application to the US Fax Market. Discussion Paper EC-95-11, Stern School of Business, NYU.

Economides, N. and Tag, J. (2012). Net Neutrality on the Internet: A Two-Sided Market Analysis. *Information Economics and Policy*, 24: 91-104.

Elfenbein, D. W., Fisman, R., and McManus, B. (2013). Market Structure, Reputation, and the Value of Quality Certification. Columbia Business School Research Paper n. 13.

Evans, D. S. and Noel, M. (2005). Defining Antitrust Markets When Firms Operate Two-Sided Platforms. *Columbia Business Law Review*, 667: 102-134.

Evans, D. S. (2003). The Antitrust Economics of Multi-Sided Platform Markets. *Yale Journal on Regulation*, 20: 325-381.

Evans, D. S. and Schmalensee, R. (2002). Some Economic Aspects of Antitrust Analysis in Dynamically Competitive Industries. *Innovation Policy and the Economy*, 2: 1-49.

Farrell, J. and Shapiro, C. (2008). How Strong are Weak Patents. *American Economic Review*, 98 (4): 1347-1369.

Fershtman, C. and Gandal, N. (2012). Migration to the Cloud Ecosystem: Ushering in a New Generation of Platform Competition. *Communications & Strategies*, 85 (1): 109-123.

Foray, D. (1994). The Dynamic Implications of Increasing Returns: Technological Change and Path Dependent Efficiency. *International Journal of Industrial Organization*, 15: 733-752.

Foray, D. (2006). *The Economics of Knowledge*. The MIT Press, Cambridge, MA.

Fukugwa, N. (2011). How Serious is Pivacy in the Videogame Industry? *The Empirical Economics Letter*, 10 (3): 225-233.

Gabrielsen, T. S. and Vagstad, S. (2008). Why is On-net Traffic Cheaper than Off-net Traffic? Access Markup as a Collusive Device. *European Economic Review*, 52: 99-115.

Galasso, A. and Schankerman, M. (2010). Patent Thickets, Courts and the Market for Innovation. *RAND Journal of Economics*, 41 (3): 472–503.

Gallini, N. T. (2002). The Economics of Patents: Lessons From Recent U. S. Patent Reform. *Journal of Economic Perspectives*, 16 (2): 131–154.

Gambardella, A., Giuri, P., and Luzzi, A. (2007). The Market for Patents in Europe. *Research Policy*, 36: 1163–1183.

Gandal, N. (1994). Hedonic Price Indexes for Spreadsheets and an Empirical Test for Network Externalities. *RAND Journal of Economics*, 25 (1): 160–170.

Gandal, N. (2002). Compatibility, Standardization, and Network Effects: Some Policy Implications. *Oxford Review of Economic Policy*, 18: 80–91.

Giles, J. (2005). Internet Encyclopaedias Go Head to Head. *Nature*, 438: 900–901.

Goodman, D. J. and Myers, R. A. (2005). 3G Cellular Standards and Patents. *IEEE Wireless–com* 2005, 13 June.

Goolsbee, A. (2000). In a World without Borders: The Impact of Taxes on Internet Commerce. *Quarterly Journal of Economics*, 115 (2): 561–576.

Goolsbee, A. and Klenow, P. J. (2002). Evidence on Learning and Network Externalities in the Diffusion of Home Computers. *Journal of Law and Economics*, 45: 317–343.

Green, J. R. and Scotchmer, S. (1995·). On the Division of Profit in Sequential Innovation. *RAND Journal of Economics*, 26 (1): 20–33.

Hagiu, A. and Halaburda, H. (2013). Expectations and Two–Sided Platform Profits. Harvard Business School, Working Paper 12–045.

Hall, B., Helmers, C., Rogers, M., and Sena, V. (2013). The Importance (or not) of Patents to UK Firms. NBER Working Paper n. 19089.

Hall, B., Jaffe, A., and Trajtenberg, M. (2001). The NBER Patent Citations Data File: Lessons, Insights and Methodological Tools. NBER Working Paper n. 8498.

Hall, B. and Ziedonis, R. (2001). The Patent Paradox Revisited: An Empirical Study of Patenting in the U. S. Semiconductor Industry, 1979 – 1995. *RAND Journal of Economics*, 32 (1): 101–128.

Harhoff, D. and Wagner, S. (2009). The Duration of Patent Examination at the European Patent Office. *Management Science*, 55 (12): 1969–1984.

Heller, M. and Eisenberg, R. (1998). Can Patents Deter Innovation? The Anticommons in Biomedical Research. *Science*, 280: 698–701.

Jaffe, A. B. (2000). The U. S. Patent System in Transition: Policy Innovation and the Innovation Process. *Research Policy*, 29: 531–557.

Jaffe, A. B. and Lerner, J. (2004). *Innovation and its Discontents*. Princeton University Press: Princeton, NJ.

Katz, M. L. and Shapiro, C. (1985). Network Externalities, Competition, and Compatibility. *American Economic Review*, 75 (3): 424–440.

Katz, M. L. and Shapiro, C. (1986). Technology Adoption in the Presence of Network Externalities. *Journal of Political Economy*, 94 (4): 822–841.

Klemperer, P. (1995). Competition When Consumers Have Switching Costs: An Overview with Applications to Industrial Organization, Macroeconomics, and International Trade. *Review of Economic Studies*, 62 (4): 515–539.

Klemperer, P. (2008). Network Effects and Switching Costs. Two separate contributions to the new New Palgrave Dictionary of Economics. In: Durlauf and Blume eds, The New Palgrave Dictionary of Economics, Second Edition. Palgrave Macmillan, Basingstoke, UK.

Kouris, I. (2011). Unified Two–Sided Market Model. Unpublished manuscript, Department of technology and innovation RWTH Aachen.

Laffont, J. J., Rey, P., and Tirole, J. (1998a). Network Competition: I. Overview and Nondiscriminatory Pricing. *RAND Journal of Economics*, 29 (1): 1–37.

Laffont, J. J., Rey, P., and Tirole, J. (1998b). Network Competition: II. Price Discrimiation. *RAND Journal of Economics*, 29 (1): 38-56.

Laffont, J. J. and Tirole, J. (2000). *Competition in Telecommunications*. MIT Press, Cambridge, MA.

Lakhani, K. R. and Wolf, B. (2005). Why Hackers do What they do: Understanding Motivation and Effort in Free/Open Source Software Projects. In: Feller et al. eds, Perspectives on Free and Open Source Software, The MIT Press, Cambridge, MA.

Latcovich, S. and Smith, H. (2001). Pricing, Sunk Costs, and Market Structure Online: Evidence From Book Retailing. *Oxford Review of Economic Policy*, 17 (2): 217-234.

Lee, H. G. (1998). Do Electronic Marketplaces Lower the Price of Goods. *Communications of the ACM*, 41 (12): 73-80.

Lee, R. S. and Wu, T. (2009). Subsidizing Creativity Through Network Design: Zero Pricing and Net Neutrality. *Journal of Economic Perspectives*, 23 (3): 61-76.

Lemley, M. A., Lichtman, D., and Sampat, B. (2005). What to Do About Bad Patents? *Regulation*, Winter: 10-13.

Lemley, M. A. and Shapiro, C. (2005). Probabilistic Patens. *Journal of Economics Perspectives*, 19 (2): 75-98.

Lerner, J. and Tirole, J. (2002). Some Simple Economics of Open Source. *Journal of Industrial Economics*, 50 (2): 197-234.

Lerner, J. and Tirole, J. (2004). Efficient Patent Pools. *American Economic Review*, 94 (3): 691-711.

Lichtman, D. (2006). Patent Holdouts in the Standard-Setting Process. *Academic Council Bulletin*, 1.3: 1-13.

Liebowitz, S. (1985). Copying and Indirect Appropriability: Photocopying of Journals. *Journal of Political Economy*, 93 (5): 945-957.

Littlechild, S. (2006). Mobile Termination Charges: Calling Party Pays versus Receiving Party Pays. *Telecommunications Policy*, 30: 242-277.

Machlup, F. and Penrose, E. (1950). The Patent Controversy in the Nineteenth Century. *The Journal of Economic History*, 10 (1): 1-29.

Maldoom, D., Marsden, R., Sidak, J. G., and Singer, H. J. (2003). Competition in Broadband Provision and Its Implications for Regulatory Policy, *SSRN eLibrary*.

Manenti, F. M. (2001). On the Impact of "Call-Back" Competition on International Telephony. *Journal of Regulatory Economics*, 20: 21-41.

Manenti, F. M. and Somma, E. (2011). Plastic Clashes: Competition Among Closed and Open Payment Systems. *The Manchester School*, 76 (9): 1099-1125.

Marsden, C. T. (2010). *Net Neutrality. Towards a Co-regulatory Approach*. Bloomsbury Academic, London, UK.

Matutes, C. and Regibeau, P. (1996). A Selective Review of the Economics of Standardization. Entry Deterrence, Technological Progress and International Competition. *European Journal of Political Economy*, 12: 183-209.

Meyer, P. (2007). Network of Tinkerers: a Model of Open-Source Technology Innovation. U. S. Bureau of Labor Statistics - BLS Working Paper 413, November 2007.

Morgan, J. and Sefton, M. (2001). Information Externalities in Model of Sales. *Economic Bulletin*, 4 (7): 1-5.

Narduzzo, A. and Rossi, A. (2005). *The Role of Modularity in Free/Open Source Software Development*. In: Koch ed., Free/Open Source Software Development, Idea group, Hershey, PA.

OECD (2009). Two-Sided Markets. Directorate for Financial and Enterprise Affairs Competition Committee. Available for download at http://www.oecd.org/daf/competition/44445730.pdf.

Parker, G. G. and Van Alstyne, M. W. (2005). Two – Sided Network Effects: a Theory of Information Product Design. *Management Science*, 51 (10): 1494-1504.

Peitz, M. and Koenen, J. (2012). *The Economics of Pending Patents*. In: Harrington and Katsoulacos eds, Recent Advances in the Analysis of Competition and Regulation, Edward Elgar Publishing, Cheltenham, UK and Northampton, MA, USA.

Penrose, E. T. (1951). *The Economics of the International Patent System*. Johns Hopkins Press, Baltimore, MD.

Pluvia Zungia, M. and Guellec, D. (2009). Who Licenses Out and Why? Lessons from a Business Survey. OECD Science, Technology and Industry Working Papers, 2009/5, OECD publishing.

Pozzi, A. (2009). Shopping Cost and Brand Exploration in Online Grocery. NET Institute Working Paper No. 09-10.

Raasch, C., Herstatt, C., and Balka, K. (2009). On the Open Design of Tangible Goods. *R&D Management*, 39 (4): 382-393.

RBB Economics (2008). Two-Sides to Every Story? Lessons from the Travelport/Worldspan Ec Case. RBB Economics Brief 25. Document available for download atwww.rbbecon.com/wp-content/uploads/2012/06/rbb_ brief25.pdf.

Rochet, J. and Tirole, J. (2001). Platform Competition in Two-Sided Markets. Unpublished manuscript, University of Toulouse.

Rochet, J. and Tirole, J. (2006). Two-Sided Markets: A Progress Report. *RAND Journal of Economics*, 35 (3): 645-667.

Rohlfs, J. (1974). A Theory of Interdependent Demand for a Communications Service. *Bell Journal of Economics and Management Science*, 5 (1): 16-37.

Rotenberg, J. and Saloner, G. (1986). A Supergame-Theoretic Model of Price Wars during Booms. *American Economic Review*, 76 (3): 390-407.

Rysman, M. (2004). Competition Between Networks: A Study of the Market for Yellow Pages. *Review of Economic Studies*, 71 (2): 483-512.

Rysman, M. (2009). The Economics of Two-Sided Markets. *Journal of Economic Perspectives*, 25 (3): 125-143.

Schmalensee, R. (2001). Gaussian Demand and Commodity Bundling. *The Journal of Business*, 50 (2): 103-122.

Schuett, F. (2010). Network Neutrality: A Survey of the Economic Literature. *Review of Network Economics*, 9 (2): 1-1.

Schumpeter, J. (1942). *Capitalism, Socialism and Democracy*. Harper & Brothers, New York, NJ.

Scotchmer, S. (2004). *Innovation and Incentives*. The MIT Press, Cambridge, MA.

Scott-Morton, F., Silva-Risso, J., and Zettelmeyer, F. (2004). Cowboys or Cowards: Why are Internet Car Prices Lower? Unpublished manuscript, University of Berkeley.

Segal, I. and Whinston, M. (2007). Antitrust in Innovation Industries. *American Economic Review*, 97 (5): 1703-1730.

Shapiro, C. (2001). *Navigating the Patent Thicket: Cross Licensing, Patent Pools and Standard Setting*. In: Jaffe et al. eds, Innovation Policy and the Economy. The MIT Press, Cambridge, MA.

Shapiro, C. (2005). Antitrust, Innovation, and Intellectual Property. Testimony to Antitrust Modernization Commission, available at http://govinfo.library. unt.edu/amc/index.html.

Shy, O. (1996). *Industrial Organization: Theory and Applications*. The MIT Press, Cambridge, MA.

Smith, M. D., Bailey, J., and Brynjolfsson, E. (2000). Understanding Digital Markets: Review and Assessment. In: Brynjolfsson and Kahin eds, Understanding the Digital Economics, The MIT Press, Cambridge, MA.

Tanaka, T. (2004). Does File Sharing Reduce Music CD Sales? A Case of Japan. Institute of Innovation Research, Working Paper n. 05-08.

Varian, H. (1980). A Model of Sales. *American Economic Review*, 70 (4): 651-659.

Varian, H. and Shapiro, C. (1999). *Information Rules. A Strategic Guide to the Network Economy*. Harvard Business School, Cambridge, MA.

Verdier, M. (2011). Interchange Fees in Payment Card Systems: A Survey of the Literature. *Journal of Economic Surveys*, 25 (2): 273-297.

Vickers, J. (1995). Competition and Regulation in Vertically Related Markets. *Review of Economic Studies*, 62 (1): 1-17.

Vickers, J. (2009). Competition Policy and Property Rights. University of Oxford, Department of Economics, Discussion paper 436.

Vogelsang, I. (2003). Price Regulation of Access to Telecommunications Networks. *Journal of Economic Literature*, 41 (3): 830-862.

von Krogh, G., Spaeth, S., and Lakhani, K. R. (2003). Community, Joining, and Specialization in Open Source Software Innovation: a Case Study. *Research Policy*, 53 (1): 36-44.

Whelan, E., Parise, S., de Valk, J., and Aalbers, R. (2011). Creating Employee Networks that Deliver Open Innovation. *MIT Sloan Management Review*, 53 (1): 36-44.

Wright, J. (1999). International Telecommunications, Settlement Rates and the FCC. *Journal of Regulatory Economics*, 15: 267-291.

Wright, J. (2004). One-Sided Logic in Two-Sided Markets. *Review of Network Economics*, 3: 44-64.

词汇列表

"battle of the sexes" game　情侣博弈

"bill and keep"（BAK）interconnection　互免模式互联互通

"calling party pays"（CPP）regime　主叫方付费制度

"coordination" problem　协调问题

"fabless" firms　无晶圆厂公司

"facility-based" competition　基于设施的竞争

"myopic" preferences　"短视"偏好

"receiving party pays" regime　被叫方付费制度

"reciprocity rule"　互惠原则

"snowball effect"　滚雪球效应

1-Click shopping　一键购物

abuse of dominant position　滥用市场支配地位

abuse of market power　滥用市场势力

access control technologies　访问控制技术

access pricing with imperfect downstream competition 存在不完全下游竞争
时的接入定价

acquiring banks　收单行

adoption decisions　采用决策

agreement for "open Internet framework"　开放互联网框架协议

airline companies　航空公司

allocative efficiency　配置效率

calling rates　通话费率

case study　案例研究

closed（proprietary）systems　封闭（专有）系统

cloud computing（CC）　云计算

collusion　合谋

Comcast　康卡斯特公司

common access rules　一般访问规则

communication networks　通信网络

compatibility　兼容性

compatibility agreement　兼容协议

compatibility of technologies　技术兼容性

competition policy　竞争政策

competition with search costs　存在搜寻成本时的竞争

complementary services model　互补服务模式

complementary technologies　互补性技术

computer spreadsheet market　计算机电子制表软件市场

Concurrent Versioning System　（CVS）并行版本系统

consumerbehaviour　消费者行为

consumer expectations　消费者预期

consumer self-selection　消费者自我选择

consumer surplus　消费者剩余

consumer trust　消费者信任

content providers　内容提供商

Content Scrambling System　（CSS）内容加扰系统

cookies　信息记录程序（可不作翻译）

copyleft provision　著作权条款

cost-oriented pricing　成本导向型定价

Creative Commons project　知识共享项目

creative destruction　创造性破坏

credit card associations　信用卡组织

credit card payment systems　信用卡支付系统

credit card payments　信用卡支付

critical mass　临界规模

cross-licensing agreements　交叉许可协议

cross-licensing model　交叉许可模式

cross-side network externalities　交叉网络外部性

cumulative innovation　累积创新

cumulativeness of innovation process　创新过程的累积性

cumulativeness of open source innovation　开源创新的累积性

customer fees　客户服务费

Czech Republic　捷克（共和国）

Darwin　达尔文

DAT（Digital Audio Tape）　数字式录音磁带

degree of competition　竞争程度

delivery time　交货时间

Dell Computer　戴尔计算机公司

demand with network externalities　网络外部性下的需求

Denmark　丹麦

deregulation　放松规制

derived works　派生作品

Detailed Seller Ratings（DSRs）/ Top-Rated Sellers（eTRS）　详尽卖家评级/顶级卖家

Digital Agenda　数字化议程

digital intermediaries　数字媒介

digital markets　数字市场

digital piracy　数字盗版

Digital Rights Management （DRM）数字版权管理

direct network externalities 直接网络外部性

discount rate 贴现率

double marginalisation 双重边际化

downstream competition and access pricing 下游竞争与接入定价

dual licensing 双重许可

DVD Forum DVD 论坛

dynamic efficiency 动态效率

dynamic industries 动态行业

dynamic industries and antitrust policy 动态行业与反垄断政策

dynamic pricing 动态定价

dynamics of technology adoption 动态技术采用

Eclipse Foundation Eclipse 基金会

e-commerce 电子商务

economies of scale 规模经济

Economist 《经济学人》

effectiveness of appropriability mechanisms 独占机制的有效性

effects of historical events 历史事件的影响

empirical evidence 经验证据

empirical studies 实证研究

empirical testing 实证检验

end-user licensing 终端用户许可

enforcement of antitrust law 反垄断执法

entry barriers 进入壁垒

European Commission 欧盟委员会

European Court of First Instance 欧盟初审法院

European Court of Justice 欧盟法院

European Patent Office（EPO） 欧洲专利局

Free Beer project　免费啤酒项目

free competition　自由竞争

free market entry　自由市场进入

free redistribution requirement，open source licenses　免费发布要求，开源许可

Free Software Foundation　自由软件基金会

freemium strategy　免费增值策略

front-loading effect　前置效应

fulfilled expectations　已实现的预期

full unbundling　完全开放

gatekeeper's pricing strategy　看守人的定价策略

General Public License　（GPL）通用公共许可协议

global distribution system（GDS）market　全球分销系统市场

Google Chrome　谷歌浏览器

GSM technology　GSM（全球移动通信系统）技术

high-tech market　高技术市场

hold-up problem　套牢问题

Homebrew Computer Club　自制电脑俱乐部

ICT investment　信息与通信技术投资

ICT investment in R&D　信息与通信技术领域的研发投资

imitation and innovation incentives　模仿与创新激励

IMS Health case　艾美仕案

incentive for innovation　创新激励

incumbent market share　在位者市场份额

incumbent share of telecommunications market　电信市场现有份额

indirect appropriability　间接占有

indirect network externalities　间接网络外部性

inefficient technologies　无效技术

infomediaries　信息媒介

information and communication technologies　（ICT）信息与通信技术

information asymmetry and hold-up problem　信息不对称与套牢问题

information goods　信息产品

infrastructure investment, telecommunications　基础设施投资，电信

infrastructure operators　基础设施运营商

infrastructure services market　基础设施服务市场

in-house software development　内部软件开发

innovation incentives　创新激励

innovation rates　创新率

intellectual monopoly　知识垄断

intellectual property management　知识产权管理

intellectual property rights　知识产权

intellectual property rights　（IPR）知识产权

interchange fees　跨行交易费

interconnected networks　互联网络

interconnection and call charges　互联互通与通话费

interconnection fees　互连费

Internet access　互联网接入

Internet Competitiveness index　互联网竞争力指数

Internet Service Providers　（ISPs）互联网服务提供商

interoperability　互操作性

intrinsic motivation　内在动机

isolated innovation　孤立创新

issuing banks　发卡行

ladder of investment theory　阶梯投资理论

laser technology　激光技术

lead time　生产周期/研制周期

leadership modularity　领导模块化

legal dispute　法律纠纷

legal features　法律特征

legal sales　合法销售

LEGO，Mindstorms project　乐高机器人项目

Lesser General Public License　（LGPL）次要通用公共许可协议

licensing negotiations　许可谈判

licensing obligation　许可义务

local loop　本地环路

local loop unbundling　本地环路开放

lock-in　锁定

long-distance telephone networks　长途电话网

Magill case　Magill 案

market efficiency　市场效率

market entrants　市场进入者

market equilibrium and social welfare　市场均衡与社会福利

market equilibrium with compatible technologies　技术兼容下的市场均衡

market equilibrium with incompatible technologies　技术不兼容下的市场均衡

market failure　市场失灵

market for ideas　创意市场

market leaders　市场领导者

market power　市场势力

market segmentation　市场分割

market share　市场份额

market tipping　市场倾斜

masscustomisation　大规模定制

mass market　大众市场

On-line jam sessions　在线即兴演奏

on-line revenues　在线收入

on-net/off-net calls　网内/网外呼叫

on-net/off-net price discrimination　网内/网外价格歧视

open content projects　开放内容项目

open core licensing model　开放式核心许可模式

open source community　开源社区

open source initiative　开源代码促进会

open source innovation　开源创新

operating systems　操作系统

optimal patent length　最优专利长度

optimal pricing strategy　最优定价策略

Oscar project　奥斯卡项目

outsourcing　外包

packet discrimination　小包歧视

Paradox of Economides　Economides 悖论

patent and trademark offices　（PTO）专利与商标局

patent applications　专利申请

patent breadth　专利宽度

patent claims　专利申明

patent enforcement　专利执行

patent infringement　专利侵权

patent length　专利长度

patent litigation　专利诉讼

patent policy　专利政策

patent pools　专利池

patent portfolios　专利组合

patent protection　专利保护

QWERTY keyboard　全键盘

R&D investments　研发投资

Radio Frequency Identification Domain　（RFID）无线射频识别域

real estate industry　房地产行业

regulated access fee　受规制接入费

regulatory authorities　监管部门/规制机构

Relative Price Dispersion index　相对价格离散指数

Research in Motion（RIM）　动态研究公司/RIM 公司

review process　审核过程

risk ofstandardisation　风险标准

royalties　版税/专利权使用费

search costs　搜寻成本

second degree price discrimination　二级价格歧视

secrecy　保密

secrets to success　成功秘诀

separate selling　单独出售

SHARE（Society to Help Avoid Redundant Efforts）　协助避免重复工作
协会

shared access　共享访问

shipping fees　运送费

signalling　信令/信号发送

single platforms vs independent firms　单一平台 vs 独立企业

small and medium-enterprises（SMEs）　中小企业

social networks　社交网络

social optimal investment level　社会最优投资水平

social optimality　社会最优化

social value of initial and follow-on innovations　初始创新与跟进创新的
社会价值

social welfare effects　社会福利效应

software re-use　软件重复使用

source code　源代码

standardisation and product differentiation　标准化与产品差异化

switching costs　转换成本

standardization committee　标准化委员会

standards wars　标准之争

standard-settingorganisation　标准化组织

staticefficiency　静态效率

status quo　现状

strategic lever　战略杆杠

strategic role　战略作用

strength of weak patents　弱专利强度

subject-matter eligibility　主题资格

subscription decision　订阅决策

subscription fees　订阅费

subsidies　补贴

substitute technologies　替代性技术

Sun Microsystems　太阳微系统公司

surcharging　额外收费

synchronous communication　同步通信

technical aspects　技术方面

technological progress　技术进步

technology adoption　技术采用

telecommunications markets　电信市场

Texas Instruments　得克萨斯仪器公司

The New York Times　《纽约时报》

The Times　《泰晤士报》

third-party intellectual property 第三方知识产权

Time Warner 时代华纳

Toshiba 东芝集团

traditional view 传统观念

tragedy of the anticommons 反公地悲剧

transaction costs 交易成本

travel agencies 旅行社

Treaty on the Functioning of the European Union 《欧盟运行条约》

true innovations 真实创新

Twitter 推特

two independent monopolists 两个独立垄断者

two-sided markets 双边市场

two-tiered patent system 双层专利制度

two-way access 双向接入

tying 搭售

underinvestment 投资不足

uninformed consumers 不知情的消费者

unjust enrichment principle 不正当得利原则

unloyal customers 非忠实顾客

upstream services 上游服务

US Patent and Trademark Office（USPTO） 美国专利与商标局

use of ICT ICT 使用

value of incumbency 在位价值

versioning and unbundling 版本控制与分类计价

versioning strategies 版本控制策略

versioning to increase the market 通过版本控制以扩大市场

vertical structure 纵向结构

vertically integrated markets 纵向一体化市场

责任编辑：高晓璐

图书在版编目(CIP)数据

高技术市场的产业组织分析/(意)斯特凡诺·柯米诺,
　(意)法维奥·马里亚·马内蒂 著;周孝,刘雅甜译. —
北京:人民出版社,2018.8
书名原文:Industrial Oraganisation of High-Technology Markets-The Internet and
　Information Technologies
ISBN 978-7-01-019541-4

Ⅰ.①高…　Ⅱ.①斯…②法…③周…④刘…　Ⅲ.①信息产业-产业
组织-研究　Ⅳ.①F49

中国版本图书馆 CIP 数据核字(2018)第 155741 号

高技术市场的产业组织分析
GAO JISHU SHICHANG DE CHANYE ZUZHI FENXI

[意]斯特凡诺·柯米诺　　[意]法维奥·马里亚·马内蒂　著
周孝　刘雅甜　译
吴汉洪　校

人民大版社 出版发行
(100706　北京市东城区隆福寺街 99 号)

北京汇林印务有限公司印刷　新华书店经销

2018 年 8 月第 1 版　2018 年 8 月北京第 1 次印刷
开本:710 毫米×1000 毫米 1/16　印张:20
字数:225 千字

ISBN 978-7-01-019541-4　定价:69.00 元

邮购地址 100706　北京市东城区隆福寺街 99 号
人民东方图书销售中心　电话 (010)65250042　65289539